感性商业

用户体验驱动业务增长的方法论

罗浩◎著

X.BUSINESS

机械工业出版社
CHINA MACHINE PRESS

图书在版编目（CIP）数据

感性商业：用户体验驱动业务增长的方法论 / 罗浩著. —北京：机械工业出版社，2019.9（2023.6 重印）

ISBN 978-7-111-63706-6

I. 感⋯ II. 罗⋯ III. 企业管理 IV. F272

中国版本图书馆 CIP 数据核字（2019）第 198723 号

感性商业：用户体验驱动业务增长的方法论

出版发行：机械工业出版社（北京市西城区百万庄大街 22 号　邮政编码：100037）
责任编辑：孙海亮
责任校对：李秋荣
印　　刷：北京建宏印刷有限公司
版　　次：2023 年 6 月第 1 版第 2 次印刷
开　　本：147mm×210mm　1/32
印　　张：11.75
书　　号：ISBN 978-7-111-63706-6
定　　价：99.00 元

客服电话：（010）88361066　68326294

版权所有·侵权必究
封底无防伪标均为盗版

前言

一杯啤酒应该值多少钱?

如果是在食堂就餐,10 元的单价会觉得不便宜。

如果是在酒吧里消费,38 元的定价就变得可以接受。

如果是你求婚成功时的那杯酒,188 元都感觉超值。

所以,它到底值多少钱?

这就是体验经济的魅力,它激活了人们另外一套思维决策系统,**在理性世界观之外,开启了感性世界的大门**。在感性商业的世界里,**有新的价值、新的标准、新的逻辑和新的方法**。

如今基于用户体验的创新管理思潮,站在了商业舞台的中央,被众多世界五百强和行业翘楚推崇。特别是在新零售、新金融、出行、教育等新兴领域大放异彩。本人有幸在这十年间陪伴各路英雄不断实践总结,用了十年让体验管理的理论体系完善成型,最终汇聚成本书里的四大模块、数十个模型、上百个知识点。大家在阅读时将一一经历。

本书的初衷是带给一线的经营者可落地实践的知识,因此在本书的阅读过程中,你将有下面这些收获。

帮你开启感性的思维意识

掌握用户体验的管理方法难吗？

可以说不难，因为无非就是几十个知识点而已。但也可以说很难，因为打开这扇门的前提是重启自己的思想意识。

我女儿小时候刚学习诗词时，一直想知道"语感"到底是什么。我告诉她，语感是一种意识，深藏于心但需要自己去开启。后来当她学钢琴时突然明白，语感就是文字的音阶与音节。于是无须特别的训练，她就能找到诗词的声律。

用户体验的认知力就像语感一样，是人人都具有的本能。体验管理并不晦涩，能否入门不取决于知识的丰富程度，而在于意识和态度。大家多年的成长积累，其实也是认知被格式化的过程。我们在理性世界生存太久，感性的判断力在不断降低。

入门用户体验工作，最痛苦的就是始终要和自己思维里的"理所当然"做斗争。比如推导渠道业务流程时，业务怎么启动、如何收费都梳理得清清楚楚，但用户投诉流程却因为不产生收益，所以不会被重视。实际上一个恼火投诉者的破坏力远胜一百个用户表扬带来的助力。打磨投诉流程难吗？真不难，但大家的脑海里都会有个声音告诉你："它不重要，不重要"。

再例如新能源汽车宣传的"三元锂电池"这个名词，行业里的人都觉得挺正常，十多年这么叫过来，没人觉得有问题。但普通用户有多少能理解"三元锂电池"？改个用户能理解的名字难吗？真不难，但总有一个惯性思维让你觉得三元锂电池这名字挺好、挺强大，至于站在用户视角的思考，早已不是你关心的内容。

这些隐性伤害用户的环节做好并不难，难的是有契机意识到它们的不好。所以本书花了大量的篇幅去讲述：如何重建思维习惯；如何清空从前的旧认知，建立好的体验管理观；如何更全面地理解感性需求；如何更好地梳理用户新的心智。如果大家的思想意识能够按照体验管理的要求去重启，那每个人都能成为杰出的体验官。

学习如何将体验管理融入企业现有管理体系

用户体验是关注设计吗？用户体验是流程改造吗？用户体验的洞察和市场调研是什么关系？品牌是不是在体验管理范畴内？当五花八门的用户体验知识向你涌来时，你肯定希望它像个标准的管理方法论一样，有架构、有逻辑，能让人从容运用。

我研究创新十多年，遇到过很多创新方法，动不动就要扛大旗去完成企业的改革，结果一败涂地的居多。中国有句古话："满招损，谦受益，时乃天道。"好的新思想，就像做人一样，要尊重前人的优点，然后吸纳进化。本书所述的体验赋能体系 X.BUSINESS，就是多年在变革和继承这两极之间不断磨合，基于多种项目实践迭代形成的方法论。

体验赋能体系不主张建立全新的管理模式。因为体验管理的思想认为，企业的传统工作解决了从 0 到 70 分的过程，而体验赋能是帮助企业实现从 70 分到 100 分的方法，所以两者互为表里，不是替代关系。

体验赋能体系 X.BUSINESS 如此美妙，它虽然承担了创新的使命，但无须破坏企业现有的工作体系。通过本书，你会学习到体验管理如何与经典的企业经营逻辑对接；如何融入**市场研究**、**业务定位**、**蓝图规划**、**产品设计**等经典工作环节。

- 在市场研究环节，体验赋能带来了针对感性需求的新研究方法和成果物指标，例如如何挖掘用户谎言背后的真相，如何寻找那些用户不愿意说出来的动机。
- 在业务定位环节，体验赋能提出了"基于用户场景的视角重新看待商业价值"的观念。在传统的功效定位之外开启了新的竞争力定位逻辑。
- 在蓝图规划环节，体验赋能打破了沿着业务逻辑进行梳理的惯常做法。以用户体验链为基础，重新布局了业务的推进逻辑，并且开辟了很多以前不曾涉及的用户路径。
- 在产品设计环节，体验赋能带来了产品体验四要素模型。这个庞大的模型，系统拆解了产品体验的方方面面，明确了产品的 DNA。

这些体验管理工作前后衔接形成完整体系，让用户体验的创新管理工作不再是零散的，而是完整地与企业经营结合在一起。从参与者的工作素养，到工作流程、产出物、评价标准等都有更先进的理念和工作方法。

活学活用的众多体验创新招数

"招数"并不是个贬义词，它往往来自经验的总结，代表了快速学习和快速运用。本书虽然是从体系的角度推出了体验管理方法论，但在企业的实际运用中，总有一个从认知到接受的过程。考虑到企业的接受度，需要让更多人（领导、同事等）感受到用户体验的有效性，本书提供大量微观工作方法，都是可以暂时跳出体系直接运用的。我们可以把这些工作方法视作"招数"。

本书中的"招数"有数十个，大家可以按需直接尝试使用，可让大家迅速看到效果。这些招数带来的小成果，就是用户体验在企业内部的星星之火，可为将来进行体系化升级带来认知和信心。等到企业的接受度足够高时，再进行系统、全面的体验管理赋能，就可水到渠成。

一切都是最好的安排

"一切都是最好的安排"，这是2018年我一个演讲的题目，用来解释本书的缘起是如此合适。

职场里的每个人，都会有意无意去追逐不同的兴趣领域。不同人对方向的选择，就像一把竹签撒手后倒下的方向，一定是360度随机分布的，有的指向了技术，有的指向了金融，有的指向了设计……而十年前，我的那根倒向了一个朦胧的方向。那时江湖上还没有流传"用户体验"这个词汇。有很多如我一样的人，在探索好产品、好业务的过程中，除了严谨的项目手段之外，还看到了艺术、心理、社会学等带来价值的可能性。

迎接未知领域是让人兴奋而又不安的，尤其是在它的价值还没有得到实证的时候，一切的探索就像是在窥探黑洞后面的另一个宇宙。在我的探索过程中，日日夜夜进行各种知识整理、模型建立、案例拆解，这些就像是在打造天文望远镜的零件。经过不懈努力，在我的视野里一个新世界逐渐从模糊到清晰。我的这次探险是幸运的，今天用户体验不仅成为热词，整个时代都竖起了"体验经济时代"的大旗。

本书从产生想法到最终出版，作为作者，我开启了"感慨万千"模式。整个写作过程因为牵涉的知识领域比较广泛，体系又需要严谨自恰，所以写作过程中想得多，写得多，重写也多，难免会有不少问题，欢迎大家勘正。

特别感谢中国用户体验联盟，这是一个由一群有理想的人聚合在一起形成的组织。通过这个舞台，我结识了很多行业的精英，获得了非常多的见识。

感谢时光创新的小伙伴们，我们在一起进行了多年的探索，我们一起从混沌的工作模式中逐渐建立起用户体验的创新体系，共同完成了很多著名企业的项目。正是这些项目让我能够实践并总结出本书中的各个要点。

特别感谢小白和小贝，如果不是因为你们太萌总赖着我，这本书应该可以提前一年出版。

这次有机缘能把过去十年的各种认知，系统地总结成一本书，我感到非常高兴。我想这不仅仅是我的声音，也是我身后若干行业同行者的声音。愿意投身这一行的人，都怀揣着对美好事物的向往，怀揣着悲物悯人的敬畏心，怀揣着引导人性向善的大"妄想"。让我们继续努力前行。

罗浩　于北京

目录

前言

| 第一篇 | 改变格局：来到感性商业的新舞台 | 001 |

第 1 章　体验经济时代的崛起　　003

第 1 节　如今是老牌明星企业陨落的年代　　004

第 2 节　独角兽们以用户体验征服天下　　007

第 3 节　体验经济是商业食物链的新顶端　　010

第 2 章　体验经济的内核是感性商业观　　022

第 1 节　屡得诺贝尔奖的行为经济学　　022

第 2 节　"感性人"开始占领今天的市场　　024

第 3 节　企业与用户形成了两个平行的世界　　028

第 3 章　用户体验赋能体系 X.BUSINESS　　033

第 1 节　用户体验是打通两个世界的天梯　　033

第 2 节　用户体验赋能体系详解　　036

第3节　用户体验创新常见的误区　　　　　　　　042

第4节　体验赋能的正确三观论　　　　　　　　　046

第5节　体验创新依赖跨学科的知识体系　　　　　056

| 第二篇 | 感性人带来的巨大新市场　　　　　　　　　　　059

第4章　重构你的用户家族　　　　　　　　　　　　061

第1节　顾客还是用户？　　　　　　　　　　　　061

第2节　让用户主动为你免费打工　　　　　　　　066

第3节　四个面具：快速建立利益相关者　　　　　070

第5章　你看不懂的新人类：感性人　　　　　　　　076

第1节　我们在面对"不诚实"的用户　　　　　　076

第2节　乔布斯不做调研？　　　　　　　　　　　082

第3节　用户研究带来三种进阶机会　　　　　　　086

第6章　用户角色还原感性特征　　　　　　　　　　095

第1节　从"用户画像"升级到"用户角色"　　　095

第2节　洞察感性人的情境研究法　　　　　　　　098

第3节　成果物：用户角色卡片　　　　　　　　　102

第7章　用户旅程揭示用户世界的心路历程　　　　　107

第1节　从"业务流程"升级到"用户旅程"　　107

第2节　成果物："用户旅程现状图"还原更全景的业务　110

第 8 章　从动机挖掘需求的核心本源　　115

第 1 节　从"表面需求"升级到"隐性动机"　　115

第 2 节　工具:"动机泳道图"获得更具潜力的创新点　　118

第三篇　体验型商业概念的创造　　121

第 9 章　用户场景是商业模式升级的核心　　123

第 1 节　为什么打败口香糖的是智能手机　　123

第 2 节　用户场景以人性视角破冰市场　　127

第 3 节　比市场细分更好的场景垄断　　132

第 4 节　稳定的利润来自场景而不是产品　　136

第 5 节　场景之下,企业避免成为主角　　140

第 10 章　场景化带来商业概念的新要素　　144

第 1 节　场景的主题,从凡夫到英雄之旅　　144

第 2 节　场景的规则,驱动人、事、物的关系　　152

第 3 节　场景的场合,从温暖小屋到高山湖海　　155

第 11 章　体验型概念寻找创意的工作法　　158

第 1 节　先寻找创意的线索　　158

第 2 节　像独角兽一样诞生在餐巾纸上　　161

第 3 节　按照人性如何辨别创意的价值　　167

第 4 节　如何"漂白"自己的短板　　171

第 12 章　体验思维对品牌营销的影响　　175

第 1 节　场景化让定位原理依然有效　　176

第 2 节　用户忘记品牌口号，只记得体验　　180

第 3 节　品牌人格化，用户更爱隔壁老王　　183

第 4 节　品牌活动，搭场景让用户表演　　188

|第四篇|　体验型业务蓝图的规划　　193

第 13 章　用户旅程成就商业的主线　　195

第 1 节　为商业舞台编写一个完美的剧本　　195

第 2 节　用户旅程是因，业务流程是果　　198

第 3 节　打造卓越旅程的"4321 工作法"　　201

第 14 章　四个旅程波次，让用户落入你的口袋　　202

第 1 节　4 个波次是新的业务增长逻辑　　203

第 2 节　用户约会期：以用户型价值打动用户　　204

第 3 节　用户追求期：与用户共建情感账户　　210

第 4 节　用户享受期：完美执行中让用户掏钱包　　215

第 5 节　用户成就期：帮助用户走出孤岛　　216

第 15 章　三种跨越思维，让业务更高频、更丰满　　221

第 1 节　跨越身份，抓住多个轨迹的线头　　223

第 2 节　跨越任务，在业务的延长线上经营　　230

	第 3 节　跨越平台，用户在每个枝头都可以随意停留	235

第 16 章　两个尖峰时刻，制造业务的闪光点　238

第 1 节　从木桶短板理论到长板理论　238

第 2 节　向好莱坞学习尖峰时刻的节奏　245

第 3 节　初始高峰，产生了 70% 的认可　249

第 4 节　好的结束高峰，是超越期待的关键　251

第 17 章　一系列接触点，展开高质量的业务规划　254

第 1 节　企业最关注的业务蓝图　254

第 2 节　工具：从用户旅程规划图推导业务蓝图　256

第 18 章　渠道的卓越用户体验赋能　260

第 1 节　以前或现在，"渠道"始终为王　261

第 2 节　结算体验让用户开心花钱　267

第 3 节　售后体验形成新的业务闭环　271

第 4 节　物流是离用户最近的舞台　274

第 5 节　渠道体验的全程体验点管理　280

第五篇　打造超越期待的接触点体验　283

第 19 章　产品打动用户的体验 DNA　285

第 1 节　组成接触点的多种产品形式　285

第 2 节　产品是品牌营销的发动机　288

第 3 节　产品体验四要素详解　　　　　　　　　　295

第 20 章　产品的语境：内容体验　　　　　　　　　　298

　　　第 1 节　你首先忽略的是内容体验　　　　　　　　298

　　　第 2 节　内容正确：产品总写不对文字　　　　　　299

　　　第 3 节　内容有价：避免可怕的"正确废话"　　　301

　　　第 4 节　符合视角：走出鸡同鸭讲的尴尬　　　　　302

第 21 章　产品的技能：功能体验　　　　　　　　　　306

　　　第 1 节　软性功能：那些被你冷落的长板　　　　　306

　　　第 2 节　功能有序：功能也要讲究排兵布阵　　　　310

　　　第 3 节　亮点突出：聚焦你的超级卖点　　　　　　313

第 22 章　产品的态度：易用性体验　　　　　　　　　316

　　　第 1 节　可学习性：一定要淘汰说明书　　　　　　318

　　　第 2 节　可记忆性：允许陌生但不可遗忘　　　　　320

　　　第 3 节　使用效率：快，快，再快　　　　　　　　323

　　　第 4 节　出错控制：帮助用户把坑填好　　　　　　324

第 23 章　产品的温度：情感体验　　　　　　　　　　328

　　　第 1 节　品牌一致：品牌呼应才能彼此借力　　　　329

　　　第 2 节　美观性：颜值即正义　　　　　　　　　　330

　　　第 3 节　愉悦性：愉悦总是让人点赞　　　　　　　332

　　　第 4 节　探索性：神秘的细节隐藏惊喜　　　　　　337

第 24 章　服务型业务的体验经营　　　　　　　　　　339

　　第 1 节　好服务的前提是建立体验型组织　　　339

　　第 2 节　服务体验的内在基因是员工体验　　　342

　　第 3 节　每个员工都是身处前线的客户经理　　347

　　第 4 节　让规则与人的主动性共舞　　　　　　349

　　第 5 节　好的授权是制造感受的前提　　　　　　353

第一篇

改变格局
来到感性商业的新舞台

X BUSINESS
INNOVATION

如今这个商业时代，人人必谈用户体验。

创业公司里，创业者把用户体验写进商业计划书，作为亮点寻求各种资本的认可；世界 500 强里，CEO 把用户体验写进愿景，让各事业部孜孜不倦的追求；甚至在国家倡导的供给侧改革里，用户体验也被当作提高人民幸福生活的一个方法论。

细微到每个人的生活中，无论线下的衣食住行，还是线上的各种娱乐视听，都已经离不开用户体验。在苹果应用商店 App Store 里，统计各大 APP 的更新说明。会发现一半的版本更新描述都关于"提升用户体验"。

这自下而上的繁荣里，把用户体验"提拔"到前所未有的高度。它是个新科学？还是门新玄学？站在体验经济这个时代大门之前，让我们一探背后的巨大契机。

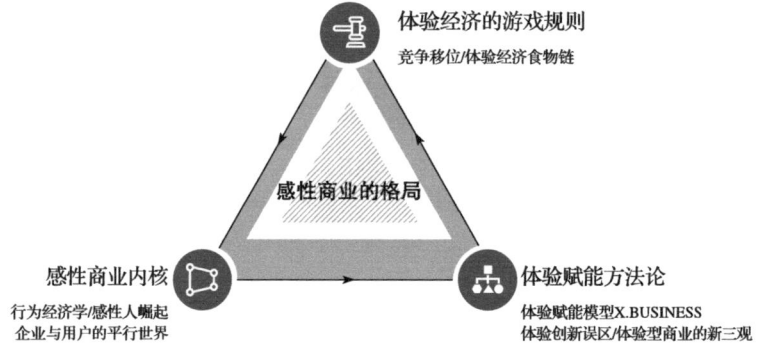

感性商业的格局

第1章

体验经济时代的崛起

在如今这样一个商业时代,人人必谈用户体验。

创业公司里,创业者将用户体验写进商业计划书,寻求各种资本的认可;世界 500 强企业里,CEO 将用户体验写进愿景,让各事业部孜孜不倦地追求;甚至在国家倡导的"供给侧改革"里,用户体验也成为提高人民幸福生活的一个方法论。

细微到每个人的生活中,无论是线下的衣食住行,还是线上的各种娱乐视听,都离不开用户体验。在苹果应用商店 APP Store 里,统计各大 APP 的更新说明,将会发现一半的版本更新描述都是关于"提升用户体验"的。

在从上到下，从大到小的方方面面，用户体验已提升到了前所未有的高度。用户体验究竟是一门什么样的学问？下面就让我们站在体验经济这个时代大门之前，一探其背后的契机。

第 1 节　如今是老牌明星企业陨落的年代

"在探索竞争力的道路上，我目睹的几次江湖更替，深深地触动了我。"

1. 最初的认知：技术是绝对的竞争力

笔者刚参加工作时进入了一家名为摩托罗拉的传奇公司。那时的摩托罗拉就像今天的 BAT 一样，庞大而耀眼。摩托罗拉被外界称为"外企中的国企"，因为众人都认为它太成功了，一定会是一个长盛不衰的公司。摩托罗拉内部的不少员工也都相信自己一定会在摩托罗拉公司奋斗一生并体面地退休。

摩托罗拉在当时繁荣到什么程度？该公司长期作为股市的排头兵，最高市值近千亿美金，全年营收高峰时超过 400 亿美金，在我国占据了 80% 的手机市场。整个公司的现金流非常充裕，做出了很多超前的事情：动用百亿美金级的投资，发射数十颗卫星，建设铱星通信系统覆盖全球通信。

摩托罗拉最重要的标签就是极其崇尚技术。摩托罗拉的企业文化是将企业作为"工程师的家园"。在摩托罗拉公司里，对于工作若干年以上的某个普通工程师，其领导是不能直接开除的，必须上报到很高的管理层来定夺。而且摩托罗拉的工程师也都很享受在其中的工作，愿意废寝忘食地钻研技术。

摩托罗拉对技术的崇拜表现在很多方面。比如，公司内部有个不成文的认知，每个新的产品系列都应该经历比较完整的软件和硬件的开发过程。如果一个产品没有经历过很复杂的技术开发过程，则称不上是一款新产品，只能称作新版本。摩托罗拉对技术方面拥有很高的自信，比如，摩托罗拉宣称，如果某一天全世界的通信产业链停摆了，那么摩托罗拉是唯一可以生产出整机的公司。因为芯片是公司自主生产的，软件硬件也是公司自主开发的，外壳是公司自主设计和加工的，组装也是在自己的工厂进行的。所以可以想象一下，当时的摩托罗拉公司有多强大，其真的是达到了前所未有的高度。

当时流行的是技术至上论。包括笔者在内的众人都认为，技术决定了产品的核心竞争力，好技术做出的产品一定会打动消费者。因此当时在摩托罗拉里工作的人们，都觉得这个伟大的公司在未来十年里是不可能走向衰败的，因为它的技术真是太强大了！

2. 略有所思的认知：设计能力是竞争力

可惜，事情的走向并没有像预期的那样发展下去。在后来不到三年的时间里，北欧一家做木材起家的公司竟然打败了摩托罗拉公司。这家名为诺基亚的公司，在当时的我们看来绝对是一家技术并不出色的公司。无论历史传承还是研发能力，其都无法与摩托罗拉相媲美。诺基亚在产品创新上有一套特别经典的习惯，称为"千面一板"，即在不同型号的产品里，都尽量采用同一款硬件主板和同一套软件，只需做外壳的设计和更新即可。

这在作为崇尚技术的摩托罗拉人看来，这种理念是非常不可取的，甚至是在忽悠用户。按照摩托罗拉的观点，用户一定会因为产品的含金量不高而指责诺基亚。但市场给出了截然不同的反应，诺基亚凭借良好稳定的操作一致性，快速演进的美观外表，在市场上的占有率非常高，其迅速将摩托罗拉从市场占有率第一的位置上挤了下来。

这是对笔者的第一次大触动，因此笔者对技术至上论产生了怀疑和思考。一家不致力于去改变硬件和核心软件，而是将更多精力放在设计上的公司，竟然得到市场的高度接受和认可。难道设计取代技术成为了新的竞争力吗？

此后的故事仿佛历史重演。光鲜时期的诺基亚就像当年的摩托罗拉一样成为市场的霸主，成为金字塔顶的那个"如日中天"的企业。当时的诺基亚市值千亿美金，销售额数百亿美金，占据了市场70%的份额。摩托罗拉的很多工作人员纷纷跳槽加入诺基亚，觉得在这样的北欧公司，福利待遇好，发展前景大，这次一定会是可以工作到退休的公司，结果，结局总是出人意料。

3. 最终的揭幕：用户体验是什么

到了2005年，一家从来没有做过手机的公司横空出世，该公司竟然只用了不到两年的时间，就将诺基亚拉下了市场霸主的宝座，这家伟大的公司就是苹果公司。

对于苹果公司，大家应该都非常熟悉了。该公司以前一直做PC之类的电子产品，在通信行业的积累几乎为零，从市场上看完全属于外行人士。最接近手机移动形态的产品也就是一款随身音乐播放器iPod。但横空出世的iPhone，却取得了巨大的成功。从销量到品牌，再到新平台生态体系，苹果的iPhone都非常霸气地重新定义了手机市场。这也是商业界第一次明确地接触到"用户体验"这个概念。乔布斯先生也因此成为用户体验的代言人。

苹果公司的超级成功，是商业时代发展带给笔者的又一次巨大触动。摩托罗拉公司被诺基亚公司打败还能让人理解和接受，毕竟一家通信公司被另外一家通信公司取代，这一点还在游戏规则之内。但一家做电脑的公司能够将这几家通信巨头都打败，这里面一定还有很多没被发现的核心要素。那个时代除了摩托罗拉和诺基亚，还有很多同等量级的超级巨无霸公司都陆续谢幕了（例如，柯达、黑莓、索尼爱立信等），从那个时候开始，笔者就开始深入研究"用户体验"这个领域的竞争力，到底是如何影响了这么多老牌巨星的命运。

第 2 节 独角兽们以用户体验征服天下

看一个市场的风向标，独角兽公司是特别好的标的物。独角兽公司是指那些成立时间相对较短，还未上市并且估值超过了 10 亿美金的公司。下面这张图就是截至 2018 年年底的部分独角兽企业，这样的公司在我国和美国都有不少。

部分独角兽企业列表（截至 2018 年年末）

独角兽公司是研究商业趋势的典型样本，这一点源于它的两个特征：第一，独角兽的估值很大，证明其商业模式在市场上已经基本接近市场所定义的成功；第二，独角兽都是新创型的企业，不是靠垄断或传承之类的因素来获得估值。所以独角兽代表的是新兴的发展力量，它们没有其他百年老店那种历史包袱和习气，更好地代表了未来的发展趋势。

美国投资公司 Shasta Ventures 做过一次聚焦研究。他们通过大量历史复盘来探索排名前 20 的独角兽公司为何能够取得成功。结论就是下面这五条：

（1）想法在早期容易被抛弃。

（2）进入高度竞争的市场，让消费者去拥抱更好的产品或者体验。

（3）重塑现有的体验，而不是颠覆。不是把激进新奇的事物引入市场。

（4）掌舵者是未经考验的创始人。

（5）早期通常没有盈利，更多专注在建立用户壁垒上。

上述研究结论非常精炼却充满启发性。这些结论与日常的观念存在不少差异。其中的 3 条结论与本书的内容密切相关，具体如下。

1. 进入高度竞争的市场，让消费者去拥抱更好的产品或者体验

传统观点认为，独角兽都是寻找到了别人未曾涉及的蓝海领域，并在其中构建了自己的商业帝国。然而分析师们发现的情况却恰恰相反。大多数估值达到 10 亿美元的公司都处于竞争激烈的市场之中。以即时通信的赛道为例，在 Snapchat 或 WhatsApp

出现之前的若干年，各种即时交流工具就已经至少存在几十种。尽管面临着传统对手的激烈竞争，那些新兴的即时通信独角兽公司依然获得了巨大成功。从历史统计中我们能够看出，社交通信领域持续地涌现出了很多高估值公司。

在出行旅游领域，情况也是如此。若干年内人们已经拥有了很多用来出行、外卖、聚会的平台和服务。但 Uber、Airbnb 和 Eventbrite 等通过更好的服务形式，吸引了更多的人来使用，在出行服务领域击败"前辈"获得了成功。

2. 并不依赖颠覆，而是重塑固有业务的体验

该报告分析发现，独角兽公司通常会聚焦于提供优秀的用户体验，来重塑市场的交付物。它们所创造的产品和服务并不是全新的。所有的交付物都只是对现存事物的某种改良。Nest 不是第一家开发联网型家用物联网检测器的公司，其只是让产品连接更智能、设计更精美、运行更高效。Uber 不是第一个提供在线预约出行服务的平台，但其提供了更好的运营模式，让人们的出行变得更便利、更愉悦。Dropbox 不是首个帮用户传文件的服务，其成功之处只是因为其提供的服务相较于传统的文件拷贝，传输更方便，存储更便捷。像 Nextdoor、Square 等公司的服务，也只是让人们司空见惯的支付和社交，以一种更便捷的方式来进行。这些公司通过独特的人性化视角，重新审视现有的世界，洞察更感性的需求细节，然后通过更优的用户体验满足了大家的需求。

3. 初期没有快速的盈利模式，但要花大量的时间建立用户壁垒

很多独角兽公司在早期融资阶段时，还不明白如何从用户身上赚钱，例如，Twitter、Pinterest、Houzz 和 Nextdoor 均是如

此。在初期，它们关注的重点是**建立用户壁垒**而不是迅速变现。这些初创公司首先专注于确定用户价值，例如提高用户规模和用户使用频度。只有当用户的壁垒达到相当大的规模时，它们才会开始考虑创收。虽然这些公司看似离盈利一直很远，但发展到一定的阶段之后会自然达成有效的业务布局，从而可以快速地开始商业活动。

Shasta Ventures 的分析师得出的最终结论是：**有很多独角兽公司基于大规模的市场，通过渐进式创新和优秀的用户体验起步，不断改良从而成长壮大起来。**这与它们所处的市场领域的竞争激烈程度和历史渊源并没有多大的关系。

这份报告带给我们的观点，与人们平时的认知还是有很大出入的。从这些结论中，我们能看到一些重要的字眼："用户""体验""行为"。这些都在传递一个新世界的信号。笔者很高兴看到这个报告的结论，因为这些结论与本书即将展开的世界是一致的。

第 3 节　体验经济是商业食物链的新顶端

眼见着老牌企业的陨落，见证着独角兽新贵的崛起。这些变革的背后是大时代竞争格局的演进。多个商业时代的变革，留存了不同的商业基因，形成了不同的企业食物链地位。

1. 进入了好赛道，还需要学会奔跑的姿势

在这两年流行的心灵鸡汤金句中，有句流传甚广的话："为什么懂得了很多道理，我还是过不好这一生"。这句话道出的意境，与现在许多企业的生存状态何其相似。

笔者在过去的若干年里接触了数百家企业的人员，并与他们探讨业务创新的机会。与很多企业家深度沟通之后最常见的感受，就是他们的焦虑。在焦虑的驱动下，企业家们一直处于高度辛苦的状态。

为了缓解自己的焦虑，努力的企业家都特别爱学习。如果是最近几年参加过一些热门课程学习的企业家，那么他们会比较爱说一个词——赛道。赛道这个概念挺好，意在启发我们在发力做一件事情之前，要更好地审视外部的大环境和自我的小环境。如果赛道没有选好，那么后续的奋斗都会失去意义。

这些年经历过的热门赛道真是不少：O2O、共享经济、新金融、企业服务、新零售、大健康等。那么新问题又来了，很多企业明明已经进入了很好的赛道，却依然在市场上表现得不尽如人意。这又是为什么呢？

卡位在一个好赛道，只是有了好的方向，并不等于就有了一份保险。在这个赛场上奔跑的时候，还得学会什么样的姿势才是可以发力狂奔而不会摔跤的姿势。在今天，什么才是能够守住一个赛道的真本领？这就会涉及对现有商业竞争法则的认知。

2. 你的企业生存在哪个环节

纵观现在的商业生态链，不同的企业已经在参与时代的发展过程中烙印下了不同的商业基因。这些不同的基因，为企业塑造了不同的生命力。从塑造竞争力的方式出发，对各类型的企业具有不同的划分方法，分别是工业型、效率型和体验型。生态链的演进如下所示。

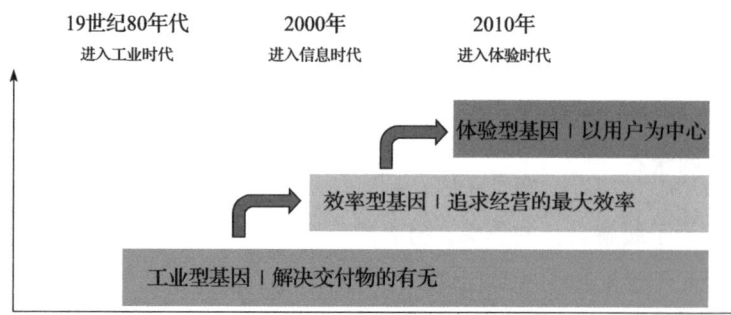

生态链的演进示意图

食物链底层：工业型基因的企业

"对于一个快要渴死的人，他需要水。一瓶水对他来说，不考虑品牌，不考虑品质，不考虑价格，他可以动用一切换取这瓶水。"——这就是工业时代的写照。

第一个影响企业经营者的时代是工业时代。当年随着改革开放的推进，社会进入充分释放生产力的阶段。在那个时代里面，企业致力于解决生产能力的问题。在那个时代，你如果有能力开家工厂，甚至只是开个小小的作坊，那么你生产出来的东西就能够在这个市场上卖得很好。大家在各个领域都在寻求如何弥补产业线的空白，让企业能够生产社会所需的各种物品。这也是很多老派企业家创业的年代。

那个时代带给经营者的思想就是**工业型基因**。开厂、招人、买原材料、做流水线，一套组合流程下来，最终以交付物的产出来定胜负。这是对用户需求最原始的满足方式，如果能够制造出新产品，从最早的"三转一响"（自行车、缝纫机、手表和收音机），到后来的桑塔纳汽车、BP机、大彩电，那么即使这些产品在初期默默无闻，也依然可以创造出强大的商业价值。

工业型基因企业的盈利能力，来自于交付物本身的市场稀缺性。然而在今天，除了高度垄断和冷门的领域之外，其他99%的产品都不再具有稀缺性。像家庭用品、农产品、普通机械零件等行业大部分都处于底层的生存状态。产品利润极薄，白热化竞争是常态。

工业型基因并没有随着时代的发展而消失。直到今天，很多企业还固守着工业型基因的经营风格，致力于生产相关的活动。结果就是这些企业一直都过得很艰辛。

食物链中游：效率型基因的企业

"同样是这个快要渴死的人，如果发现已经有各种饮料摆在他的面前时，能不能解决需求已经不再是他做出决策的核心要素。他需要考虑的是该拿起一杯茶、一瓶矿泉水还是一盒酸奶。同时还要琢磨一下同一种饮料之间不同的规格和价格。"——这就是效率时代的写照。

第二个时代是随着千禧年到来而到来的信息时代。在思想上各种管理流派纷纷进入国内，各企业相继邀请麦肯锡、罗兰贝格这样的咨询公司做全面的企业管理规范，邀请尼尔森等调研公司做专业的市场分析。在技术上，企业IT解决方案大规模涌现，有IBM、埃森哲这样的IT咨询公司为企业定制管理系统。在这些软、硬件方案的加持下，企业管理的整体水平攀升到了新的高度。

这个时代留给企业的就是**效率基因**。因为企业面临的挑战是产品已经高度同质化，粗放式的生产导向已不足以在商业竞争中脱颖而出，所以需要通过提升效率来获得商业价值，具体包括管理的效率、生产的效率、运输的效率、渠道的效率。总之，在相同市场交付物的情况下，如果能比竞争对手做得更科学、更有效能，那么就会产生更可观的商业价值。第二个时代基因的典型企业就是类似于沃尔玛、ZARA、麦当劳等连锁企业。

国内大部分经营良好的企业，在商业食物链中都属于这类效率型企业。但这类科学管理手段，仅在十几年前是稀缺品，先行的企业在当年的确获得了先发的优势，经过十几年孜孜不倦地补足短板，以及行业人才的充分流动，初期所表现出来的差异很快被弥补，各个企业都具备了旗鼓相当的管理体系。也就是说，**大家通过努力，又回到同一起跑线了**。随着体验经济的登场，效率型基因带给企业的竞争力只是暂时的。在今天，这些处于食物链中游的企业，不得不又开始面对残酷的竞争。未来迎接大家的，必然是利润空间的下滑，经营难度的加大。

食物链顶端：体验型基因的企业

"现在的麻烦是，你再也找不到快要渴死的人！市场供给极度充足，每个人都已不再饥渴，他们有充足的时间在各种饮料之间定夺。当用户不渴的时候，他的需求变得越来越模糊，除了解渴之外还会有很多别的影响购买决策的因素。"——这就是体验时代的写照。

如今社会的整体物质基础特别丰富，各种基础设施建设已经达到了空前强大的水平。社会上的主流消费群体已不仅仅追求活着，更追求活得更好。为了活得更好，他们会有很多漫无边际的新想法。对于产品，除了能够使用之外，还希望它更美观、更能打动人心。对于服务，除了要能够满足自己的业务需要之外，还希望在过程中感受到尊重，体会到温馨。这真是需要受到极大宠爱的一代人。

第1章 体验经济时代的崛起

2016年6月16日,上海迪士尼正式投入运营,开园当天便吸引了58400人入园游玩。迪士尼作为世界最著名的主题游乐公园,在全世界范围内获得了巨大的成功,自有其独到之处。

百年历史的迪士尼,在今天依然生机勃勃。前迪士尼执行副总裁李·科克雷尔在总结他10年的迪士尼经营经验时说过一句话:"三流的企业卖产品,二流的企业卖服务,一流的企业卖体验。"李·科克雷尔的这句话,实际上契合了迪士尼对竞争力的理解。

对于主题游乐公园来说,门票收入是公园收入最重要的来源,以我国几大著名主题公园为例,门票收入占总收入的比例普遍在75%以上。但据迪士尼年报显示,该公司全球11座主题公园在2014年共创造收入超过120亿美元,在这120亿美元当中,只有不到35亿美元是来自门票收入,也就是门票收入占总收入的比例不过3成。在门票之外,迪士尼的利润更多地是来自于纪念品、餐饮等周边产业,这些周边产业投入少利润高,是迪士尼主要的盈利来源。

迪士尼之所以能够利用周边产业盈利,是因为迪士尼是以营造全面的用户体验为核心竞争力的。迪士尼淡化了消费者以价格为核心的单纯的性价比选择,而将卖点转移到满足消费者自我实现的角度上来,以营造全面的娱乐体验为手段,俘获了全世界消费者的心。

迪士尼在产品设计上,以满足消费者体验童话作品情景的心理消费需求为方向,将各种卡通形象引入园中,但同时又不以卡通形象为限,而是朝着全方位的家庭娱乐组合方向发展。迪士尼中有大量的设施和工作人员是不能创造利润的,但是他们在创造整体的体验上却是不可或缺的,正是依靠着这样整体氛围的营造,为迪士尼的游客带来了不一样的感受,从而造就了多样的利润渠道。

迪士尼以这种体验模式吸引游客，让你待在里面即便什么也不做也觉得是一种享受，这就比单纯依靠娱乐设施来吸引游客更有竞争力，并且更容易带动周边产业。当你在迪士尼的童话世界中转了一天之后，你离开之前本能地就会去购买几件卡通纪念品带回家，而当你坐了一天的过山车之后，带回家的就只有刺激过后的一身臭汗。

如果说普通的主题公园尚处于第一阶段和第二阶段的话，那么毫无疑问，迪士尼已经到达了第三阶段。以营造优质的体验来取悦用户、引领用户的需求，从而走在整个行业的最前列。

从迪士尼的成功案例中我们能够看到，它的成功就是聚焦在以用户为中心的经营模式上。体验经济时代不仅仅是解决交付物的问题，还要为用户制造完美的感受。体验经济时代的企业，他们的收益更多地来自于用户为感受买的单，这部分溢价远远超越产品本身基于成本方式的定价。经营用户体验就是企业在商业竞争中登顶的过程。在体验经济时代，我们能够看到的每一个领域最顶尖的企业，它们的成功无一不是因为做好了体验管理。

体验经济时代之后是什么，谁也不知道，也许是虚拟时代，也许是量子时代。在那些时代到来之前，体验经济时代至少还有10年的窗口期可以让企业去获得红利。

3. 新实业在体验经济时代的新生

以用户为中心的体验管理思想，目前运用得最成熟的就是互联网行业。但互联网行业在整个国民经济里面，体量大概不到三成。以用户为中心的体验经营体系，更大的舞台应该是在大量的实体之中。但这里的实业并不是指那些老旧的传统企业，其所对应的是现在逐渐成为热门的"新实业"。

"新实业"这个名词从2016年开始流行于商业圈。所谓**新实业**，其包含两个要素：一方面需要具有传统实业的背景，懂生产，懂线下渠道，懂各种比较"重"的业务模块；另一方面应具有互联网化的经营思想，知道如何做在线营销，要有社群思维，要会管理电商。

2016年年初，世界浙商总会首任会长马云在浙商年会发表了一次以改革为主要内容的演讲，在演讲中，马云列举了这样几组数字，具体如下。

- 全世界有20亿80后、90后的年轻人。
- 大部分"新实业"企业在3年前还不存在。
- 每次科技革命都会经过50年的转化，前20年是技术革新，后30年才是大规模应用。
- 2016年刚好是互联网科技革命的第21个年头。

马云列举的这些数据能够说明什么问题呢？用马云的话说，未来是属于**新实业**的。现在并不是实体经济不行了，而是旧的实体经济不行了。所有的企业在面对互联网浪潮时，都要向"新实业"进行转变，只要能够转变成功，即便是传统企业也有着广阔的前景。

马云说："有人抱怨互联网冲击了零售，那么我告诉大家，20年以前你们也冲击掉了那些国营百货商店、小商小贩。当时，你们创造了需求、引领了需求、培养了需求，而这二十年来，你们没有去好好维护与客户的关系，没有好好做服务。结果是今天的新实业更了解客户需求，这些新实业企业完全是按照新人类的消费需求而出现的，特别是新人类、新年轻人、新消费者。创造出来的消费以前都没有听说过。所以他们把你们淘汰，天经地义。互联网改革到现在走过了21年，但这21年不过是技术奠基，后30年才是真正的发力，所有的企业，无论是'+互联网'还是'互联网+'，向新实业的转型都是势在必行的。"

对于企业家来讲，未来的三十年，世界不属于互联网公司，是属于用好互联网的那些公司。

从马云先生的话中我们可以解读出，想成为"新实业"就需要以新的经营体系，去应对用户的消费升级变化。我们总说"新实业"正在取代旧实业，并不是指传统企业正在消亡，而是指传统思想、传统经营手法会消失。那些勇于进化的传统企业，如果在今天进行了体验经济的转型，反而会焕发出更强大的新活力。

4.苹果公司：成也体验败也体验

说到体验经济带来的盈利能力，就不得不提到用户体验创新的代言人——苹果公司。苹果公司的成功故事大家耳熟能详，下面先通过数据来看看苹果公司的盈利能力到底有多强。

北京时间2018年8月3日凌晨，美国苹果公司股价上涨2.92%，收于每股207.39美元。按当天收盘价计算，苹果公司市值已超过1万亿美元，成为美国证券历史上首家市值突破万亿美元大关的上市公司。苹果公司公布的第三季度财报显示，截至2018年6月30日，苹果公司营收533亿美元，比去年同期增长17%，连续第四个季度呈双位数增长；净收入为115亿美元，运营现金流为145亿美元。

另外，统计数据还显示，苹果公司2018年第二季度还拿下了智能手机市场62%的利润，其次是三星（17%）。国产手机品牌利润排名依次为华为（8%）、OPPO（5%）、vivo（4%）和小米（3%）。剩余1%的利润则被600多个手机品牌瓜分。

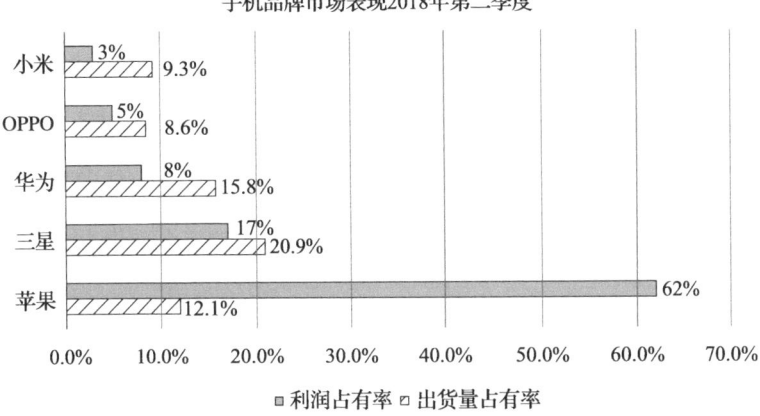

手机品牌2018年第二季度市场表现图示

苹果公司的收益，遥遥领先。看到这些数据大家是否陷入了沉思？苹果公司呈现出来的盈利能力，可以让我们反省自己的业务。不仅要看到苹果公司表面的光鲜，也要看到其背后隐藏的原因和细节。

以苹果公司的明星产品iPhone为例，这是一款单品销量可以过亿的3C数码产品。通过深入研究iPhone这款爆品在市场方面的行为，我们可以发现它打破了很多传统的商业观念。

第一个被打破的观念：不是价格越低的产品越好卖。过去为了提升销量，企业总是习惯性地聚焦在价格大战上。反观iPhone的产品线定价一直是主流手机中最高的，在这个价位上几乎没有太多同类的产品。但它依然能够保持全球最高的出货量。这种最贵的产品反而销量最好的情况，是非常不合常规认知的。

第二个被打破的观念：不是技术越先进的产品越好卖。企业常常为了获得竞争力，就不断地投入研发黑科技，坚信"一骑绝尘"的技术优势可以换来好的市场销量。iPhone与处于同一市场的其他友商手机相比，并不具有绝对的领先性。在手机芯片方面，华为的麒麟芯片和小米的高通芯片都是与之旗鼓相当的，华为的7nm麒麟芯片甚至还领跑了。在屏幕方面，几个大厂的屏幕都是相同的厂家来源。在存储方面，各家的存储能力和容量也毫无区别。在拍照方面，按照专业的拍照评分平台DxOMark的排行榜，排名第一的也不是iPhone，拍照排名前十的产品里各家都有。

没有绝对的技术领先，却有绝对领先的市场地位，这也是一种很有趣的不合常规的现象。

第三个被打破的观念：不是广告越多的产品越好卖。国内很多公司对广告的依赖非常严重。但是回看处于手机行业第一的iPhone产品系列，就很少做长时间的广告轰炸。只在每次新产品发布时会进行一定的投放。而且也不会铺天盖地占据大家的视线，只会在一些特别聚焦的场合做投放。

广告明显不占优势，却也能取得领先。这是第三个不同寻常之处。

第四个被打破的观念，不是渠道越多的产品越好卖。国内的友商在渠道建设上非常厉害，即使是六七线城市也有强大的铺货能力。这帮助很多品牌取得了成功。

而大家常见的iPhone购买渠道，仅仅包括在线商城、苹果APPLE STORE和品牌渠道店。苹果公司在下沉渠道里的建设并不多。在三四五线城市的渠道开拓方面，苹果做得也不好。但是这并不妨碍大家挖空心思地找到有效的渠道去购买它的产品。

渠道覆盖远不及友商，却仍能成为市场领导者。这是第四个需要反思的问题。

iPhone有能力打破这么多的商业认知，是因为它在体验创新经营方面，成就了极大的长板，强大到可以开辟自己的游戏新规则。这也是自苹果公司以来，新形成的现象级商业模式。如今无论是成功的独角兽企业，还是引领市场的苹果公司，它们商业的制高点大部分都**来自于围绕着用户构建模式，经营过程中每个环节的用户体验**。这也将是本书会从各个方面不断进行剖析的内容。

苹果公司自从开始追求产业化思路之后，这两年其在用户体验上的创新力，已经开始严重下降。它从体验型基因的企业开始往效率型基因转型，虽然在经营数据上面依然好看，但背后的潜力却备受质疑。放弃曾经帮助企业一飞冲天的用户体验，今天的苹果公司还能走多远？这值得所有人关注。

"天下熙熙，皆为利来；天下攘攘，皆为利往。"当收益的原点已经发生变化的时候，让我们欢迎体验经济时代的到来，这是一个让人再次激动的新时代。在这个时代里，商业的游戏规则将发生全盘变化，从战略到战术也迎来了新模式。企业的成功总是出于拥抱了正确的时代，所以今天的企业要想成功，就看是否能跟上体验经济这趟时代的快车。

|第2章|

体验经济的内核是感性商业观

第1节 屡得诺贝尔奖的行为经济学

为什么一个购买上万元奢侈品的人,会因为不包邮而选择别家?

为什么买家会因为完全用不上的廉价赠品有问题,而毫不留情地对商家差评?

为什么家庭富裕对财富不敏感的人,也要在双十一去抢购?

以上这些让企业摸不着头脑的种种现实问题,都是体验经济范畴的研究课题。体验经济听起来如此光鲜,其背后是否有专业的科学体系？支撑体验经济这一体系的学科，称为**行为经济学**。其是作为实用经济学出现的，它将心理学与经济科学有机地结合起来，以发现现今经济学模型中的不足之处，进而修正传统经济学关于人的非理性造成的偏差。行为经济学在西方主流经济学中并不是新学，只不过自19世纪50年代至19世纪90年代以来，它一直在进行理论研究和科学实验，因此一直沉寂了几十年，直到最近这十来年它才开始展示其价值。

2002年10月9日，瑞典皇家科学院宣布，美国普林斯顿大学心理学教授丹尼尔·卡尼曼（Daniel Kahneman）与经济学教授弗农·史密斯分享当年的诺贝尔经济学奖。卡尼曼博士，1934年出生于以色列的特拉维夫，1954年在以色列的希伯来大学获得心理学与数学学士学位，1961年获得美国加利福尼亚大学伯克利分校心理学博士学位，现为普林斯顿大学心理学教授与Woodrow Wilson学院公共事务教授。他是这个时代最有影响力的社会科学家之一。2002年诺贝尔经济学奖授予给他的理由是："将心理研究的成果与经济学融合到了一起，特别是在有关不确定状态下人们如何作出判断和决策方面的研究"。

而在2017年10月9日，瑞典皇家科学院宣布将2017年诺贝尔经济学奖授予美国经济学家理查德·泰勒（Richard H. Thaler），以表彰其在行为经济学领域的贡献。诺贝尔委员会指出，泰勒将心理学的现实假设融入到了经济学的决定分析。他研究和探索了有限的理性、社会偏好及缺乏控制力的后果，并展示出这些人类特质是如何影响个人决定，以致影响市场效果的。

诺贝尔经济学奖自1969年设立至今，一共评选出了几十位获奖者，其中行为经济学能够在21世纪初就获得两届（共三人）

诺贝尔经济学奖,这是对行为经济学价值的最好的肯定。也正是行为经济学研究的领域,揭示了体验经济时代的到来。

行为经济学认为自己的研究不是一门独立的学科。行为经济学家提出,如果你想参透人类购买行为和消费行为背后的逻辑,那么除了传统的市场分析之外,还需要将心理学、社会学等"软科学"知识也纳入思考空间。所以行为经济学是跨学科的。事实上这些"软科学"已经对人类的生活起到了革命性的作用,这一点已经体现在生活的方方面面。大到政府的政策出台、小到产品的交互设计、甚至是路边日常可见的广告张贴画,所有这些经济活动都与人类的行为心理模式紧密相关。

诺贝尔经济学奖得主泰勒教授就是学以致用的最好实践者。他在研究之余,甚至还利用自己的研究成果成立了两家基金公司,在股票市场盈利颇丰,堪称"股神"。他为自己的基金起了两个非常有意思的名字,分别是:"别人未发现的行为增长基金"和"别人未发现的行为价值基金"。这都是行为经济学小试牛刀的案例。

第 2 节 "感性人"开始占领今天的市场

经济学理论将个人视为一个小的经济单元。这个经济单元的微观规律,最终会形成市场的经济运行规律,例如,股票市场、投资市场、零售市场等。传统经济学与行为经济学的区别,就是源自对这个经济单元的运行规律具有不同的假设。

1. 传统经济学假设受到的挑战

传统经济学认为经济单元的本质是一个**理性人**。所有的决策与行为都高度符合理性的特征。而行为经济学则认为，在今天复杂的经济环境下，这种理性的假设具有三个不适应性，具体如下。

（1）**个人并不能始终进行有效决策**。传统经济学认为理性人都具有良好的决策能力，在任何时候都能够按照同样的标准来判断价值。但现实是人在做决策的时候，理性是有限的。比如，在超市你会觉得30元一瓶的嘉士伯很贵，但是在酒吧你会觉得其30元一瓶是可以接受的。同样的一瓶酒，人对其价值的判断是在不断发生变化的。

（2）**个人并不能具有贯彻执行的意志**。传统经济学认为，理性人应该认可自己的决策。所以其会用最大的效能去执行这个决策，绝对不会轻易动摇和改变。但现实情况是，人的决策和执行往往是不一致的，所以注定会让各种策略在落地阶段发生偏差。这里列举一个经典的例子，办理一年健身卡套餐的人，在决策时都是充分评估觉得一定可以达成，但在执行时能坚持一个月的不到1/3。

（3）**个人的经济活动不全是以利益为中心的**。传统经济学认为，理性人在经济活动中都是自利的，会以利益最大化为目标。但人们在实际经济活动中，既不是完全自私自利，也不是完全大公无私的。人类具有复杂的社会性动机，会同时具有关心、信任、愧疚、成就别人、怨恨、报复等各种看起来互相冲突的行为模式。

传统经济学所倡导的理性人假设，其前提过于肯定人的稳定性。认为人是不会受到外界因素影响的，具有良好的可预测性和可量化性。这种过于美好的假设，在如今注定会受到很多挑战。理性人假设已经很难解释现在经济运行中的很多问题，例如，为什么在股市或者币圈，大部分人总是高买低卖？为什么像喜茶这样的店，排队越长人们越是希望尝试？

就像卡尼曼教授在《思考，快与慢》一书中提到的一样，行为经济学认为，人的大脑里拥有两套系统，一套负责理性决策，一套负责感性决策，这是影响人们决策背后无形的大手。所以基于这两套系统，传统经济学与行为经济学都各自解释了很多道理，他们之间是并存的关系。以前企业家们听取了很多传统经济学的道理，现在也要补上行为经济学的课才能更好地把握用户和市场。

2. 行为经济学推出的感性人

行为经济学更强调人的非理性，其理论核心很简单：**人类不是机器人**。在行为经济学看来，应该尊重人类是感性动物的本质。应该认清人在做决策时常常都处在非理性的状态。

行为经济学对人的非理性特质做了如下的归纳。这些也是行为经济学的经典观点。

行为经济学的经典观点

（1）**损失厌恶：失去已有的东西痛过得不到东西**。损失厌恶是指在面对同样价值的损失和收益时，"损失"会让人更加难以忍受。行为经济学甚至给出了量化的评估，认为同样的损失带来的负效用是得不到相同收益的2.5倍。假设在同一时刻得到了100元，但又在无意中丢掉了这100元，其实并没有任何损失，但是绝大部分人的感觉是不开心的。例如，闯关综艺节目中，闯到最后一关之前选手已经获得了数千元的奖金。如果最后一关闯关成功将会获得一万元的奖金，但是一旦闯关失败，将拿不到之前的奖励。这种情况下大部分选手都会选择放弃最后的闯关，这实际上就是损失厌恶在起作用。

（2）**时间偏好：别画饼，我关心现在能得到什么**。时间偏好，是指人们随着时间的变化，对于收益的期望是不一致的。用户更加看重的往往是眼前的收益，因此会更容易斤斤计较。而对于未来的收益，用户的敏感度则相对较低。

美国的超级百万（Mega Millions）彩票大奖每次的大奖金额都在亿元美金以上。获奖人可以选择全款一次性获得，但是得交30%左右的税。也可以分30年领完，税费会低很多。在超级百万大奖这么多年的获奖案例中，大部分的获奖者都选择了一次性提取。这就是时间偏好在起作用。

（3）**社会性偏好：人是黑白兼修的动物**。社会性偏好是指人们在经济活动中，不会完全孤立地考虑自己的得失。人们会在别人表现得公平对待时，更加善良地对待别人；也会在别人表现得敌对时，应对的行为更具有报复性。

所以，我们经常会看到平日一贯言行很好的老师，会在某个时刻与社区的邻居争吵。而一些所谓的大奸大恶之人，偶尔也会做些善事。

（4）**概率判断偏误：一双眼睛里一个世界**。行为经济学将人类自己认知的概率称为心理概率。心理概率与客观概率之间的出入即为概率判断偏误。人们对概率的认知，往往基于自己主观的经验、知识、社会阅历等。基于心理概率进行的决策，往往带有强烈的个人特色。

对汽车的评价是最有趣的主观现象。虽然统计数据表明，丰田车的质量在同类行业中是比较领先的，但在实际情况下，如果一类人群中最先买车的那个人购买的是大众车，而且开得很顺利，那么他周围的人都会觉得德国车质量最好。如果最先买的是丰田车，而且不幸总是维修，那么他周围的人会觉得日本车的质量好这个传言并不可靠。这与普遍的客观概率是很不一致的。

麻省理工学院的丹·艾瑞里教授在其著作《怪诞行为学：可预测的非理性》中专门讨论过用户的非理性行为。这种非理性贯穿于整个商业之中，在当今的时代尤为明显。所以你会觉得每天都在面对各种"怪异"的用户。但其实没有用户是真正怪异的，他们无非是跟随了他们的内心，而这个内心又比较感性而已。

今天感性人占据了市场，其实并不是另外来了一群人。而是**指人性里偏感性的这一面开始占据主动地位**。感性影响了人们的决策逻辑，让我们面对着新的挑战。

第 3 节　企业与用户形成了两个平行的世界

商业社会发展的过程，就是作为需求方的用户，与作为供给方的企业，彼此之间不断地建设和破坏关系。体验经济时代，感性人开始占据市场,用户与企业的关系再一次发生了巨大的变革。

今天,企业经营挑战的可怕之处在于,不是企业不够努力,而是企业无论怎么努力,也无法获得用户的心。因为残酷的现实是,企业和用户也许已经不在同一个世界了。

1. 过去企业与用户的世界是强融合的

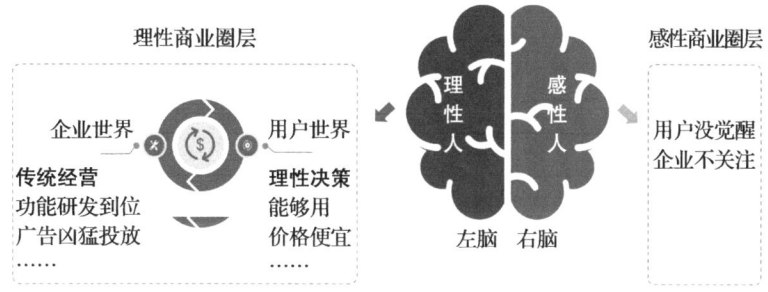

企业与用户的世界强融合示意图

过去社会资源不够丰富,信息不够发达。用户的购买决策主张不多,对于产品的需求非常基础。功能符合要求、性价比高、品牌有一定的知名度就已经足够了。那时的用户对企业来说,是跟随型的。于是很多大品牌可以保持 10 到 20 年的领导趋势。

这个状态下的各个企业,在**理性层面**的商业经营已经非常成熟,形成了自己的一整套针对**理性决策**的经营套路,包括如何定义产品、如何投放广告、如何管理渠道等。企业与用户就像同一个池塘里的鱼儿,彼此之间习性相通。企业能够理解用户,用户也向往着认知企业。此时的用户世界与企业世界,是在同一个圈层的。

2. 现在企业和用户的世界是平行分离着的

随着商业社会的进步和发展，用户长期沉浸在信息高度发达，自我意识不断强化的环境里。这时用户大脑里的感性人开始觉醒，用户开始积极地主张自己的生活。这一切变化，都导致了今天市场进入到了体验经济时代。

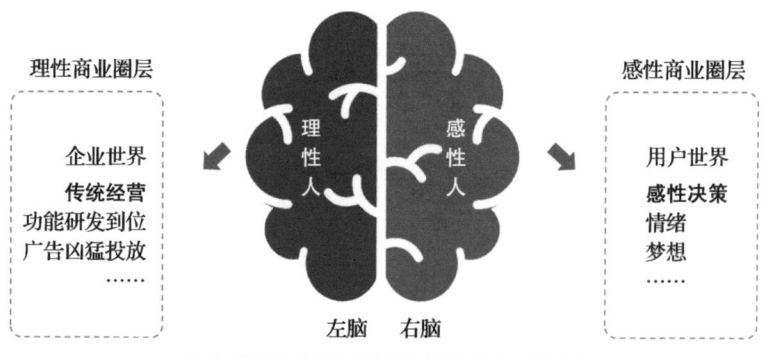

企业世界与用户世界平行的分离示意图

如行为经济学所阐述的，用户的购买决策不再单纯地聚焦在性价比、质量之类的理性逻辑上。用户更多地显露出感性人（非理性经济人）的特征。他们所做的决策判断时时受到各种感性要素的影响。用户们开始意识到自己有未来的梦想，有生活态度，有需求痛点，还有各种各样的习惯，以及层出不穷的情绪。用户开始安排自己的生活方式，而不是接受企业主张的生活。此时用户的世界已经**落脚在感性那一侧的圈层**。

反观大部分的企业，它们还停留在原地。这些企业接受的管理理论，都是以理性人为出发点进行的。从需求的理解到规划定义，再到传播逻辑，针对的都是理性人的决策逻辑。所以这类企业，很不幸依然**停留在理性这一侧的圈层**，运用着老旧的管理思想辛勤耕耘着，继续以理性人的经济特征去思考目标用户。

当用户与企业驻足在不同的圈层时，在现实中就形成了两个平行世界的状态。这就好像是企业依然还是像鱼儿一样在传统商业圈层的这个池塘里折腾，但是用户已经像鸟儿一样翱翔在天上，去往了另一个领域。结果很自然：鱼儿付出再多的努力，也不可能影响鸟儿飞翔的世界。这种区隔，让企业如何能够继续撼动用户的世界？

美国有一部科幻电影《逆世界》，英文名叫 Upside Down。这部电影讲述世间出现了两个互为颠倒的世界。彼此成为对方的天空，可以看到，但是很难过去。

在这个双生世界里，运行着各自的规则、法律甚至道德标准等。大家各自生活互不干扰。在这样的时空里，下层世界的生活与工作，与上层世界的生活与工作毫不相关。这两个世界的人们，都很难想象对方的生活方式是怎么样的，大家都干着自己熟悉的事情，而另一个世界的喜怒哀乐，离自己又是如此的遥远。

这部电影所描绘的世界，就像如今企业世界与用户世界的逐渐分离与平行一样。企业的世界是一份事业，用户的世界是一份生活。这两个世界有着不同的哲学、语境、目标等各种要素。

3. 平行世界让企业的奋斗变成了自娱自乐

在平行世界的格局之下，我们就能理解为什么如今的企业虽然付出了如此多的努力，但在市场上却依然不能为用户所接受。**因为企业所有的努力，都是企业世界内部的自我循环**。企业充满激情地规划着各种方案，费尽心思地实践各种活动。以为这样用户就会喜欢。对不起,在仅剩企业自己的世界里折腾,只能变成企业的自娱自乐。

企业世界的自我封闭努力示意图

不能因为企业辛苦,就认可企业的忙碌是有价值的。如果企业努力之后,对用户的世界毫无影响,那么这种努力就是种浪费。在尝试做各种工作之前,企业是否问过自己这样几个问题:

"用户能不能意识到?能不能感知?能不能接受?"

笔者经历过很多项目,也见证了它们从研发到上市甚至消亡的过程。在这些从无到有的过程中,笔者会同时感受到两种视角在博弈。一个来自于企业,一个来自于用户。这两个视角角度不同,评判标准不同,甚至价值观的走向都不同。

所以,记住这句残酷而真实的用户心声:**"你的努力,已与我无关!"**

既然已经是两个平行世界共存的局面,那么企业要想重新获得用户的认可,就要走进用户的世界。如何在两个越来越陌生的世界之间打开一扇门?这扇门背后的道路应该是什么样的?这是后面章节即将带领大家一起探讨的问题。

第3章

用户体验赋能体系 X.BUSINESS

第 1 节　用户体验是打通两个世界的天梯

企业与用户处于两个平行的世界,这一点对于企业来讲是个坏消息。企业一定不认可这种平行的状态,因此我们需要努力打破这个僵局,破除两个世界之间的藩篱,走进用户世界。

1. 用户体验管理让企业走进感性人的世界

要让两个平行的世界能够再一次连接起来并共创繁荣,就要在两个世界之间搭建一个连接感性世界的通道。通过这个通道,企业世界的各种努力能够源源不断地被转化并传送,最终进入到用户世界,成为用户世界所需要的东西。

这个通道就是以用户为中心的出发点，搭建的**用户体验赋能体系 X.BUSINESS**。

用户体验赋能体系所扮演的连接通道，一边连接着企业的经营活动，另一边连接着用户的个人场景，如下图所示。以用户为中心是主体的哲学观，它是企业进行经营布局活动的准绳和方向。用户体验赋能体系则是行动框架，其阐述了实践中的各种落地方法。

企业世界和用户世界共同进入感性商业圈层

用户体验赋能体系通道里包含了企业在感性世界里的众多经营使命，从如何探究用户的感性需求，到如何定义符合用户现在关注的卖点定位，以及如何做出合理的蓝图规划，最后还要向用户交付体验良好的产品与服务。用户体验赋能体系通道的存在，就是全面为了企业商业目标服务的。

如果说之前的企业经营，就像是企业世界内部的自循环，那么以人为本的体验管理，就是要建立企业世界向用户世界的投射，让用户能够感受和经历到企业的努力付出。

2. 过去让你误解的狭义用户体验

在这本书中，我们会经常谈到用户体验这个概念，用户体验也是当下非常热门的一个词语，它热门到了什么程度？上至中央政府的工作会议，下到各著名企业的各级领导，都经常将用户体验这个词挂在嘴边。像它的各种衍生词，如以人为本、顾客体验，更是频繁出现的词汇。

笔者曾经在很多场合，针对企业的管理者们，做过一些有趣的研究。先调查有多少人知道用户体验，几乎百分之百的人都会举手；继续调研用户体验究竟是怎么做的，几乎百分之百的人都不举手。这样一个鲜明的对比，意味着用户体验在很多人的心目中，看起来更像是一门"玄学"。

这里面是不是有什么误解？

用户体验的英文为 User Experience，简称 UX 或 UE。在不同的行业中，用户体验包含了很多标准化的定义：

（1）在设计流派中，用户体验的定位为"基于用户的感性需求，在使用产品或服务的过程中建立起来的感受"。

（2）在 ISO 9241—210 国际标准中，用户体验的定义为："人们对于针对使用或期望使用的产品、系统或者服务的认知印象和回应"。

对于以上的这些定义，笔者统一称为"**狭义用户体验**"。这些定义还仅仅只是将用户体验当作一种简单的工具来对待。所以经常会有人向用户体验团队提出这样的要求："给我一个点子，让我把体验给做好"，这是一个非常大的误区。

在第 2 章中我们曾经讲过，我们现在最大的经营挑战，是要面对企业和用户这两个平行的世界。我们希望努力打通这两个世界之间的连接，以用户为中心是解决这个问题的一个基本思想，而用户体验则是这个思想下的基本方法。

所以我们在此为用户体验重新赋予一个更全面的定义：用户体验指的是"在感性商业的环境中，重新构建企业与人的关系。"这是站在商业创新的视角所引入的用户体验，我们称之为"**广义用户体验**"。

理解了狭义用户体验与广义用户体验之后，我们能够更好地去辨析商业项目中的不同创新机会。由于历史的原因，目前你从外界所能获得的用户体验的知识，大部分还集中在狭义用户体验上，这会误导你在看待创新的时候忽视战略上的问题，而专注在一个战术点上。笔者相信，以后站在商业大视角之下，去看待用户体验会越来越流行，用户体验必将深入到企业各个领域的管理中。

第 2 节　用户体验赋能体系详解

能够连接两个世界的通道，就是**用户体验赋能体系 X.BUSINESS（以下简称赋能体系）**。这是体验经济时代商业价值的新游戏规则，其系统地拆解了体验管理创新的具体实战逻辑，如下图所示。

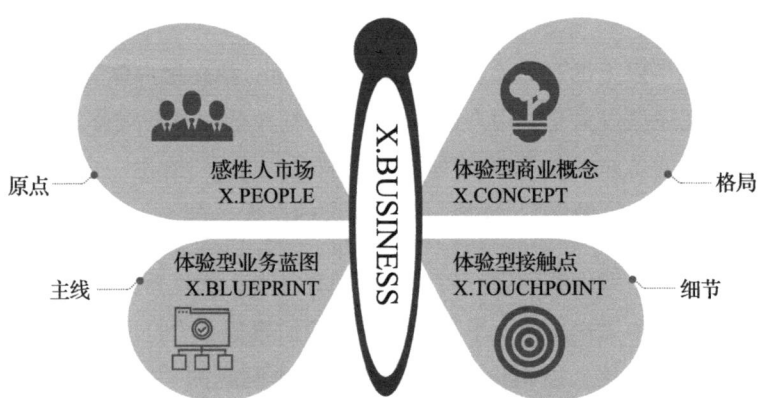

用户体验赋能体系 X.BUSINESS

赋能体系 X.BUSINESS 由四个模块组成，分别如下。

（1）感性人市场——X.PEOPLE。这个模块是体系的原点，其从**感性人**的角度重新洞察市场，了解用户的感性需求。

（2）体验型商业概念——X.CONCEPT。这个模块是体系的格局，其基于感性人的目标市场特征，孵化具有体验要素的**商业概念**。

（3）体验型业务蓝图——X.BLUEPRINT。这个模块是体系的主线，商业概念的落地是由若干符合体验历程的**业务蓝图**构成的。

（4）体验型接触点——X.TOUCHPOINT。这个模块是体系的细节，业务蓝图里的若干分支均来自**接触点**体验打磨。

上述四个模块构成了一个完整的商业工作体系。每个模块都具有特定的使命，都有一系列与该模块相对应的理论模型、工作流程和工具。体验赋能体系是本书贯穿始终的核心体系，后续的各大篇章就是在展开这些不同模块的相关知识。充分掌握这些方法理论，你将开启体验经济的新大门。

"体验创新不是否定过往，而是先继承再提升。"

通过赋能体系 X.BUSINESS 我们可以看到，基于体验的创新管理与企业现有的工作环节是高度对应的。很多企业听到体验经济时代的到来会感到困惑，甚至还伴随着恐慌，它们担心这类新思想、新浪潮是在断送自己的未来。追寻体验经济模式的目的，不是要另外打造一个新的、孤立的商业逻辑。**体验经济模式的创新，更多的是对企业现有经营环节的赋能**。它认可现代企业管理的许多先进方法，并在此基础之上为这些工作赋予更先进的思路和方法。

用户体验的工作并不游离在企业现有的工作之外。在企业工作环节不变的情况下，按照体验模式的新标准对工作要点、流程、评价指标等全部进行管理的提升。举个例子，用户体验并不是要在企业现有"陆军"的基础上，另外建设"海军"或"空军"。兵还是那些兵，将还是那些将，只不过以前采用的是传统作战方式，现在有了新的先进思想和武器，要调整作战方式而已。

既然是对企业已有经营管理的提升，那么X.BUSINESS又该如何具体地赋能各个对应的商业经营环节呢？下图简单地说明了一下各个模块的升级变革。

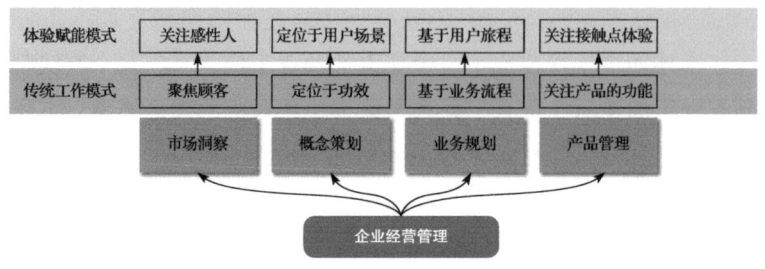

企业经营管理各个模块的升级变革

1. 感性人市场：市场机会的洞察更关注用户的感性需求

感性人市场模块可能会面对企业提出的如下困惑。

"客户到底需要什么？"

"已经不知道还能有什么新东西，这个行业已经做到头了。"

"明明我觉得很棒的东西，客户为什么看不上？"

"好不容易引流来的客户，听了介绍后总是摇头。"

"隔壁公司的东西明明不咋样,为什么客户还那么认可?"

经营的第一步就是发掘市场上的新机会,这个机会一定是来自用户需求。今天这个社会,物质已经极大丰富,还有未被满足的需求吗?答案是肯定的。前面讲过,过去对用户的需求更多地集中在理性层面。感谢行为经济学揭示了用户心智的两重性。在理性心智之外,还有感性心智在作怪。关于这方面的研究,各个行业才刚刚起步。基于这个视角洞察出来的每一项需求,都会带来一片新的巨大蓝海。

感性人市场模块的工作,能够建立起市场的新目标人群,以及这些人群所对应的大量新需求、新痛点,这些成果将是后面工作的重要前提和方向。关于感性人与市场机会之间的话题,本书的第 2 篇将进行详细阐述。

2. 体验型商业概念:商业定位将更依赖于用户级场景

体验型商业概念模块可能会面对企业提出的如下困惑。

"行业的同质化竞争越来越严重。"

"传统公司总是被人评价为老土。"

"这个行业已经有巨无霸了,我实力不足无法与之竞争。"

"感觉自己越做越窄,好想拓展一些新的业务。"

当发掘了市场机会之后,就需要针对企业自身的特质,去设定企业在市场上的独特竞争力,这就是商业概念定位。体验经济时代将开辟一种新的定位方式——围绕着用户级场景来进行企业的商业定位。这是一种完全不同于以往定位思路的商业策略。在这种思路的指导下，企业的商业目标将完全地切入到用户世界。将企业的商业行为与用户的世界观高度融合，从而在市场上有效地开拓出属于自己的以人为本的发展方向。

体验型商业概念模块的工作能够获得的重要成果，包括新的商业概念，商业概念之下的各种概念要素等。该模块的成果也可以为战略团队、市场营销团队、产品研发团队所使用。

体验型商业概念的定位将在本书的第 3 篇详细阐述。

3. 体验型业务蓝图：从用户旅程的视角展开业务线

体验型业务蓝图模块可能会面对企业提出的如下困惑。

"与客户接触的机会太少了，没法让他消费。"

"找到好机会了，但感觉我的业务支撑不起这个目标。"

"客户总觉得我是个奸商，只知道卖卖卖。"

"我的业务那么多头绪，照顾不过来，丢分点太多。"

完成商业概念之后，接下来的工作就是规划企业在实际生产中的业务逻辑，这是从战略到战术的落地过程。用户级场景之前的工作是保证战略上的正确性。业务蓝图和后面的接触点管理是保证战术上最终能够成功地落地实施。用户旅程的方法论能够完整地梳理企业台前幕后的业务关系，定义各个环节的分工，规划业务流程执行的逻辑。

体验型业务蓝图模块能够获得的成果物，主要是业务创新的整体业务蓝图，这个如同手册一样的成果物，不但往前支撑了概念，下一步还将分解出若干的接触点。

体验型业务蓝图规划，将在第 4 篇详细阐述。

4. 体验型接触点：产品聚焦于体验而不是功能

体验型接触点模块可能会面对企业提出的如下困惑。

"好羡慕市场里的那些爆卖品，连我自己都喜欢。"

"没了黑科技，我想不到还能通过什么来提高产品竞争力。"

"我的产品或服务总是特别平淡，没人有印象。"

"我也想要一个扔到人堆里，大家就自发传播的产品。"

接触点就像整个体系的毛细血管一样，用于完成与用户进行互动的工作。体验型接触点是业务蓝图的最终承载物。在接触点这个模块里，将有几十个细化的工作要点，用于支撑接触点的众多体验要素。

体验型接触点阶段的工作，将完成业务相关的若干产品与服务的体验设计。该阶段的成果物主要是交由产品管理部门和研发部门使用。

基于接触点的产品体验设计，将在本书的第 5 篇详细阐述。

至此我们可以发现，这个体验赋能的创新体系具有非常严密完整的结构。每个后续模块的起点，都是上一个模块的成果物。因此采用这套体系进行创新的时候，逻辑非常清晰，不会出现创新过程不可控的窘境。

而且它从战略到战术，自上而下地实现了工作的降维。既有适用于大目标的大开大合的格局，也有细致入微的细节打磨技法。所以体验赋能创新体系的应用，既可以针对一个新部门或一条新业务线的全面创新，也可以具体聚焦到一个产品的局部，去进行细节的打磨。这样一来，无论是大集团还是小团队，都可以有选择地按需应用这个工作方法。

在笔者的实际工作经验中，由于用户体验是一个比较超前的新概念，所以企业内部在最初推进的过程中，可能会因为不理解这个新概念而产生实践方面的阻力。所以建议先从细节方面获取一些显而易见的成效，比如产品改进，某个服务接触点的提升，从而快速获得市场的正向反馈，然后再尝试从大格局上进行变革，这往往是推动创新的比较实际的好策略。

第3节 用户体验创新常见的误区

如今市场上的许多先进企业，已充分认识到了用户体验的重要性。它们在不断实践这个理念的过程中有成功，也有遗憾。下面是笔者整理的几个典型的误区，具体说明如下。

1. 努力发明一个好产品？错！

企业内心独白：努力做个好产品，就能让用户满意。

结果：产品与用户需求发生脱节。

企业通过改进产品功能、提升产品设计、采取新科技等手段，力求为用户带去更好的产品。为了实现这个目标，企业会以专家的视角审视产品。虽然前期也会做些调研，但总体上仍然是以企业为主导。企业是提供者，用户是使用者，因此企业处于主动地位而用户处于被动地位。

夏普株式会社是一家成立于 1912 年的电器制造商，自创立之初，夏普就一直秉承着精益求精的制造精神，"为用户提供最好的产品"一直是夏普的生产诉求。夏普公司在日本，相当于创新界的黄埔军校，它的研究方向涉及了工业民生的方方面面。但是，这么好的一家企业，在今天却被边缘化了。

在很长一段时间里，夏普都是显像管技术领域最尖端的企业，拥有领先于市场的技术，为用户创造出属于未来的产品，这一直是夏普的经营策略。为了实现这一点，夏普将企业的主要精力都放在技术的研发上，自 1950 年进入显像管领域之后，夏普每年的专利申请数都遥遥领先于同行业其他企业，到 2016 年，夏普在成像领域的总专利数已经超过了 10 万件，在 2015 年，夏普仅在中国就申请了 737 件专利，而同时期韩国三星电子在中国的专利申请也不过是 652 件。

有技术作为保障，夏普为用户制造了很多划时代的显像产品，这保障了夏普行业领导者的位置。但夏普的问题在于，其并未真正懂得如何以用户视角来思考问题。夏普虽然集中精力进行技术开发，但这种开发却只建立在"自以为用户需要"的基础上，用户到底需要什么？夏普其实并不明白。

因此，当体验时代来临，用户需求升级，一贯秉承"以技术为中心"的夏普就显得十分僵硬了。虽然直到今天，夏普的某些专利仍然在世界上占据领先地位，但用户却体会不到这些专利到底有什么用。正因为如此，用户开始慢慢抛弃夏普，夏普的利润也开始急剧下滑，到 2015 年已经达到年净亏损 46.6 亿美元的状况。在 2016

年,夏普由中国鸿海精密工业公司收购,曾经的显像巨头彻底被用户抛弃,变成了富士康的子公司。

强大功能的产品就是强大的竞争力吗?用户视角可不这么看。后面会为大家重新建立新的价值评价观。

2. 想办法说服客户认可你的好?错!

企业内心独白:努力做好宣传营销,引起用户的兴趣。

结果:用户根本不关心你的好,用户只关心自己的需求。

企业主导品牌和产品的宣传,寻找用户可能会关注的宣传方式,用电视、电台、报刊、街面海报等形式进行宣传,并寻找更能吸引用户的营销方式,目的是获得更多用户的关注。在这种行为中,企业是宣传行为的主角,用户只是被宣传的对象。于是很多时候,宣传营销的方式成了企业的自说自话和自娱自乐。

作为快消品行业的百年老店,宝洁公司是当之无愧的市场神话。海飞丝、飘柔、潘婷、玉兰油、沙宣、汰渍、碧浪、佳洁士、帮宝适、舒肤佳、护舒宝……一个个鼎鼎大名的品牌,竟然都出自同一家企业。其中海飞丝、飘柔、潘婷这几个品牌,甚至还处在同一个竞争品类的赛道里,它们彼此角逐,都曾经非常成功。在过去的很长一段时间里,我们的生活是根本离不开宝洁的。

宝洁产品的成功,除了强大的市场洞察能力之外,它的营销体系也功不可没。作为最擅长打广告的公司,无论是预算还是代言人的选择,都堪称行业翘楚。高峰时期,宝洁公司每年在全球的广告投入达到了数百亿人民币,旗下有数千家营销代理公司。选择的代言人更是掏空了半个娱乐圈,从张曼玉到杨幂,从汤唯到林志玲,从林丹到黄晓明,从谢霆锋到李易峰……为宝洁代言的明星根本不逊于那些奢侈品大牌。

宝洁经典的广告套路就是,先推出个强大的代言人(机构或专家),然后带出产品的部分专业术语以显示技术的强大,最后是帅哥美女写意的画面。后续通过巨量的广告投入来教育客户,从而取得市场的领先优势。宝洁的广告套路里有这样一种浓浓的逻辑味道:"我很好,我很专业。你应该相信我,你应该跟随我"。这是典型的以企业为中心,尝试说服客户的逻辑。

这个套路运行了十余年,一直效果非常明显。然而花无百日红,后来宝洁的这个打法受到了严重的挑战。从 2013 年到 2017 年,宝洁在全世界的净销售额由 739 亿美元降到了 651 亿美元,那个期间,宝洁旗下所有业务部门的销售量均出现了下跌。

为什么客户不再接受宝洁传统的说教,甚至年轻一代一度对宝洁无感?其中的原因还是源自今天的客户决策模式变化。现在的客户意识大多迁徙到了前面讲过的感性世界中,对企业的跟随感消失殆尽。人们更加关心脑海里自己感知的结论,而不是企业硬性塞过来的话语。今天还有不少的企业依然试图通过自我表扬式的广告来给自己站台,这纯粹就是孤芳自赏。

3. 做好服务让用户满意后再离去?错!

企业内心独白:努力做好售后服务,让用户不再有不满之处。

结果:与用户成了陌生人。

企业在设定服务目标时,会引入满意度这样一个指标。企业认为,用户找到企业进行服务,是因为他遇到了困难需要帮助。

而企业的使命就是帮助客户解决这个困难。所以企业会派出服务人员，尽心尽力直到帮用户将问题彻底解决，用户不再继续联络或者投诉为止。

如何理解服务的价值？企业乐于为用户提供服务是一件非常好的事情，用户也的确需要企业的服务。但很多企业对服务质量的认知，是用户的售后需求应该降低。一个干脆利落将用户送走的服务，真的是最佳服务吗？

前面讲过，企业与用户是两个平行面。企业努力地想在用户的世界里留下自己的通道。所以企业追求的不是减少连接，而是希望建立更多的连接。服务是企业最容易与用户达成共鸣的窗口。因此企业的服务，第一使命是终结问题，同时还应该是用户的情感建设者，最好还可能是企业文化和品牌的传输者。有这么多的使命要去完成，就一次两次的接触机会肯定是不够的。

好的服务除了解决用户的困扰之外，它还应该是机会的开始而不是结束。在后面的用户旅程章节中我们会讲到，每一次售后服务都可以是引导用户进入到大业务场景之中的机会。所以好的服务设定不是希望用户不再有联络，而是真的还需要再次相见。

第 4 节　体验赋能的正确三观论

体验赋能在某种程度上也像是经营的哲学观。前面提到了很多误区，那么正确的认知应该是什么呢？下面笔者总结了如下三条**正确三观论**。

1. 新的价值观：用户资产

第一观为**新的价值观**，即在体验经济时代中，对于一个企业未来的商业价值的评估依据应是什么？

一般来说，对自己企业价值的评估，很容易落入土豪的思维和心态。很多企业习惯比对自己拥有多少固定资产、有多少线下门店、有多少员工、有多少产品种类等。

⚙ 10亿美金 VS 13人

2012年4月10日，Facebook创始人扎克·伯格正式宣布以10亿美元的价格收购Instagram。Instagram是一款移动端的图片社交应用。以快速美妙和有趣的方式将用户随时抓拍下的图片分享给彼此。

当时的Instagram仅有13名员工。在我们身边的企业中，可能保洁阿姨的团队都比13个人要多。但绝大部分人数过千的企业，可能都达不到10亿美元的收购价格。

这13人和10亿美金之间的悬殊对比，就来自现在新的价值观对于企业价值评估的变化。在体验经济时代，最有价值的资产有两个：**一个是用户资产，另一个是数据资产**。

- **用户资产**：包含用户的数量、用户的关系、各种角色、用户场景以及场景下的用户活动等。
- **数据资产**：主要包含两大类。第一类是IP类资产，例如，影视内容、各种金融信息等；第二类是经营过程中沉淀下来的痕迹，例如，用户的消费信息、社交痕迹，物流信息等。

在当今的企业经营过程中，虽然销售额和利润依然十分重要，但它们不会直接决定企业的价值。市场上也有大量这样的商业案例，例如亚马逊、京东这样的公司，虽然长期处于亏损状态，但其在股票市场上却能呼风唤雨，估值相当高，是名副其实的巨无霸公司。如果按照财务报表分析，传统的经营者一定会认为这类企业是失败的。但市场对它却非常认可，这就是因为它们都拥有大量的用户，并营造了高黏性的用户关系，成功地打造了海量的用户资产。

需要指出的是，用户资产与数据资产之间是相互促进的关系。用户资产的增加，如用户数量和用户活跃度的增加，可以为企业产生更多的数据资产。反过来，数据资产的精准挖掘，又可以帮助企业更好地管理用户体验，从而激活更多的用户数量和用户行为。将用户资产与数据资产结合起来，体验经济时代几乎所有的企业都是在这两方面同时发力的。

在较密集的街区，有时会看到两家星巴克门店离得非常接近。有趣的是，它们并不会因此出现业务冲击。星巴克在全世界积累了大量的用户，这些用户每天都产生着大量的数据。星巴克将这些包含有习惯、选择、偏好的数据，与交通数据、人口统计数据等结合起来，进而做出了最合理的布局规划。

在全球范围内，星巴克门店的数量，首尔位居首位，比纽约还要多。在我国，上海毫无疑问是拥有星巴克数量最多的城市。星巴克占据了一个城市的用户，就是握有了该城市的用户资产。这些用户资产产生的数据，可以帮助星巴克更好地安排网点布局以及服务内容等，从而带来更多的用户资产。世界各个主要城市的用户们，为星巴克贡献着营业额之余，也为星巴克贡献了运营的依据。

很多传统企业在用户基数上都占据着巨大的优势，例如金融、保险、电信、物流等公司。但用户数量多不等于用户资产有价值，传统企业还需要对这些海量的用户进行经营，为他们建立更好的关系、活动、习惯等。后面的章节中，我们将详细阐述用户家族相关的概念，以帮助大家理解如何利用用户资产进行企业的经营和壮大。

> **小 TIPS：价值观快速自我测评**
>
> 在公司相关的业务讨论中，是否会关注如下的用户数据。
> - 非消费类用户的基数。
> - 企业与用户的关联度。

2. 新的是非观：用户视角

第二观为**是非观**。体验经济时代的市场，既不是买方的市场也不是卖方的市场，而是**用方的市场**。在这个环境下，评价某个业务或产品所做的是否正确的标准应该是什么？

笔者曾参加过数百次的新产品创新讨论会，参加久了就会有这样一种体会：很多讨论会的场景都挺接近的。例如，一定会有一位特别热爱自己产品的产品经理，基于一份似乎怎么也翻不完的 PPT，深情地介绍着自己的产品。产品一定具有很多很强大的功能，有时候展示出来的功能清单，密密麻麻到让人无法看清。而每一项功能，给人的感觉似乎都可以拯救世界了。

这个时候，有没有人自问一句，企业这么有成就感推出的产品，真的就是用户所需要的吗？我们认为的好东西，用户也同样认可吗？

企业的这种自我陶醉的行为，也称作自我催眠。下面我们一起来看一些常见的说法，列举如下。

产品的处理器由 20 亿个晶体管组成；

产品具有 8 种稀有的成分；

产品的内部装有 1200 个零件；

我们得过 13 个大奖；

我们的员工博士比例达到了 40%

这些口号本身并没有什么问题，将它们放在从前也是有效的宣传标语。只是在如今的用户看来，这些口号只是企业在秀自己，因为这些说法里的视角，不是企业就是产品。

前面讲到过，今天的商业格局，已是企业与用户形成的平行世界。在铺天盖地或真或假的资讯之中，用户已经学会不关心企业如何吹嘘自己的产品，而是关注自己能得到什么服务。这个服务，就是各种体验感受。产品再强大，从用户视角看不到其强大为自己带来的好处，那也无法得到用户的认可。就像功能再强大的人工智能炒菜机提供的美食，也比不过妈妈手里朴素的一锅一铲做出来的美味。

所以企业管理者不能再用"先进即成功"，来作为产品的构建策略。打造新的产品时，除了完成该产品的基本定义之外，还需要强迫自己再进一步，思考在这个定义之上，如何设计才能从用户视角打动客户。比如，设计一根铅笔，不仅要思考如何让用户能写成字，还要思考这支铅笔如何才能让用户享受用它来绘画。

记住这句话：**过去讨论有和无，现在讨论好与坏**。

共享自行车为何这么火？

摩拜是近几年快速兴起的一个共享单车平台。在国内的各主要城市中，摩拜单车形成了一道靓丽的橙色风景。摩拜单车的业务表现非常好，拥有数千万的活跃用户，每月的骑行频次达到数亿。

摩拜单车其实相当于是一个自行车的租赁平台，但它并不是第一家推出自行车租赁业务的平台。在摩拜单车出现之前，大街小巷就能看到很多固定桩式的自行车租赁点。这些老式的租赁平台，在摩拜单车出现之后，就迅速地被淘汰了。

下面我们来分解比对一下摩拜单车与这种传统的固定桩单车租赁平台，在业务功能上的相似度。两个平台具有很多共同的功能，例如，用户注册、车辆解锁、车辆归还、扣费，等等。

既然两个平台提供的业务点如此一致，那为什么用户立即就转向选择摩拜了呢？大家可能会觉得这个问题的答案显而易见："因为摩拜好使呗！"。下面我们来好好盘点一下，在相同的功能之下，摩拜单车多做了些什么？

- 在用户注册方面，摩拜不需要专门办卡，只需要用户在手机上安装一个App就可以快速注册。
- 在车辆解锁方面，摩拜最大的突破就是采用无桩停车的方式，这是大家最喜闻乐道的一点，这种方式彻底地解决了最后一公里问题，大家可以随用随骑。
- 在车辆归还方面，同样不再依赖于固定的地点，不受地点的限制，随时归还都可以。

● 在扣费方面，摩拜支持流行的移动支付方式，除了押金之外，不需要预存费用，极其方便。

从上面的这些拆解分析可以看到，摩拜与传统的租赁方式在业务环节上并没有多大的不同之处。摩拜做到的，只是让这些环节变得更方便、更体贴。这就是"新是非观"所倡导的，在解决了有和无的基础之上，下一步就要在这些环节里面去解决好与坏。

这里还要重点强调一个细节，作为一辆自行车，摩拜的骑行感受其实并不是最好的。不是最好骑的自行车，竟然还能这么成功，其中的原因值得大家细细品味。

所以，大家不能停步在业务可以运转了就满足的状态。一定要不断地叩问：用户会如何看待这个业务？用户对于好与坏的判断是怎样的？应该如何改进，才能让用户从被动接受到主动心动？如此等等。后面的章节对于场景、体验链、接触点等模块的阐述，都会从不同的角度去描述用户视角的"好"到底是什么。

> **小 TIPS：是非观快速自我测评**
>
> 　　用户对于业务或产品，除了知道其性能强大之类的亮点之外，还要能够说出自己所喜爱的其他功能。

3. 新的成长观：用户主导

第三观是**成长观**。成长观是指让人思考产品的诞生逻辑。现在的产品创新过程有什么缺陷？产品孵化的"父母"应该是谁？

AI 带来的启发

有段时间人工智能比赛特别的火,大名鼎鼎的新一代人工智能 AlphaZero,打败了同样大名鼎鼎的前辈 AlphaGo。这个事件值得挖掘的信息有很多,这里不讲黑科技,只是剖析一下这件事情对创新逻辑的启发。

AlphaZero 与它的前辈 AlphaGo 最大不同之处就是其不再需要历史棋谱来复盘练习。它只学习了围棋的基本规则,而没有接收任何的棋谱,然后就疯狂地自我练习。整个过程中,AlphaZero 没有被灌输人类现有的下棋模式,也未被限制棋路风格。最终,AlphaZero 进行正式的对弈比赛时,它不仅打败了自己的前辈,更让人大吃一惊的是,AlphaZero 竟然走出了自己的新棋路。包括一些新颖的解棋方式,甚至还有一些围棋大师们一直回避的落子忌讳。也就是说,AlphaZero 在不设限的情况下,打破了人类围棋套路的藩篱,成长为自己的流派。

这件事情非常有趣,让人不禁比对做业务创新时的情况。大家在寻求业务新机会的同时,总会组建团队召集精英,不断地做调研,尝试各种可能性,但很多时候结果并不好。最大的问题在于公司内部的团队总是拥有良好的自我意识。他们对于机会的探寻和把握,即便是抱着开放的态度,潜意识里也会不自觉地沿着自己熟悉的套路进行。所以这种研究成果,名义上看起来像是来自市场、来自用户,但其本质上还是团队自己认知的投射。就像从前的人工智能平台一样,都是人在旁边指手画脚的训练,最终得到一个"像"人的机器。

AlphaZero 没有受到人类历史知识的干扰,所以它能跳出套路,去创造符合自己的棋路。依此类推,我们的创新过程要想避免套路,也要放弃自己闭门造车的思路，尽早扶持一些用户成为产品孵化过程中的主角，建立用户主导的独特有效的新方法。

雷军说，小米是全球第一款由用户设计的手机。互联网时代的"以用户为中心"，是指由用户掌握商业的主动权，由企业主导变成由用户主导，流程与模式也相应地发生了改变。企业敢于将业务实现过程的几个重要阶段的主动权交给用户，不但让用户参与到产品的设计中来，甚至还将企业平台变成用户参与的开放式平台。这种用户主导的模式，一方面能够更好挖掘用户的真实需求，另一方面也更有利于培养用户对企业的忠诚度。产品驱动与用户驱动的区别如下图所示。

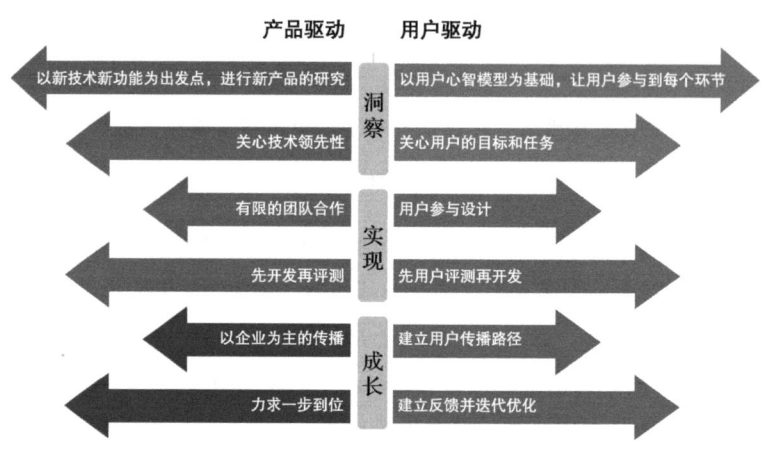

产品驱动与用户驱动的区别图示

由用户主导的创新孵化形式，主要表现在如下的三个方面。

（1）**因用户而发起**：传统习惯里，企业往往会因为获得了新技术或者新资源，所以决定启动创新孵化。现在需要首先关注用户的心智，以及他们的工作和生活场景，并在其中找到了机会点,才决定启动创新孵化。创新的原点与技术的领先性无关,其更专注于通过满足用户的目标构建商业的护城河。

(2)**由用户设计**:项目最难的是概念创新阶段,这时产品团队的脑力最集中,同时也最容易被困住。因为团队的能力毕竟有限,而且离最终用户的想法相隔甚远。大部分的工作都是身处公司内部,去猜测外部市场用户的接受度。现在基于设计思维的影响,可以采用与用户共创的工作理念,通过多次举办的工作坊,让用户成为项目的虚拟设计师和产品评价师。让项目在正式地大规模研发之前,就已经与用户进行了很完善的需求的推敲和确认。这样获得的创新线索,会更好地贴近于最终用户的需要。

(3)**由用户推出**:用户不但可以主导产品的设计,还可以主导商品的营销。社交媒体的发展,让用户获得了最大的话语权。拥有话语权的用户群体,可以自行决定什么样的信息可以得到最广泛的传播。在这种情况下,用户一定愿意为自己深度参与过的事情站台。企业可以将营销的主动权让给用户,让用户成为营销的主体、品牌的传播者。

> **小TIPS:成长观快速自我测评**
> 评价本公司的产品业务在上市之前,是否有用户以项目成员的身份介入?

追寻一个时代,就得有与这个时代相对应的格局。以上都是体验赋能思想中所提倡的新三观,根据这三个重要的观念,去升级企业的经营逻辑理念,为后续进入各个模块的实操,打下良好的思维格局。

第 5 节　体验创新依赖跨学科的知识体系

最后我们来讨论一下，要想成为体验经济的冲浪者，需要什么样的本领才能够胜任。

体验创新管理体系，目前还是非常前沿的学科。各个企业还处于探索和追赶的状态。这套体系的难点不在于知识的高度，而在于知识的拟合度。用户体验是典型的跨学科体系。除了前面提到的行为经济学作为基础之外，还需要具备很多综合能力。体验创新的跨学科体系如下图所示。

体验创新的跨学科示意图

（1）**商业思维负责价值**：商业思维是企业经营的根本，通俗地讲就是要思考资本进出的问题。商业创新与艺术创作最大的区别在于，创新不是用来让人欣赏的，而是需要对股东、顾客以及员工负责。因此商业思维更像是对创新的打分表，创新最终是否符合有效的商业模式，是对创新效果好坏进行判断的根本。商业思维指导我们在各种线索和可能性中进行判断和选择。

（2）**设计思维负责爆发**：设计思维（Design Thinking）的概念在这几年开始大热起来。设计思维的本源认为人是感性的，所以需要充分照顾人的感受。对于感性需求的洞察和满足，传统的、逻辑性超强的工作方法已不再适用。设计思维在创新方面的爆发力非常强大，无论是举一反三还是拓展边界，都是设计思维的强项。设计思维依然是以解决问题为目标，只是它在起点和终点之间，更善于建立各种创新性的路径。但是设计思维本身的感性，有时候也会成为落地的局限性。因为设计型人员与商业团队和工程团队等，在风格和沟通语境上往往会有所不同。所以单纯具有设计能力的人，不能认为具有设计思维。与笔者合作过的在商业领域里非常成功的设计大师们，其本身往往也是出色的商业专家，他们很多人甚至还辅修了 EMBA 等商科学业。

（3）**科技思维负责底蕴**：科技思维则是一个非常传统而古老的思维流派。一个产品层出不穷的新技术，会带来很多的创新机会。今天大部分公司将很难再遇到某项黑科技改变一个行业的机会，所以技术更多的时候是在为产品可能性服务。基于用户视角的业务规划，到最后很多模块都需要技术的支撑。对于技术的可能性与边界的理解，也是进行创新时重要的思考能力。

> **小 TIPS：**
>
> 常有人向笔者咨询，笔者的体验创新感知力是如何培养的？我想这应该是过去 20 年的混合职业经历，带来了这种跨界的创新能力。我曾经是个标准的 IT 人员，参与过很多大型项目的技术开发和工程管理。然后作为合伙人，加入到一个著名的商业咨询公司，参与了很多著名品牌的商业咨询工作。再加上自身对于艺术的喜爱，还投资过工业设计和界面设计公司。非常巧合和幸运的是，这些经历刚好构成了这棵技能树的三个面。

> 我以前曾经投资过一个创意设计公司，英文名为TRINITY。这个单词的意思就是三位一体。当时公司的名字就是想表达对于体验创新模式的认知，需要科技、商业和设计的三合一。

在进行用户体验型的商业体系建设时，团队里成员的知识背景一定不能单一。俗话说，"不想当裁缝的厨子不是好司机"，这句话放在这里也是很有道理的。懂得美学的产品经理，擅长炒股的视觉设计师，算得清毛利率的程序员……这些都是不可多得的人才。

第二篇

感性人带来的巨大新市场

X BUSINESS
INNOVATION

企业在开始伟大的事业之前，首先要解决的问题就是"自己的机会在哪里"。现在的企业不是不想努力，而往往是不知道该怎么努力。

"我的团队觉得这个市场已经没什么有价值的需求了。"

"整个行业似乎已经做到头了，机会已经被对手全部抢占了。"

"我努力寻找了各种创新点，但是客户就是不认可。"

……

如何洞察那些值得为之奋斗的契机？如何从现有的业务里挖掘新的蓝海？本篇将从体验经济的角度，讲述感性人带来的新机会。感性人市场如下图所示。

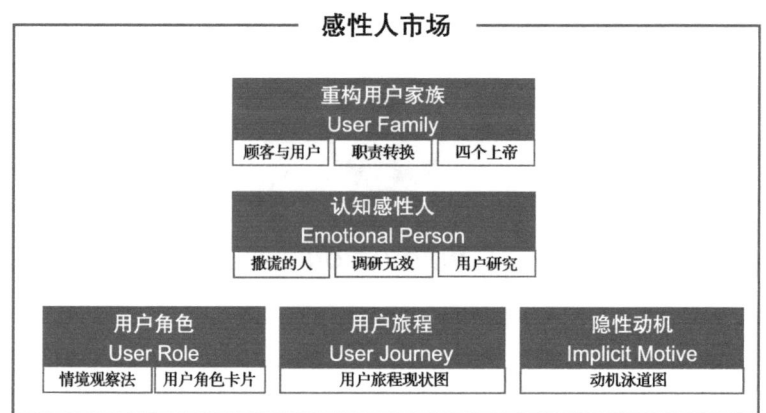

感性人市场图示

第4章
重构你的用户家族

做过业务规划的人都知道一句老话"圈羊拔毛"。好的业务就是先圈到足够多的目标,然后再刻苦经营。今天仅仅知道这句话是远远不够的,还需要做很多其他的工作,但是在这一切开始之前,我们首先应该数一数自己的羊是否足够多。

第 1 节 顾客还是用户?

对于我们的目标受众,有几种不同的说法,顾客和用户就是其中最常见也最容易搞混淆的两个概念。这两个词看似差不多,背后却代表了不同的思想观念。当企业开始进行业务创新时,首先要搞清楚的就是目标受众。所以本节就让我们从概念说起。下面先来看一个小例子。

"今年过节不收礼，收礼只收脑白金！"。

过去十几年，逢年过节的时候，我们耳边几乎都能听到脑白金的这套广告。企业家史玉柱正是靠着这个产品，漂漂亮亮地打了个翻身仗。这个成功的产品营销案例，一直作为经典案例教材，被人反复揣摩学习，学习它打广告的时机、广告投放的渠道、广告的定位等。但是，从用户研究的角度来看，它还不仅仅是一个营销的案例。

这款产品从本质上更倾向于中老年保健产品，被定位成用来孝敬父母的礼品。在这个案例中，你会发现一个有趣的现象，该产品的购买者和使用者并非同一群体。购买者是送礼的人，通常是子女、亲戚和朋友等，他们为产品买单；而使用者则是父母或长辈，他们是这个产品的接收方并最终使用。

都说顾客是上帝。那在这个案例里面，谁才是我们的上帝呢？我们应该关注购买者，还是应该关注使用者呢？回到我们上面的问题，购买者和使用者，哪个是顾客，哪个是用户？

顾客和用户的区别是什么？顾客的英文为 Customer；用户的英文为 User。传统企业将所有的生意都称为买卖，所以自然会认为企业所面对的目标群体就是顾客。**所谓顾客，就是与企业发生了实际交易的人群。而用户，指的则是所有与企业产生了关系的人群**。同样都与企业有关，但是其含义却有很大的不同。

有人会说，"无利不起早，没有营收利润的事情我们不折腾，所以我们最终打交道的只能是顾客，而不是用户"。真相真的就是这样的吗？我们只会与产生交易的人打交道吗？

"用户"这个概念在生活中很常见，比如我们经常使用QQ、微信，但是我们绝大部分的人都没有为使用这些软件付过费，所以对于QQ和微信来说，我们只是用户，而非顾客。又比如各种超级豪华车，如法拉利、宾利、劳斯莱斯等，相信很多人都是它们的粉丝，但是真正拥有的人却是极少数，但这并不妨碍每个粉丝去追随它、赞美它，并且参与到汽车品牌商的各类活动之中。对于这些豪车来说，粉丝们并没有实际购买，但是依然与它们产生了关系，那么这些粉丝们是顾客还是用户？

再列举一个更常见的例子。假设在餐饮街上有一家烧烤店，我们要对它做烧烤的业务分析。如果是传统的生意人，可能就会聚焦它的直接顾客。去分析这些顾客的消费能力、喜好、翻台率及好评、回头率等。这些都是传统的中规中矩的研究，虽然没有错，但也看不到新契机，甚至这种视角反而会让我们的经营可能性变得非常狭隘。

如果将视野放宽，以用户视角去观察烧烤店，就会发现与烧烤店生意有关联的人，不是只有每天那几十个食客。首先，每天在大众点评网上，搜过这家店的用户可能就有上百人。其次，来到店里就过餐的人，也会间接影响到他们身边的同事、朋友和家人，这群受到影响的人虽未去过这家店，可能也会对这家店充满期许，而这群受到影响的人可能有数百人之多。还有这家店的服务人员，以及烧烤店上下游的供应商们，他们加起来可能也有百人左右。最后，还有众多日常路过这家店的人，每天也有两三千人。从这个视角来看待问题我们会发现，与烧烤店纯粹产生交易的人并不多，但与之产生千丝万缕联系的人，数量却非常庞大。这就从数百人的量级演变成数千人的量级。这些都是我们可以经营的目标。用户家族如下图所示。

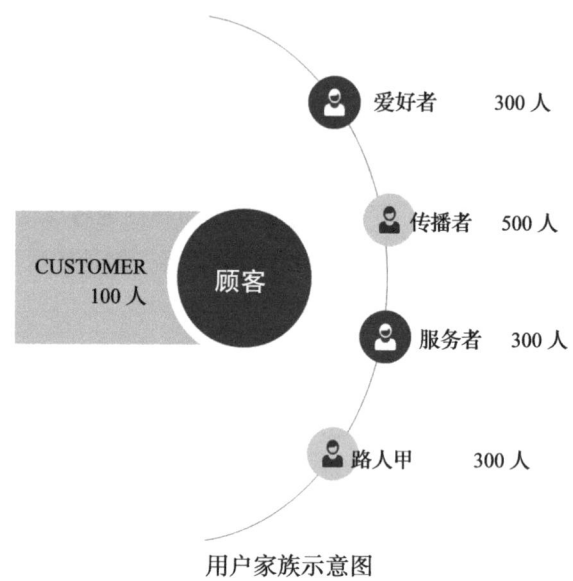

用户家族示意图

"用户"这个概念并非互联网行业特有,其背后的理论体系来自于管理学的"**利益相关者**"思想。下面我们先来看看经典的"利益相关者"定义,具体如下。

利益相关者(Stakeholder):是指组织外部环境中受组织决策和行动影响的任何相关者。利益相关者既包括企业的股东、债权人、雇员、消费者、供应商等交易伙伴,也包括政府部门、本地居民、本地社区、媒体、环保主义等的压力集团,甚至还包括自然环境、人类后代等受到企业经营活动直接或间接影响的客体。这些利益相关者与企业的生存和发展密切相关,他们有的分担了企业的经营风险,有的为企业的经营活动付出了代价,有的对企业进行监督和制约,企业的经营决策必须要考虑他们的利益或接受他们的约束。

从这个意义上来讲，企业是一种智力和管理专业化投资的制度安排，企业的生存和发展依赖于企业对各利益相关者利益要求的回应的质量，而不仅仅取决于股东。

为什么要从聚焦顾客升级到经营整个用户群体呢？首先，经营整个用户群体符合前一篇提到的用户资产打造的目标；其次，在未来的新经济模式下，买卖并不是唯一的连接关系。企业和目标人群的关系变得更加多维，经营用户非常符合未来新经济的特点。

在脑白金的案例里，如果仅仅从顾客的视角考虑，那么传统的方式只需要去了解中老年人的保健需求、购买能力即可。但在放开的新视野里，我们会发现中老年人在生活中，还有一些重要的利益相关者，那就是他们的子女或亲人。虽然他们并不是脑白金的直接使用者，但是通过分析他们的诉求，可以挖掘出"送礼"这样一个典型的中国特色场景，让脑白金的营销活动和广告受众一下子发生了很大的不同。这种改变让脑白金在千军万马的保健品市场里另辟蹊径，成功开辟出一片蓝海。

类似脑白金这样的业务模式还有很多，比如体量巨大的儿童市场：儿童学习教育、儿童体能培训、儿童亲子活动等。在笔者家附近的一个大商场里，有两家著名的儿童英语培训机构。笔者所在小区的业主群里就发起了一场讨论，"孩子到底应该报哪家机构？"两家机构都经营多年，无论是教学质量还是课件水平都差不多，就连收费也非常接近。这让小区的家长们很头疼，不知该如何选择。在这种情形下，有的家长提出了自己的选择参考：A品牌的家长等候区更宽敞，图书、饮料、Wi-Fi之类一应俱全，不像B品牌的校区，没有等候区，家长接送都是挤在门厅处，拥挤杂乱……如此，在这个看似与教学无关紧要的"利好"要素的影响下，小区内的很多业主都选择了A品牌。在这个例子中，虽然服务的直接对象是孩子，但因为家长总是形影不离，所以整个过程中，对于家长群体的应对关怀，也变成了很重要的业务设计。

由上可见，我们应更多地关注用户，而不仅仅是顾客。这个升级变化也会为企业经营带来格局上的变化。为了应对这种升级，企业的新思路是：**卸下主角光环，成为市场这个舞台的幕后导演，将"表演"的机会留给用户**。从只服务花钱的人，到让更多的用户走上舞台，与传统的消费者一起，构成商业活动。以前企业抱怨市场机会不多，接触不到人，找不到发力的地方，现在通过用户家族思维，梳理出来的用户群，能够创造更多新的商业场景。

从"顾客"转到"用户"，这就是体验经济时代生意模式的进化。企业要想在市场上获得更多的能量，就得跳出老圈子，思考你的用户是谁，这就是**企业未来的进化之路**。

第 2 节　让用户主动为你免费打工

上一节内容讲到了业务构建时的思想转变，从"经营客户"转变为"经营用户"。假设这一转变顺利聚集了更多的用户，这只是获得了更多潜在买单的人吗？当然不是，这种转变的终极目标，是要帮助企业在业务层面，搭建出更为广阔的势力版图。

有一个著名的"千人定律"，大体意思是说，作为个体，只要你有1000个与你合作的人，朋友、同学、亲戚、陌生人，什么人都算，你这一生就可以衣食无忧了。一个销售员，如果有 1000 个客户，那么他一定是行业顶级的销售员；一个研究者，如果有 1000 个支持者，那么他一定是这个领域内著名的专家；一个团队，如果有 1000 个外部合作接口，那么该团队一定是业绩非常卓越的团队……

以前的企业，恨不得自己亲力亲为将所有的活都干了，而希望目标消费者只关注"买买买"这个环节。在体验经济时代却不一样了，企业搭台唱戏，将众多用户聚集在企业的商业舞台上，是时候在舞台上为他们安排不同的角色了。

企业与用户之间是在构建一种生态，在这个生态里，有直接消费的人群，有参与享受服务的人群，也有只看不买但能帮助传播的人群，还有对企业拥有深厚感情的忠粉群体。不同角色的用户，在企业的这个生态下，具有不同的使命。

这几年开始大火的视频直播平台，像快手、抖音、火山小视频，等等，都纷纷开通了直播带货功能。平台上有很多网红，通过自己的人气做推广卖产品，被大家称作"带货小能手"。像小猪佩奇的糖果手表、薄饼机等产品纷纷卖断货。这种强大的售货能力，其实就是企业用户势力建造的一种过程。

企业并不直接面对最终用户，它们通过培养直播平台的网红，让他们按照各自的特点去影响不同圈层的直接购买者。这些网红其实也是平台的一类用户，只是这些网红用户的使命不再是观看与付费，他们还承担了促销员的使命。网红成为直播平台版图不可或缺的势力。企业并不需要去培养自己终端渠道的促销员，他们彼此之间也没有雇佣关系。

以往的经验总是告诉企业，用户是利润的直接创造者。企业将产品和服务提供给他们获取报酬，然后再减去成本便是利润。但是现在用户带给企业的不再只有金钱，甚至有的时候用户根本就不会直接为企业创造利润，而是提供一些潜在的价值，需要企业自己去运用。

古代有个成语叫"安车蒲轮"，说的是汉武帝即位之前对学者枚乘极为看重，刚一即位就命人用蒲叶包裹了车轮（防止车辆颠簸）的车架去征召枚乘来朝廷，并许给他帝师的职位。枚乘欣然前往，但因为年岁已大，在半路上就病死了。对于枚乘的情况，汉武帝未必不了解，这样的老人即便不病死，请到朝廷来恐怕也不会有什么作为，但汉武帝依然以高规格的姿态征召他，目的其实不是为了枚乘的才能，而是需要枚乘引发的效应，让世人都看到汉武帝求贤若渴的姿态。果然，厚待枚乘的这件事让读书人对汉武帝这位少年天子刮目相看，不少人主动前去投奔，汉武帝也因此很快组建了自己的政治班底。同样，企业经营者也需要分清哪些用户是你的"枚乘"，这类用户可能对你的利润表面上没有什么贡献，但照顾好他们却能够为你带来意想不到的额外收获。

除了能够承担促销员、引流员的使命之外，用户还可以担当服务者、研究者、设计者等各种各样的角色。**在企业经营的这个舞台上，用户的角色越丰富，企业的势力版图就会越强大。**

谷歌公司旗下的业务有很多，其中有两个业务很有意思。一个项目称为 reCAPTCHA，这是一个验证码的插件。验证码的使命就是在机器人横行的网络世界，阻止机器人大量地注册各种虚假账号，不让机器自动发布各种无意义的虚假内容。另外一个项目称为谷歌图书数字计划。谷歌从耶鲁、哈佛、牛津等著名大学的图书馆，收集了大概上千万册图书的电子扫描件。谷歌计划通过专项技术，将这些图片方式的扫描图书，通通变成文字方式的电子书。这样更利于在互联网上进行检索或二次编辑引用等。

输入验证码界面图

　　这两个项目听起来似乎并没有关联关系，但是到了后期，两者竟然关联到了一起。谷歌在处理图书电子扫描件的过程中，本来计划通过强大的 OCR 技术，来进行文字的识别，但后来谷歌发现自己过于乐观。这些古老的书籍，有的已有上百年的历史，印刷质量非常不好。即便是人眼，也只能勉强辨别，OCR 技术根本无法应对。后来，谷歌想到了一个极其聪明的办法，利用 reCAPTCHA 平台，让用户在每一次需要录入注册码的时候，向用户显示两段字符。其中一段字符是由机器生成的真正的验证码，非常清晰的那段。另外一段则是来自谷歌的图书馆数字计划里，由某一个图书扫描件的部分字符组成的。用户在录入的过程中，会不知情地完整输入这两段字符。其中清晰部分的字符会被用来做验证码的校验，而图书扫描件的字符部分则不会用于验证，只会被记录下来。当有多人对图书字符输入相同的内容时，就将这段内容视为被识别出来的文字。要知道 reCAPTCHA 这个验证码插件，每天都会产生几千万次的调用。这样一来广大网友就帮助谷歌完善了大量的图书扫描件的识别。

在谷歌的这个例子中，用户不仅没有成为消费者，反而成为为谷歌这个平台干活的人。谷歌没有为这些人支付一分钱的工资，却驱动了成千上万的人为谷歌生产成果物。从这个角度来讲，互联网行业的强大，不仅仅是它带来了许多新的技术，更由于它改变了商业领域里的分工关系。

今天在构思企业的商业模式该如何构建时，需要跳出以往"买卖式"的传统业务思维，在努力扩展新的用户家族时，同时还需要思考每个传统角色的使命转变。让我们的业务不再是自己单方面声嘶力竭的吆喝。要尝试着让用户成为服务者、传播者、设计者……这些都是企业借力打力，可以快速成长的力量。

让用户为你愉快地干活，完全是一件可行的事情！

第3节　四个面具：快速建立利益相关者

对于常见的2C业务，在寻找企业可能的用户时，如果孜孜不倦、不怕麻烦地分析细化，估计能找出好几十个或近或远的利益相关者。但在实际的情况里，企业的项目总是又紧迫又困难，出于成本的考虑，过于分散的分析维度是不适用的。针对常规的项目，这里送大家一个锦囊，称为"四个面具"论。"四个面具"论可以快速归纳业务的目标人群，帮助企业高效进入有价值的角色研究中。

都说用户是戴着面具生存在这个世界上的，如果对业务中涉及的经典利益相关者进行提炼，可以总结出四类不同的需求人群。在项目中，如果按照这个分类法去分解人群的诉求和感受，那么企业的业务创新力的覆盖力就能快速提上一个台阶,至少不会是一个起点很低的产品。

以下的分析中,将以新零售作为例子向大家说明"四个面具"论。首先我们来看看什么是新零售的概念。以下摘自网络流行的说法。

"新零售,即企业以互联网为依托,通过运用大数据、人工智能等先进技术手段,对商品的生产、流通与销售过程进行升级改造,进而重塑业态结构与生态圈,并对线上服务、线下体验以及现代物流进行深度融合的零售新模式。"线上、线下和物流结合在一起,才会产生新零售。2016年10月的阿里云栖大会上,阿里巴巴的马云在演讲中第一次提出了新零售,"未来的十年、二十年,没有电子商务这一说,只有新零售。"

可见新零售就是一个标准的综合型业态,包含线上、线下、2B、2C的各个环节。那么在新零售里,"四个面具"后面分别是哪些角色呢?

1. 直接用户

他们的追求:爽!

第一个面具是最容易想到的,那就是直接用户。直接用户作为最典型的利益相关者,是企业的衣食父母。他们使用企业的产品,部分人还会为产品或服务付费。

在新零售的模式里,直接用户包含购买者、逛店者、陪购物者,等等。他们的需求有一个很明显的特征,就是"爽"!

这个"爽"字的含义可不简单，可能包括更简单、更快、更刺激、更有文化等。所以，面对第一类用户的时候，我们所采用的手段，往往会在**设计**层面发力：商品设计、空间设计、数字产品设计等。通过设计，满足直接用户五感（视觉、味觉、听觉、嗅觉、触觉）的诉求。

五感及对应的诉求满足

五感	对应的诉求满足
视觉	包装设计、造型设计、装修设计
味觉	试吃试尝
听觉	背景音乐、独特的加工声音
嗅觉	店面香薰、食品店口味
触觉	试用产品、店面特色装修材料

企业通常在应对第一类用户的时候，做得都还不错，因为这类用户更容易被识别，并能清晰给出市场应对举措的环节。本书后面关于"接触点创新"的篇章，将更全面地介绍如何创造用户喜欢的接触点，如何设计好的产品与服务，这些都是应对直接用户的好方法。

2.服务提供者

服务提供者的追求：舒心工作！

第二个面具所代表的是企业里为市场提供服务的员工，这群人介于企业和直接用户之间。一方面，他们要代表企业与直接用户相接触，为他们提供各种各样的服务输出；另一方面，他们也是人，也有自身的感受。随着90后及00后逐渐进入职场，这些年轻的员工们更加独立与自由，企业不能再像对待螺丝钉一样去看待他们。

在新零售的模式里，服务提供者包括店员、迎宾、收银员，等等。他们与企业是一种强绑定关系，他们每天的工作不能仅凭自己的喜好去执行，而是要严格按照流程进行，常常是日复一日的重复。他们对于业务与自己相关部分的诉求不会是"爽"，而是如何有效地完成自己所背负的任务。

在进行业务创新时，针对服务提供者人群，业务设定的重点应从如下两个方面进行思考：**提高效率**和**减少麻烦**。我们不需要关注员工的工作感受是否酷炫，而应更多地关注他们在岗期间是否有趁手的工具；是否有帮助他们减少意外的管理流程；是否有能够降低他们工作出错率的各种数字产品……总之，就是为了让服务提供者感受到，有很多帮手在帮助他们。

用户体验有个经典的说法，"服务体验好，绝不是靠员工凭空制造出来的，而是员工在企业里耳濡目染到的'家风'，最终沉淀在员工身上的一种气场"。所以善待员工，最终一定就是善待了直接用户。

3. 业务合作者

业务合作者的追求：值得！

第三个面具后面的用户非常重要，他们是企业的合作伙伴，是企业生态里的上下游伙伴。业务合作者虽然不会是直接消费者，但他们往往可以成为企业很好的服务者、传播者，他们往往可以影响和驱动更多志同道合的用户，来到企业的舞台上为企业站台。

在新零售的模式里，我们的业务合作者包括供应商、销售方、资源合作方等。

对于第三类用户，他们更关注于收益的管理。因为他们与企业是协同的状态，合则聚，不合则散。所以针对业务合作者，当我们进行整体业务设定时，时时刻刻都要考虑如何满足他们对利益的关注。当然这种利益，不一定是金钱方面的利益，也可能是战略发展、流量、曝光度、口碑，等等。这种对利益的关注，可以表现在如何更安全地保护收益、如何更好地提高收益、如何更好地进行预测和统计等。

4. 业务管理者

业务管理者的追求：可控！

用户圈里第四个面具的后面，是大家平时都很重视，但是从来没有将他们当作用户来看待的一群人，那就是整个业务的管理者。

在新零售的模式里，业务管理者包括组长、店长、区域经理、总部管理人员等。

为什么要将这样一群离市场还有一定距离的人群，也作为我们的用户来考虑呢？在商业环境里，业务管理者往往具有最高的决策权和最宽泛的视野。得到管理层加持的业务，一定会具有更多的成长性。

对于业务管理者来说，他们的需求一般包括如下几点：了解业务的运行现状、掌握业务的改进可能、能按照期望来调整部分环节等。针对这些需求，当我们在做业务创新的时候，必须重视业务的可迭代性以及各个接触点的可评价性。

现在，很多 IT 公司在为大型企业做信息化建设的时候，除了要做传统的基础架构、中间件的改造之外,经常还会配套做一个"领导驾驶舱看板"或"管理仪表盘"。这些模块能够充分展示整个系统的运行效率及各个环节的监控状况。这个模块并非是用来讨好领导的,大家毕竟需要考虑管理层的感受。试想,一套动辄几千万甚至上亿的 IT 系统,大量的技术进步可能都藏在后台某个不为人知的地方,看不见摸不着。为了让领导们感受到新系统的强大,不可能依靠于将领导培训成专家来理解系统的高科技。于是,为领导专门设计一个模块,让他们能够快速有效地理解系统、还能操作处理他们所管辖的事情,这样的系统对于领导来说也是一种人性化的管理系统。有了这个,领导对系统的先进性才能有更好的认知。

按照上述的"四个面具"论,新零售的用户族谱树可以总结如下图所示。

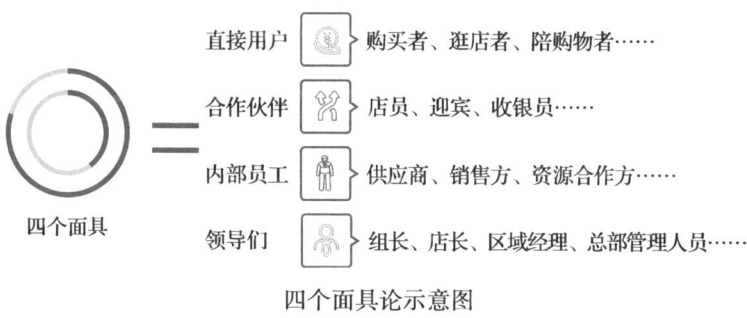

四个面具论示意图

"四个面具"论在企业进行业务创新的初期,能够有效帮助大家进行降维与聚焦,从而避免浪费时间做力所不能及的广泛研究。如果将来企业已积累了丰富的用户研究经验,并且又组建了企业内部的用户研究部,那么研究者就可以跳出"四个面具"框架,去进行颗粒度更个性化的探索,梳理出更多符合企业特征的用户圈层。

第5章

你看不懂的新人类：感性人

第1节 我们在面对"不诚实"的用户

全世界最著名的饮料品牌可口可乐公司是一家距今已有一百多年历史的企业。作为一家超级百年老店，可口可乐的产品在这一百年间却几乎没有换过口味。在20世纪80年代的时候，随着百事可乐的崛起等外部因素的影响，可口可乐公司也开始自我怀疑，自己百年老古董的配方，是否已经要被市场淘汰？

1985年4月23日，可口可乐公司董事长罗伯特·戈伊朱埃塔宣布了一项惊人的决定。他宣布经过99年的发展，可口可乐公司决定放弃它一成不变的传统配方,因为通过严谨细致的调研,可口可乐公司发现了消费者需求的变化,决定调整配方口味,推出新一代的可口可乐。

可口可乐公司的行为并不是公司领导的一时冲动,而是花费了四百万美元的代价,开展了190 000余次品尝实验,参加者来自全球的每个地区的各个年龄组。可口可乐确信自己找到了真相,这个真相包括如下信息。

可口可乐的市场增长速度从每年递增13%下降到只有2%;竞争对手百事可乐的市场份额从6%猛升至14%。在过去的10年中,百事可乐的忠诚消费者从4%上升到11%,可口可乐的忠诚消费者从18%下降到12%……所有的数据最终都指向一个结论:消费者的口味变化是可口可乐销售瓶颈的唯一实际原因。

而后,可口可乐公司对于新配方做了一系列的实验,实验所得出的结论具体如下。

- 在不告知测试者的情况下,口味测试的结果为:新可口可乐以6%～8%点的领先优势击败了百事可乐。
- 在不允许消费者看到商标的情况下,新可口可乐的满意度超过老可口可乐10%,结果为55%对45%。
- 在允许消费者看到商标的情况下,新可口可乐的满意度超过老可口可乐22%,结果为61%对39%。

实验结果的对比数据具体如下图所示。

可口可乐公司确信自己发掘了市场需求,以毋庸置疑的态度实施可口可乐的升级计划,宣布生产新口味的可口可乐。

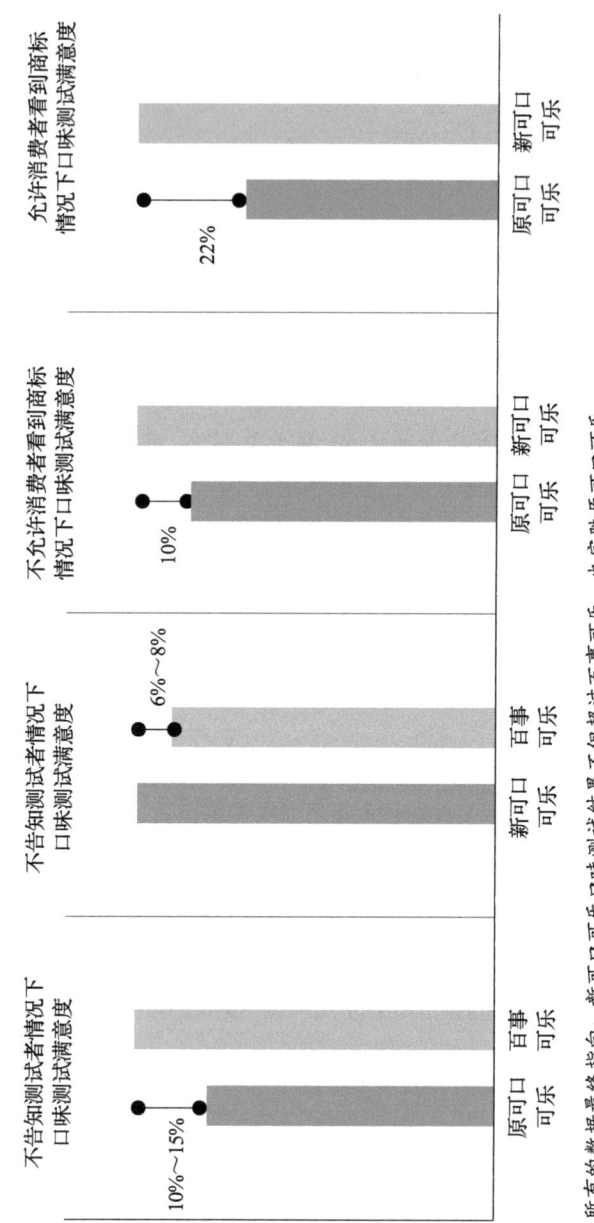

可口可乐公司调查结果图示

1.5亿人在"新可口可乐"面世的当天就品尝了它，最初看上去一切正常，然而后续的发展却出乎所有人的预料。一个月之内，可口可乐公司每天接到超过5000个抗议电话，以及雪片般飞来的抗议信件。其中一封信是这样开头的："亲爱的糊涂老总，是哪个笨蛋决定改变可口可乐的配方的？"

那些忠于传统可口可乐的用户甚至建立了"美国老可乐饮者"的组织，发动全国消费者抵制"新可乐"运动。当年的5月，可口可乐公司在全国45个城市派送了100万罐"新可口可乐"，用近乎哀求的方法让消费者试一试，但结果却是成箱成箱的"老可乐"被买空。

长达两年的研究调查，可口可乐公司为此付出了400万美元以及无数的人力，最终却制造出了一场灾难，这也证明了用户在乎的根本就不是可口可乐的口味。那么，用户们为什么还要坚守"老可乐"呢？因为老可口可乐承载着用户的情感！

现在回过头再来品味这个经典的故事。可口可乐是一家以严谨科学经营的公司，其为这款新产品的上市，动用了很多专业的准备工作。比如，它的调研过程，无论是所采用的调研工具还是样本覆盖，都是可靠且权威的。但即便是这样，所有的这些研究工作，最终还是没能向可口可乐公司支付一个可信的答案。

因此，我们需要更深入地去剖析用户需求的特征。我们需要意识到，用户需求具有理性和感性的区分，因此用户的"痛点"也可以划分为理性的"痛点"和感性的"痛点"。经济学界的一项最新研究发现，当一个经济体中人均年收入超过4000美金之后，居民消费将从理性阶段过渡到感性阶段，而互联网的出现则加剧了这种趋势。

2017年统计数据显示，我国城镇居民收入已达5248美金，与此同时，我们能够看到的是，在北上广以及西安、成都、杭州、南京这样的一二线城市中，以释放压力、获得愉悦、精神体验为主的产业在商业中的地位越来越高。因此，当前我们企业所要面对的就是一个用户"痛点"从理性到感性阶段的转变。

过去，我们是为了活着而努力，一个人在吃不饱、穿不暖、安全没有保障的情况下，对物质的态度首先是解决有和无。例如，一个人如果处于风餐露宿、居无定所的情况下，那么只要能有口饭吃、有个遮风挡雨的地方能够安顿下来，他就会心满意足。这些未满足的基础需求，称为**理性需求**。未满足的理性需求，就是**理性痛点**。

但是，当他的生活越来越有保障，已经不再为吃不饱穿不暖而烦恼时，那么他对物质的态度就会开始发生转变，刚需解决后他开始追求更好的品质、工艺和附加值等。比如，当吃饭不再只是问题时，他就会开始追求一种心理上的需求，"这种餐食是否会让我更苗条美丽"，"就餐环境是否符合我的身份"……这时普通的饭菜已经无法满足他的需求，在条件允许的情况下，他一定会在口味之外，附加更多条件来审视这一餐是否满意。这些需求都有一个共同的特点，那就是它们更偏向精神层面的感受，故统称为**感性需求**。当感性需求得不到满足时，用户就会产生相应的**"感性痛点"**。

在传统的商业中，用户的"理性痛点"是很容易发掘的，比如光顾餐饮店的用户其"痛点"是饥饿；光顾减肥俱乐部的顾客其"痛点"是肥胖；光顾医院的顾客其"痛点"是生病……以往我们的企业只要有针对性地满足顾客的"痛点"，就能够在市场上占据一席之地。但是近些年，随着居民收入的增加和互联网时代的到来，"痛点"的内涵已悄然发生了变化，很多企业发现，自己原本可以很好地满足顾客"痛点"的产品忽然不赚钱了。

2013年，微软斥资54亿欧元收购了诺基亚手机业务及相关专利，曾经作为手机象征的诺基亚就这样被收购了！诺基亚的结局，从商业本质上说是企业的改变没有跟上用户"痛点"的改变，因而遭到了顾客的抛弃。

曾经，用户对于手机最直观的需求就是耐用，因为谁也不希望自己的手机因磕碰等原因就变成了废品，因此当时手机用户的"痛点"是——质量好。

诺基亚手机从工艺到技术各个环节完美地解决了质量问题，正好满足了用户的"痛点"。曾有人做过这样一项试验，从数米高的楼层将诺基亚手机摔下去，结果摔分成几个部件的诺基亚只要拼装好，仍旧可以正常使用。其他的手机换了三部，诺基亚手机却依然完好如初，这样过硬的质量让诺基亚在市场上受到用户追捧，拥有一部诺基亚手机基本上就等于彻底解决了通信的问题。

然而，互联网的发展将人们带入了智能时代，智能时代的用户对于手机所看中的已不再只是质量这条单一因素。手机外观是否漂亮？应用安装是否方便？游戏性能强不强？都成为用户的新"痛点"，甚至于有没有创作情怀都可能会成为左右用户选择的因素，此时，可以用来敲核桃的诺基亚就显得有些过时了……

在这种情况下，我们所聚焦的用户"痛点"已经完全不在产品的功能上，而在产品所带来的使用感受上。企业通常都非常善于解决理性痛点，比如研发新技术、打造新功能，等等，但面对感性痛点就会手足无措，不知如何发力。这样的变化无疑会让很多传统企业措手不及。要知道，正是这些感性痛点让众多创新型小企业成为后起之秀，不断蚕食传统大企业的利润。

一个企业如果想要服务好其用户，首先要找出用户真正的"痛点"所在，然后再分析出用户是正处于感性痛点还是理性痛点之中，最后再对症下药。当他处于理性痛点时，企业应集中精力解决其产品的功能性问题；当他处于感性痛点时，企业应着力解决产品的体验感受问题。如能够做到双管齐下，将用户的双重痛点全部解决，那么对于这样的企业，用户没有理由不选择！

第 2 节　乔布斯不做调研？

我们的任务是读懂还没落到纸面上的东西。

——乔布斯

既然用户都不"诚实"，那对用户的洞察还有意义吗？下面让我们看看乔布斯是怎么做的。

苹果公司的开创者乔布斯先生是一位伟大的创新者，他创造性地推出了很多革命性的产品，例如 iPod、iPad、iPhone、MacBook，等等。这些伟大的产品，在满足了人们内心需求的同时，还蕴含了精妙的创造力，颠覆了人们对于产品的认知。

在大家全都佩服乔布斯天马行空的想象力的时候，我们首先应该佩服的是他的洞察力。这些神奇产品的需求为何就能被乔布斯所捕获呢？当年乔布斯在研究 iPhone 的时候，曾说过这么一句惊绝四座的话："我们做 iPhone 的时候，不需要做调研。因为我们的目标用户并不会告诉我们他需要一台 iPhone"。

此话一出,让很多做传统市场调研的同行们难堪不已,对当时的需求调研工作都产生了很大的影响。笔者还记得当时所辅导的不少创业公司的核心负责人,都开始跟风:"作为一个小公司,看来做不做调研关系不大。你看人家苹果公司没做调研,还不是推出了 iPhone 这么伟大的产品吗?"结果大家都在乔布斯这句话的"误导"下,前赴后继地闭门造车,可到最后却发现他们并没有成功地做出优秀的产品,这是为什么呢?

其实,大家只看到了乔布斯那句话表面的意思,并不知道这背后还有另外的一个故事。

苹果公司虽然不做简单的市场调研,但是,乔布斯却进行了很多有趣的工作。他在研究 iPhone 的产品定义时,花费了很多时间到学校和幼儿园,趴在窗外去观察和理解孩子们在如何玩耍,如何嬉戏,如何与玩具互动,如何完成一系列活动。

乔布斯认为,孩子是最能代表人类天性的一个群体。通过长期细致感性的观察,乔布斯发现这些孩子在使用产品的时候,有很多相似的特点:比如,用手指戳东西,用手指滑动,用手指来抓和捏。而这些动作,都是人类最基本的动作,是人类的一种本能动作。

通过对孩子动作的观察和体会,乔布斯在 iPhone 上创造了许多革命性的互动方式:例如,iPhone 是世界上第一部没有笔只需要手指就能操作的智能手机;支持手指滑动操作(解锁),支持三指的捏动操作(回到主屏)。正是这些操作,让人惊叹不已,无法拒绝。

这些有趣的创新操作,通过问卷调研是很难获取到的。没有人会通过沟通告诉你,我希望用手指来解锁。但乔布斯却通过对孩子的观察，最终探寻到了潜在的可能性。而这类研究方式，正是体验经济时代最新的需求获取方法——用户研究。

用户研究的兴起，最早来自于工业设计领域。它是以用户为中心设计流程（User Centered Design）的一部分，旨在观察用户在产品使用性方面的各种习惯与潜能。后来人们发现这种研究方法，非常善于挖掘用户内心的心路历程，易于启发研究人员获得用户的隐性感受，因此用户研究逐渐成为商业领域中一种新的需求研究体系。

用户研究有自己独特的维度，能够产生与以往不同的价值，这些新的维度具体如下。

1. 多元的人群

用户研究背后的大思想体系，就是以用户为中心。这是高度推崇以人为本的思想体系。该思想体系认为万事万物都不是孤立存在和运行的。无论出于商业目的，还是生活所需，任何一件事情，都由不同角色不同使命的人在一起配合完成。

所以，用户研究的工作角度，更关注于某个场景里多样化的人群，关注他们是如何存在并协同工作的。这些人群不仅是包含了最终的消费者或者产品的使用者，还有很多为了让这个场景能够完成，而参与服务的人、合作伙伴、甚至管理者。这些研究成果，往往会向我们呈现出一个不经意的"集体主义"现象。

2. 感性的角色

以用户为中心的出发点，认为人不是理性的，而是感性的。

用户既有丰富的知识、强大的技能，同时也会具有情绪、态度和感受等。同时用户还会受到各种内外部因素的影响，例如，环境、时间、历史情况等。

我们不能将被探究的对象简单地视为纸片人，用户更应是一个全息的生命体。用户的五感、心理、逻辑等，都需要得到探究并且还原。人这么复杂，并不是一朝一夕就可以看个明白的。所以，目前用户研究总能挖掘到很多高价值的新需求。

3. 丰富的情境

一个活生生的个体要想生活和工作，必然会将自己放置在不同的环境中去行动。引用行业内部人士爱说的一句话就是："人不是静态的，他一定会动起来"。当一个人基于某个目的产生的一系列行为，这就是场景。场景与人物角色一样，也是一个全息体，具有非常丰富的要素，例如，参与者、过程、效果、氛围、工具等。

对场景和人群的研究的出发点是一致的，都是从业务单纯的一个点一根线，上升到以生态的视角去看待商业体系的构成。

4. 深藏的动机

人的每一个表现在外的决定，往往都是由很多内部潜在的思维所决定的，那可能才是决策的终极要素。用户研究致力于不被表面的信息所迷惑，持续不懈地去挖掘用户内心里隐含着的深层次的想法，这些信息称为动机。动机研究能够让企业更准确地寻找到机会的原点，从而能够更有效地寻找到有价值的痛点。

以上就是用户研究的四个典型的新维度，本章将会详细讲解如何运用有效的方法来进行这些维度的研究。

第3节 用户研究带来三种进阶机会

"与其听用户怎么说，不如看用户怎么做。因为用户的嘴会说谎，用户的行为才更真实！"

当企业需要了解市场和用户时，会选择做**市场调研**，传统方式是利用问卷、座谈会或电话访谈等方式来进行，或者是委托第三方市场调研公司，帮助企业去探寻某些市场的细分需求。而现在，用户研究的工作体系又开始流行起来了，那么企业在实际运用中，应该如何看待这两套体系呢。

在我看来，用户研究与市场调研是一脉相承的，它们就好比是武术里的两个宗派，既同宗又各自演变分化。随着两种工作体系的不断借鉴和融合，用户研究与市场调研的区别也越来越模糊，很多新的研究都会结合这两种工作方法的特点来进行。

对标市场调研，本节特别总结了用户研究的三大独特价值。

1. 用户研究更善于挖掘感性人的需求

先看看市场调研的定义。

市场调研（Market Research）是一种将消费者及公共部门和市场联系起来的特定活动，即这些信息可以用来识别和界定市场营销的机会和问题，产生、改进和评价营销活动，监控营销绩效，从而增强对营销过程的理解。市场调研实际上是一项寻求市场与企业之间"共谐"的过程。因为市场营销的观念意味着消费者的需求应该予以满足，所以公司内部人士一定要聆听消费者的呼声，通过市场调研，"倾听"消费者的声音。当然，营销调研信息还包括了除消费者之外的其他实体的信息。

市场调研对于营销管理来说其重要性犹如侦查之对于军事指挥。不做系统客观的市场调研与预测，仅凭经验或不够完备的信息，就做出种种营销决策是非常危险的，也是十分落后的一种行为。

市场调研的这段定义里，多次提到一个词——信息。信息既可能是一些关键词，也可能是相关数据。在过去几十年里，市场调研在辅助企业对企业管理和品牌营销做决策等方面表现得非常出色。它倡导企业与一线市场进行对接，与消费者紧密沟通并收集有效信息。让众多国内企业从完全不了解市场，到能够针对市场的反馈不断提升自己。

时代总是在演进，随着"以用户为中心的体验经济时代"的到来，产品极大地满足了消费者，业务也变得非常丰富。越来越多的用户需求进入到感性需求范畴。这些需求往往藏得很深，用户自己也没有意识到，或者说难以表达陈述。这时就需要采用用户研究的方法，去挖掘用户未来的需求。

下面我们具体到实际的操作中举例说明。以前我们形容一件东西好时，常使用类似于"速度快、容量大、尺寸薄"这样的表达词汇，这些指标的特点是易于量化。但如今，很多需求正变得越来越难以量化，以至于各种讲不清道不明的需求，最后都能归纳为一句名言："高端大气上档次"。

"高大上"这个词语占据了需求书的半壁江山。领导爱提,用户爱讲,渠道也常常挂在嘴边。在应对这种典型的模棱两可、难以度量的需求时,市场调研会尝试先建立多样性的模型,再通过降维和信息聚合来阐述什么样的产品才是"高大上"。

而用户研究的视角,则会致力于洞察用户为何会提出"高大上"的需求?是因为用户正身处于某一场景里,需要用产品来完成展示?还是一个高大上属性的产品,会对其工作和生活提供正向的暗示?又或者高大上的产品可以解决他内心的孤独与不自信?用户研究的这种种结论,可能最终都没有去解释什么才是"高大上"的产品,但是却能以这个需求为线索,挖掘人性里最深层次的原点,从源头找到用户的痛点。

当使用传统市场调研反复梳理同一市场或同一品类时,找到有效的机会点注定将会越来越难,而"用户研究"就能很好地帮你重新审视已有的市场。

这里送出第一句偈语:"**市场调研偏重于市场静态特征与机会,而用户研究则偏重于动机与出发点**"。

2. 用户研究跳出现状,更善于挖掘潜力

企业花费大量的财力物力去洞察市场,是为了更好地洞见未来。如今,国内很多传统企业,纷纷成立创新事业部,就是希望能够找到更好的方向和路径。挑战难度依然不小,在这个探寻未来创新方向的过程中,哪些方法才是最有效的?

我参与过世界 500 强的很多创新项目,发起项目的企业基本上都是国内顶级的运营商、金融公司、高科技公司,等等。外界

对这些巨头一直存在误解，认为这些大企业店大欺客，不愿意花心思为用户提供优质的服务。根据笔者的观察，这些巨无霸传统企业，对用户的关注度是非常高的，甚至不亚于互联网公司。他们每年花费大量的人力物力去维护客户的关系，但效果往往不是太好。究其原因，还是与他们所采用的工作方法有关。其中有个值得深思的工作，就是客户满意度调研（或称消费者满意度调研）。

下面这份满意度调研表格，是不是非常熟悉？满意度调研在当下是非常流行的工作。很多企业都会用客户满意度调研来"海纳百川"，将所有的市场洞察和结果评价都囊括其中，甚至包括用户体验评分。

调研表格示例

	您对以下所述的服务是否满意	4 非常满意	3 满意	2 一般	1 不满意
1	能否方便联系到经销商				
2	服务人员到达的时间				
3	维修的工时费用是否合理				
4	维修的时间是否可接受				
5	经销商的货品是否让人满意				
6	维修之后的回访是否及时				
	……				

可惜现状往往事与愿违，企业每年花费大量的精力做了无数的满意度调研，希望能够通过调研结果指引公司进行下一步的创新。但依然会听到创新部门经常抱怨他们的困惑："为什么做了成千上万个消费者的满意度研究，最终产品还是越做越不好？"

渠道总在抱怨产品不好卖，新产品开发却没有新思路、新方向；

产品功能总是切不中消费者的痛点,想要优化与消费者的接触点却不知从何下手;

知道消费者的抱怨,却不知到底错在哪里;

明明觉得是在为用户着想,但是反过来竟然遭到用户埋怨……

满意度调研作为一种经典的调研方法,过去十来年曾发挥了重要的作用。但是时至今日,当企业已经完成了整个客户体系的建设与运营之后,满意度调研的问题就暴露出来了。

现在的需求那么复杂,无论你采用的是街头拦截、调研问卷还是焦点访谈,消费者根本没有能力回答你潜在的问题。这些研究方式其实只是在重复:"你是否认可现在的我,具体认可哪一点?不认可哪一点?"对于消费者来讲,首先他并不能真实地理解你设置问题的意图;第二,他也并不能真实、准确、清晰地描述出自己的需求。因此,企业总是得不到含金量高的调查信息。

满意度调研也并不是一无是处。进行客户满意度调研最适合的时机是,在产品或者业务刚刚上线时,这时是对产品或业务进行验证。需要注意的是,是**验证**而不是**挖掘**。验证是指,企业可以针对该产品做一次市场效果的求证。当新产品已经完成产品规划、研发生产等工作之后,刚刚走向市场的这个时机点,就是非常适合做客户满意度调研的时间点。此时的调研结果可以告诉企业已经上市的这个产品(或业务),是否为消费者所接受。

更多时候,满意度调研是例行的研究手段。它不能正面提升洞察力,而只是一项侧面的验证工作而已。它往往会与KPI挂钩,这个是对的,毕竟它是对过去工作成果的一种考核。但是不要依赖它去为未来的产品创新服务。这种调研并不能挖掘新机会，也无法揭露问题背后的本质原因。

而用户研究这套工作方法，并不直接分析业务本身的优劣，也不直接向用户询问对错。而是站在用户的视角，去审视用户在我们的业务场景中，如何行动、如何感受。如果用户的行动是积极正向的，那就证明这个业务是值得肯定的。如果用户的行为与所预期的不一致，那么一方面可以判断用户的认可度，另外更重要的一方面是，通过调查用户如何应对这些不妥的方案，可以发现用户潜在的需求区域，从而定位值得挖掘的方向。本章后面所介绍的若干工作方法，都是基于这种思路的。

在此送出第二个偈语："**用户研究得到线索，满意度调研得到现状**"。

3. 用户研究的成果会自我进化

在用户研究的工作里，我们将遇到一个新的要素——同理心。

当用户研究完结之后，我们可以获得很多显性的成果物，例如研究报告、现场记录、分析结论等。其中还包含一个巨大的隐性成果物，那就是"同理心"，这也是用户研究尤为宝贵的成果物。

"同理心"是什么？它是项目组成员在内心建立的，**与最终用户感同身受的能力**。这个收获不是一份报告，也不是一段数据。它更像是一粒种子，生根发芽在所有项目参与者的心中。

这里需要再次强调"用户研究"和"市场调研"的区别。笔者总是对企业主谈及，为什么不能单纯依赖第三方的调研公司？

原因就是因为企业在与第三方调研公司合作时，虽然可以获得一份专业、严谨的研究报告，但是却缺少了与最终用户之间的连接和换位思考能力。这份报告其实反而会造成企业与市场之间的割裂，在它们之间建起一堵高墙。

获得"同理心"的前提是空杯心态，需要放下傲慢心，避免先入为主的过来人姿态。常听到企业主抱怨研究成果不好用、不准确，很多时候其实是因为我们戴着有色眼镜，主观地过滤信息，选择性地去认知信息。过滤后所得到的这些信息，并不能称为用户需求，而更像是团队的个人需求、领导需求、产品经理需求、设计师需求……这些需求林林总总可以包含很多，但却都是片面的。

我曾经参与过国内一家大型金融公司的创新项目，该项目需要对基层员工的互联网使用情况进行研究，然后为他们设计出一个符合他们能力现状的系统平台。

在进行研究时，有大量的需求并不是来自于最终的用户，而是来自于该公司的总部团队。因为总部的管理人员经常在北京接待一线人员，与一线人员的接触非常多，所以他们当时产生了一个错觉，认为自己非常了解基层员工的需求，甚至还认为调研组不需要再去基层与真正的一线员工打交道，有什么需求直接问他们就可以了。

因此，调研组先在北京闭门造车，洋洋洒洒写下了近百页的需求报告。后来，趁着一个机会，调研组还是决定到一线去做一次用户研究。当我们身处在真实的办公环境、感受真实的业务场景、面对真正的基层员工时，研究组才发现：之前报告中近50%的需求，与实际并不相符！

关于"同理心"的建立方法,我们将在"用户旅程"章节详细讲述。这里只是简单说一下,建立"同理心"的过程,最直接有效的办法就是让我们以某种方式成为"用户"。

那么"同理心"的价值又会体现在什么地方呢?它的产生虽然来自于用户研究的工作环节,但并非只是在需求洞察的时候才会运用。它更像是烙印在每个项目组成员脑海里的印记,让我们可以设身处地,以此理解用户的所思所想,以及行为背后的原因,最后潜移默化地在心里建立起一套"以用户为中心"的判断标准。它能在产品定义时帮助琢磨需求;能在市场营销策划时帮助甄别口号;能在对外沟通与谈判时,帮助寻找论据;能在客服与用户沟通时帮助消除隔阂……当我们处处秉持着以用户为中心的理念来做事,就好比拿着一把用户同理心的标尺,在整个项目中可以时刻启发自己,丈量比对和修正错误。"如果我是用户,我不会这么做""我们的用户不会为此担心""这是我的项目,我知道用户的感受"……所以同理心是最重要的隐性成果物,因为它的巨大价值贯穿了整个项目过程。

美国有部著名的电视连续剧《CSI 犯罪现场》,这部片子主要讲述警察破案的故事。影片里有一些让人印象深刻的情节。每当男主角接到陌生又棘手的案件时,为了解开谜团,男主及其团队常会采取一个有效方法,在办公室里利用各种方式重建死者被害时的现场,让所有参与办案的人,深入到这个环境之中,去感受当时可能存在的一切状态。这种感受会帮助办案人员,去充满想象力地打开一扇又一扇的"门"。当所有办案人员的内心都构建出一个与犯罪分子或者受害人感同身受的"同理心"之后,就能够更容易地找到被刻意隐藏的线索……

一个好的创新者，必须具备强大的"同理心"构建能力，能够放下自我执念，敞开心胸，去理解他人。那么什么样的人"同理心"会比较容易构建起来呢？在业内有个不成文的共识，"同理心"强的人就是那种看悲剧特别容易流泪的人。这样的人，内心不会为自己构建强大的个人偏向，他们更愿意也更容易被情境带入，很容易在脑海里模拟出他所看到的或听到的事物。因此这类人很容易就能理解他想去接近的那个人。像那种看恐怖电影还能开怀大笑的人，要想建立"同理心"就没那么容易了。

所以在用户研究的过程中，并不是只有调研人员才需要参与。强烈建议技术团队、市场营销团队、客服团队，甚至一线销售团队的人员，都应该派人参与用户研究。这不仅是为了挖掘需求，更重要的是在业务团队所有人员内心埋下一颗感同身受的智慧种子。

最后，送出第三个偈语："同理心是创新的隐形财富"。

第6章

用户角色还原感性特征

第 1 节　从"用户画像"升级到"用户角色"

"用户画像是二维的,用户角色是三维的!"

第 5 章从业务中梳理出了多元化的用户家族。针对这些有血有肉的用户,下一步的工作就是要琢磨怎样才能更好地了解他们。

传统的市场研究中,为了更好地还原目标人群,最常见的方式是绘制不同的用户画像。它是研究团队通过大量的市场访谈和数据分析所产生的成果物,可以从多个维度勾勒出目标市场的典型人群特征,比如下面这个关于一线城市白领男性用户的画像。

一线城市白领男性用户画像

用户画像的应用非常广泛,它在用户分类、需求拆解等方面,是一种非常不错的工作方法。只是在体验经济时代,当我们更多地面对"感性人"时,需要挖掘出感性决策层面人们的各种情况。在还原用户的路径上,工作方法需要升级,需要从聚焦"用户画像"演进到塑造"用户角色"方面。

"用户角色"的英文为Persona,它在以用户为中心的工作体系中,是用户研究阶段四大输出物中的第二个输出物。前面提到用户画像是二维的,而用户角色更像是三维的,要想理解这两者之间的区别,我们先来看个例子。下面这段描述是摘自笔者为《我不是药神》所写的与主角程勇相关的一段随笔。

"神油店的落魄店主程勇,一个典型的小市民。与老婆离婚,为了房租每天与房东斗法。衣冠不整地守着自己的成人用品店,入不敷出却还要装潇洒。一个生活、事业一地鸡毛,让你在人群中报本不会多看一眼的那种中年人。可是谁能说明白，人内心里的良知与贪婪是怎么混合在一起的？当程勇见财起意成为倒爷时，并不是本着帮助别人的缘起。有可能在程勇内心的善良之上，还糊着很多层的窗户纸，所以他自己也不明不识。每当拯救了一个病人时，良知就为程勇揭去了一层窗户纸。几个、几十个、几百个，那些口罩背后的面孔，将程勇内心的贪婪逐渐按到了水底，让程勇内心的良知逐渐浮上水面。他第一次去印度是为了大把大把的钞票，当他后来再去印度，就是为了自己内心的救赎。程勇可以与小店道别，可以与逝去的吕受益道别。但程勇没法与自己的内心道别，那是另一个不能切割的自己。于是他成为药神，一个凡人怎么能封神？只因你被需要，而且你努力做到了。我们的救赎，依然那么简单直白——寻找到自己。"

对人物角色的这段描述，是不是让你感觉比单纯地打上几个数据标签要丰满得多？"角色"这个词最早源自舞台戏剧行业，由拉丁语 Rotula 派生而来。"角色"这一概念被学术化，是出现在 19 世纪 20 年代社会学家格奥尔·齐美尔的《论表演哲学》一文之中，当时格奥尔提到了"角色扮演"的问题。此后的很长一段时间内，角色一直仅仅是戏剧舞台中的专业用语，特指演员在舞台上按照剧本规定所扮演的某一特定人物。然而，有趣的是，现在人们发现现实社会和戏剧之间具有异曲同工的一致性。"人生如戏，全靠演技"。社会中的人，其外在行为和心理活动，与舞台上的戏剧角色一样，都充满了欲望与不确定性。以角色的感性视角来重新审视人，将变成一门有价值的功课。

对比上面的两个例子，你会发现用户画像是冰冷而抽象的；而用户角色则是鲜活的。用户研究最大的价值之一，就是能够帮助我们在创新的方向上带来启发并挖掘线索。因此充分还原一个人的行为、动机、情绪与态度，是整个研究工作的高阶输出物。而采用用户角色的方式来描述用户的特征，就是从尊重人、还原人的感性一面出发，从而在项目成员的内心深处埋下种子。

第 2 节　洞察感性人的情境研究法

用户研究偏重于理解人的感性需求，它具有部分独特的工作方法和工作成果物。这里为大家介绍几种主要的用户研究工作方法。

用户研究最独特的工作方法，当首推情境研究。情境研究是将研究者和被研究者置于特定的真实环境之中，通过实际感受用户所处的各种真实场景，从而获得挖掘用户感性需求的机会。用户研究与传统调研方法的不同点在于，它不会特别聚焦于与用户通过语言进行信息交流。情境研究的运用场合非常广泛，这项工作的成果物可以体现在用户角色、用户旅程和隐形动机等输出物中。

1. 情境研究的方式

情境研究具有两个有代表性且容易进行的方法，分别是**情境观察法**和**情境扮演法**。

1）观察法

观察法是指在真实的用户场景中，由研究人员作为旁观者，客观地观察用户的真实行为，以及评价用户的感受。这个过程很像是在拍摄纪录片，研究人员就像是纪录片的记录者，时刻跟随真实用户，采集并还原用户在相关情境中的点点滴滴。

2）扮演法

扮演法是指研究者进入到真实的用户场景中，亲自成为用户本身，然后去完成用户需要完成的事情，在这个过程中记录并且建立起与真实用户一致的感受。这个过程很像综艺节目《极限大挑战》里嘉宾的使命，那些大明星在不同的挑战中，扮演着矿工、挑山工、清洁工、厨子等角色。

扮演法可以暴露那些本来是个问题，但由于用户长期使用，已经习惯并且麻木的痛点。扮演法的核心价值是快速建立"同理心"。这是一个可以在整个项目过程中受用的价值。好的研究还是那句话，看一千遍，不如自己做一遍。

笔者所在的团队曾应邀为一个母婴类智能硬件产品做体验咨询。这是一个专门提供给孕妇使用的设备，需要充分考虑孕妈妈们的生活状态。但笔者团队的主要成员都是男性，即使有女成员也还没当过妈妈。于是问题来了，作为一个以男士为主的团队，应该如何去洞察孕妇的需求呢？

初期，我们还是采用传统的焦点访谈方式，通过访谈一些孕妈妈，试图了解她们的需求是什么。但经过了多人的访谈之后，我们发现确实找不到值得深入的机会。于是我们决定采用情境研究法，具体应该怎么做呢？让参与项目的每个男成员，都在T恤里面塞一个枕头，模拟孕妈妈的状态。

参与项目的男成员们带着枕头，完整地经历了两天的工作和生活，包括上班、就餐、出行、睡觉等。通过几天持续的体验，大家充分体会到了孕妇的辛苦，也洞察到了孕妇的很多生活特点。比如，孕妇站立时是看不见自己的脚的，孕妇是不能90度弯腰坐在椅子上的……这些都为新产品方案带来了巨大的启发。最终这个产品荣获当年中国互联网大会的最佳创新奖。

2. 情境研究的独特价值

情景研究是为了更好地探究人们感性的一面，它可以为企业带来如下两种新价值。

第一种价值：避免陷入用户错误表达的雷区。

情境研究主张通过现象更好地还原用户的真实行为和举止，并通过这些行为举止去分辨和判断用户最真实的态度。避免由于用户意识能力的局限，在调研时做出错误的认知和表达。

第二种价值：更好地挖掘到用户没有意识到的需求。

以前的研究工作，用户会主动迎合我们的业务来谈需求。因此用户会无意识地屏蔽掉，那些他们认为不重要或者与业务无关的想法。而启发性的东西却往往就存在于一些细枝末节的信息中，这些可能正是重要的潜在机会点，所以情境研究让我们不再只是单纯地"听"用户的一面之词。而是让研究者身体力行，自己去观察、体会，并记录下用户的碎片行为，最终从中发现连用户自己都没有意识到的线索。

3. 情境研究执行时的注意事项

在进行情境研究的过程中，为了更有效地取得研究成果，我们还要注意以下事项。

（1）**尽量进入真实环境**。不要将用户邀约到项目的会议室进行访谈。而是应尽量安排在用户所处的真实环境中向用户提问，这样更能够捕捉到他们行为的重要细节。比如在用户的家中，或者用户的办公室里等。用户在自己的主场，会更容易打开思路。

（2）**行动与讨论混合进行**。单纯地观察和单纯地提问，都会让真相的发掘有所欠缺。在实际的情境研究中，应采取混合方式来探索用户，对用户行为的观察和对行为细节的讨论可以交替进行。在不破坏用户行为效果的前提下，可以见缝插针地与用户进行热烈的交流。

（3）**求证与解释**。研究人员对用户行为所产生的感悟，一定要在研究现场找到合适的时间窗口，向用户求证并获得进一步的解释。这样可以避免获得的线索带有研究人员的主观性。

（4）**围绕业务**。研究并不是指拿着固定的话题让用户中规中矩地回答，也不是漫无边际地随意而行。以业务为核心，围绕业务相关的话题都可以探讨。如果用户的反馈变得非常发散，那么需要及时帮助用户聚焦。

4. 情境研究的局限性

任何工作方法都有其价值和局限性。情境研究也不是万能的，在实际运用中也具有一些局限性，在具体执行时需要注意以下几点。

（1）**某些情境不易重现**。因为情境研究需要在尽量真实的场景之中，所以对于那些非频繁发生，以及没有规律性的场景，就会存在难以情境复现的问题。例如，我们曾经做过一个车辆碰撞情况下用户寻求救援的情境研究。因为各种意外都是不可预期的，模拟再现真实情境的危险性也比较高，所以这个研究最后还是采用的事后深访的方式进行。

（2）**成果物产出的效率不高**。情境研究本身还是更接近于定性研究。由于它针对每个研究案例都要赶赴特定的空间，进行长时间的观察与互动，所以它不能像在线调研、电话访谈那样，可以用相对较短的时间批量化地收集信息。

（3）**对研究者自身能力有要求**。因为情境研究更多是在捕捉创新的机会，所以很多线索其本身是无法直接给予"是"或"否"的结论的。同样的一些现象，哪些是值得深入的，哪些是可以略过的，这些就需要研究者本身具有一定的辨识能力。

第3节 成果物：用户角色卡片

用户研究更偏重于应对市场上的感性人，在调研方法上也使用了一些新颖的方法，那么调研之后如何记录感性人的需求也需要改变方式？在这里我们将迎来用户研究的第二个重要的成果物：**用户角色卡片**。

"用户角色卡片"的出发点就是要避免各种数据参数，以"人"的原型去传递独特的信息。这个成果物致力于在你的脑海里，还原一个可以被理解和揣摩的人物。这些"人"通常都不是真实的，而是将很多共性特征聚合后虚拟出来的。像下图所示的健康险用户研究中，"王雅洁"就是一个虚拟的人物，我们将与这类人相关的各种研究成果物，都赋予"王雅洁"来承载。这集万千宠爱于一身的用户角色卡片，可以让项目成员在脑海里仿佛真正认识一位"王雅洁"一样。

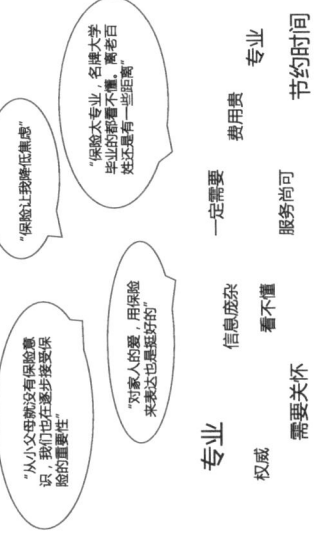

用户角色卡片图示

用户角色卡片撰写所要包含的几个要素具体如下。

1. 基本信息 INFO

基本信息可用来介绍这位用户的档案。当然它是调研者像编剧一样，根据调研的结论撰写出来的。基本信息分为两个部分，分别是个人档案和个人技能。

个人档案

个人档案可用来描述该用户的基本信息。在撰写时，为了更好地建立用户画面感，首先一定要有与该用户气场一致的名字，不要用张三、李四、路人甲之类的代替，一切都是为了还原真实！比如，该用户是一位白领，可以采用"李鑫雅""王唯东"之类的姓名。如果该用户是一位蓝领，则可以采用"李二强""张小军"之类的姓名。这样举例并不是说名字有好坏之分，而是为了更好地让项目组成员建立感知。

在个人档案里，用户头像还需要寻找一张贴切的照片。这张照片必须要与你想表达的用户角色十分一致。一个好名字和一个好照片，会为项目组成员在脑海中留下深刻的印象。

基本信息里面的其他信息，可用来规整该虚拟用户的档案，这些常规的内容正常撰写即可。

个人技能

个人技能主要是与业务场景相关的技能，例如，业务场景是金融类软件，那么个人技能的内容就是用户的金融理财相关的理解能力。如果业务场景是餐饮类服务，那么个人技能就要关注餐具使用能力，等等。

之所以要关注个人技能，是因为用户体验的工作哲学，是在业务设定时尽量将就用户的现有能力，而不是要求用户学习提升，所以个人技能的信息是未来打造体验的重要参考。

2. 用户故事 STORY

用户故事是用户角色卡片里最有特色的部分。这里的用户故事，是第 7 章用户旅程的浓缩版。用户故事主要是高度概括用户本人在生活或工作中，与目标业务相关的经历。需要特别注意的是，故事需要是用户视角的故事，而不是业务视角的故事，这是很容易弄混淆的。很多人容易犯的研究错误，就是总是基于业务来讲故事，这会让研究的价值大大缩水，第 7 章会重点讲到这个问题。

3. 用户感受 FEELING

既然记录了用户的典型经历，那么在这些经历过程中，用户的感受也是需要记录下来的，这才是用户的"体验"。观察用户完成一个任务，是愉悦的还是憋屈的，这点对业务改进的影响非常大。

用户感受与用户的痛点还不太一样。用户痛点更多的是在功能层面去评价细节，例如，用户不能很好地执行的步骤，而用户感受则是在还原用户的情绪与态度。通过描述用户的感受，可以避免错过那些由于用户长期使用已经习惯且麻木的不佳细节。

用户角色卡片里的感受，也是做概要性的总结。在后续的用户旅程产出物中，还会有更多的细分节点的感受描述。

4. 洞察 INSIGHT

整个用户研究工作的使命虽然是以理解现状和发现问题为主，而无须提出解决方案。但我们仍然可以加入部分洞察的内容。在研究的过程中，有些用户会针对自己的痛点给出很有创意的自我思考。将这种思考记录下来，恰恰也是从另一个角度在阐述用户到底需要什么东西。

例如，在进行房屋装修的场景中，设计师和用户沟通现有的风格问题时，由于用户不是设计出身，很难用动线、材质、色系等专业准确的词汇来表达问题，但是用户可以说："我觉得不如希尔顿酒店大堂那样豪华。"这种通过阐述观点的方式来表达问题，也是很好的一种沟通方式。

同时，一线的研究人员在进行用户研究的过程中，因为临场感很好，也会激发他们产生很多解决问题的潜在思考。这些思考很容易当场快速地与用户进行验证。所以这些有价值的思考，也需要总结和记录下来。

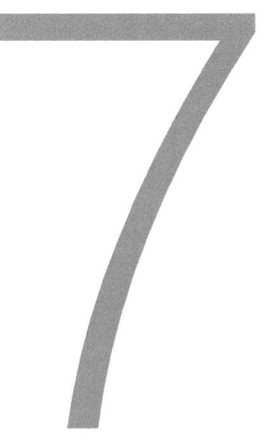

第7章
用户旅程揭示用户世界的心路历程

第1节 从"业务流程"升级到"用户旅程"

第6章中,我们获得了有趣的用户角色。这也是为商业大戏确定好了主角,确定好了要应对的对象。有了这些角色,下一步就要进入到研究的深水区,看看用户是怎么动起来的,这就是关于用户旅程的研究。

用户旅程是指用户为了达成某种自身的目的,所进行的一系列行为,以及伴随这些行为的心路历程。

用户旅程的定义里包含三个关键词。通过这三个关键词,我们可以看出用户旅程这类研究工作的特点。

（1）"自身"：用户旅程是用户研究的方法之一。它的研究视角一定是站在用户这一边，它所关心的也一定是用户世界所发生的事情。

（2）"行为"：前文曾经提到过，与其听用户怎么说，还不如看用户怎么做。所以需要记录的，不仅仅是用户的看法，更真实全面的用户研究还需要跟进用户的行为。

（3）"心路历程"：做用户研究的使命是为了要提升用户体验，所以在研究了行为之后，还需要进一步去挖掘和记录用户的感受。

在以往传统的产品创新过程中，有几种工作岗位是与过程（流程）分析有关的，例如，产品经理、需求分析师、系统架构师等。他们在初次接触用户旅程这个概念的时候，会有些困惑，他们可能会觉得用户旅程和以前所做的流程分析是一回事。流程分析也需要做阶段的区隔、做流程的梳理、做节点的拆分等。流程分析做下来也会得到一张大大的流程图和各个节点的需求。这与用户旅程的研究不是一样的吗？

之所以会出现这样的困惑，主要是因为在很多人的认知中，将业务流程理解成了用户旅程。这里举一个简单的金融相关的例子为大家做个对比。假设所研究的课题是理财用户需要为账户里面的费用转账，如下图所示，我们来理解一下业务流程与用户场景的区别。

首先我们看一下业务流程的例子，这是一个典型的项目需求分析人员撰写流程成果物的过程。这也是传统业务分析人员的工作思路，流程里的每个节点都非常典型。但是，如果大家就基于该成果物，去绞尽脑汁地优化其中的每个节点，那么优化的结果就是业务执行确实没有问题,但用户的抱怨却会不断,以至于很多做系统设计的专业人士,到最后也只能无奈地双手一摊:"不知道还有什么可以优化的,为什么我的用户还在抱怨,不够满意?"

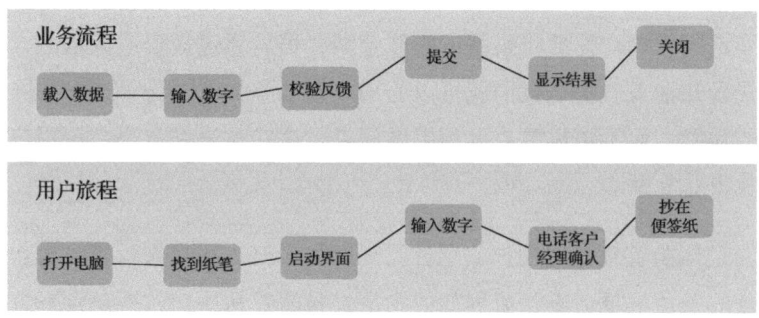

业务流程与用户旅程图示

那么应该如何解决这个问题呢?这里就要看用户旅程在分析方法上有什么不同之处。

同样是研究理财产品的转账问题,我们回过头来看一下上面用户旅程部分的简图。从这个简单的示意图里面我们可以看到,用户旅程的研究一定是站在用户的视角上进行的。它会记录用户为了达成目的所进行的各种行为,不管这个行为是否用到了业务相关的产品或服务。因此我们从这个示意图中,就可以看到类似于打开电脑、找到纸笔、打电话给经理、抄录在便签纸上之类的用户行为。这些行为都是用户为了完成这个业务,在操作过程中自然而然地产生的一些本能行动。这些行动都在暴露用户的隐性需求。

我们挖掘出来的这些新行为,就是通往真相的线索。这些真相会启发我们创造更多贴合用户的解决方案。比如,用户为什么在输入数字之后会有一个电话确认的过程？那可能是因为线上的转账过程，所涉及的各种费率的计算并没有让用户看懂，用户一直觉得很担心。这就告诉我们在后续的转账页面设计过程中，不光要为用户展示最终的合计金额，还要花一些篇幅为用户讲解整个计算逻辑。再比如，用户为什么要将金额抄在便签纸上？那可能是因为用户需要将最终的转账金额，稍后通过短信或微信的方式告知他人。那么我们就可以为用户直接添加一个分享或者截屏的功能，而不再需要自己用笔做记录，这些改进细节都会让用户觉得非常贴心。

体验管理是对用户"感性"一面的应对。用户旅程将跳出业务的条条框框，不管流程如何约定，只需要从用户的视角走下去即可。观察用户的应对，如果用户走得好就点个赞，如果用户走不好就要努力寻找问题根源。

用户旅程研究是在以用户为中心的整个体系里，大家第一次接触到场景的概念。这一次是对场景的还原，在本书后面的几个篇章中，大家还会接触到场景的工作，那个时候就是在创造新的场景。与场景相关的两次工作的目的，一次是通过场景发现问题，一次是通过场景解决问题。

第 2 节　成果物："用户旅程现状图"还原更全景的业务

现在，我们就来绘制最终用户旅程现状图。一个项目里需要绘制的用户旅程可以有很多，所以，最终用户旅程的成果物会形成一套卷宗供项目组使用。下图就是一个典型的用户旅程现状图示意。因为其中包含的内容很多，因此本节将会对其进行详细说明。

第 7 章 用户旅程揭示用户世界的心路历程

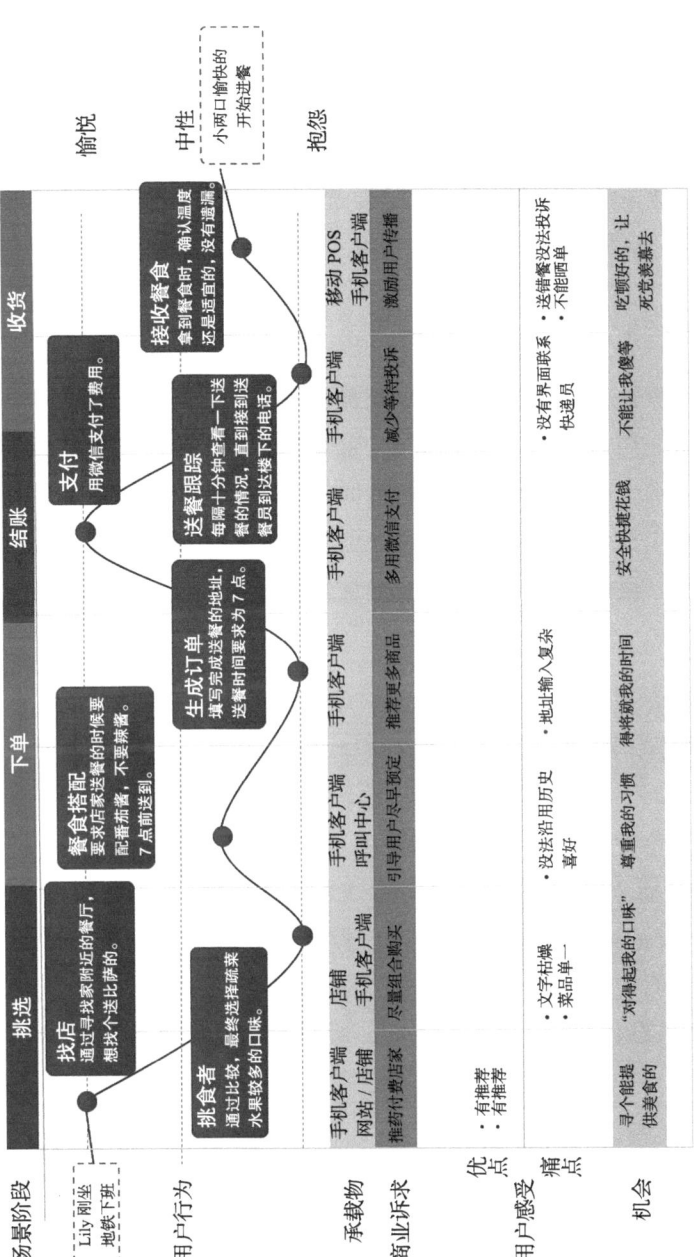

用户旅程现状图示意

1. 场景阶段

根据用户场景的不同阶段，对整个过程进行拆分降维。这种拆分不需要特别严谨，主要是为了便于分类聚合下面的各个节点。当然正如前文所说的，一定要避免按照业务流程的逻辑来拆分阶段，这种拆分必须是用户视角。

2. 用户行为

用户行为是用户旅程图里面最重要的部分，它记录了一个场景里面用户的整个行为路径。每个节点都简单描述了用户在这个节点上的行为举止，该行为能够反映用户的真实想法。节点到底应细化到什么程度，这一点与研究人员自身的理解和判断有关。而且这个细化也是一个迭代的过程，可以分多次逐步完成。

有人说自己撰写的用户行为，看起来总是与业务流程没什么区别。这里告诉大家一个判断用户行为撰写是否正确的小技巧。大家可以尝试在每个节点的语句前面，套用该场景的用户作为主语。如果是通顺的，那就是正确的节点撰写。比如"用户"+"点击了XXX"，"用户"+"取消了订单"。有的人会习惯性地将以前做业务分析的一些节点也放进来，例如，"系统进行有效核验"。拼接后"用户+系统进行有效核验"这句话就不成立，所以这句就不是用户视角的节点！

3. 承载物

承载物是指用户在场景的各个节点中，所习惯性使用和依赖的物品。按照后续篇章的接触点分类，承载物一般包含这样四种：数字产品、物理产品、人的服务，以及空间。

需要强调的是，旅程图里并不是要记录用户期望用到什么工具。而是要记录用户现在自然而然地在用什么。也许是个 App，也许是个电器，也许就是一张纸一支笔。对于承载物的研究，也是希望通过现象看需求。而对这些承载物的分析，在未来很可能会带来巨大的产品创新机会。

4. 用户感受

用户感受是指用户在这个节点上，他的心理状况是怎么样的。一般来讲用户的感受包含三种：愉悦、正常和抱怨。记录下每个节点中用户的心理状态，就能反映出用户对于这个节点的态度和看法。

5. 商业诉求

商业诉求是指在这个节点上，出于经营目的，企业方的诉求是什么。为什么要加入企业侧的需求分析呢？好的创新管理，一定是在平衡用户和企业之间的需求。企业本能地希望利润高、投入少、业务简单，而用户肯定希望花小钱办大事儿。

做用户体验管理的本质，是服务好用户的过程，企业最终的目的还是希望企业的业务经营能够获得成功。剖析每个节点的商业诉求，就是在寻找创新的约束条件。未来每个节点都可能会出现很多的创新方向，有了商业诉求的研判，就可以有的放矢地做好设定。

6. 机会

最后是关于机会的记录。在用户角色卡片中，我们提到过机会，那里的机会与此处所要讲的机会范围不同。在用户角色卡片中提到的机会其更多的是一种大总结，其所针对的是大的业务和场景。而记录在旅程图里的机会，则分门别类地对应了不同的节点，其能够帮助大家更好地在细节上进行理解。

第 8 章

从动机挖掘需求的核心本源

从用户角色的建立，到用户旅程的分析。我们已经进行了很多整体的机会研究，这些都是大结构方面的研究工作。在进行用户研究的时候，还会收集到很多细节方面的需求。针对这类需求，又该如何记录并挖掘机会呢？这里就需要运用分析用户隐性动机的方法。

第 1 节 从"表面需求"升级到"隐性动机"

本书一直在不停地重复一个观点：做用户体验研究就是在应对人感性的这一面。用户由于语言习惯、教育水平、社会认知等局限，经常连自己真正想要什么都不能说清楚。

这种说不清楚自己需求的状况，称为用户的"洋葱性"。如何剥开洋葱的层层外衣包裹，直达其内核，也就是取得最有效的研究效果？下面先来回顾一个经典的营销案例。

100多年前，福特公司的创始人亨利·福特先生调研客户时，问了如下一个问题：

"您需要一个什么样的更好的交通工具？"

几乎所有人的答案都是："我要一匹更快的马"。

很多人听到这个答案之后可能会立即赶到马场去选马繁殖，以满足客户的需求……

福特先生却没有立即往马场跑，而是接着追问客户：

福特："您为什么需要一匹更快的马？"

客户："因为可以跑得更快！"

福特："您为什么需要跑得更快？"

客户："因为这样我就可以更早地到达目的地。"

福特："所以，你要一匹更快的马的真正用意是？"

客户："用更短的时间、更快地到达目的地！"

同样的一个需求，却产生了不同的商业结果。有的人成为会被时代淘汰的农场主，而福特却选择汽车制造，成为未来100年内汽车行业的引领者。

上面福特调研挖掘客户真正需求的例子，就是典型的剥洋葱的过程。用户的需求总是非常复杂的。当你接触到用户时，他暴露在你面前的那个需求，可能离这个需求的原点已经经历了好几轮的演变。

下面再来列举一个例子。女孩子经常会买很多美肤产品，那么她们的需求究竟是什么呢？她们最直接的需求，肯定是希望皮肤变细腻。但如果与这些女孩子们继续交流，就会自然而然地挖掘出这类人群更深的原始需求是做个美丽的女人，如下图所示。正是这个做美丽女人的动机，促使她们衍生出很多外在的需求，追求皮肤细腻就是衍生出的需求之一。

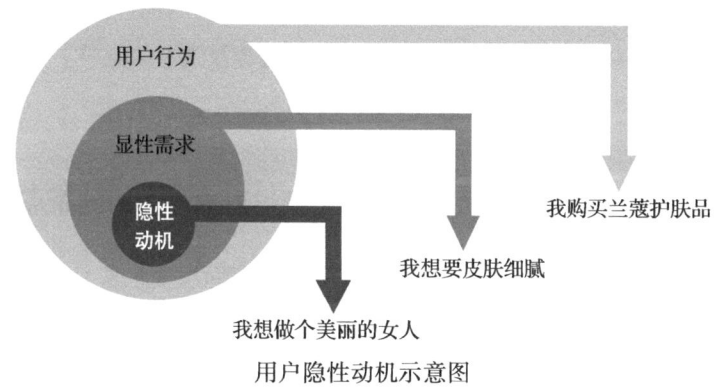

用户隐性动机示意图

大家在做需求研究的时候，要学会两个新的概念，一个称为显性需求，一个称为隐性动机。显性需求往往是指在市面上很容易就能得到的那些反馈。例如，平时常做的消费者满意度研究，就会得到很多这样的需求。但是如果基于这些轻易就能采集到的需求，去直接改进业务或者产品，则往往会催生出一个非常平庸，没有竞争力的产品或业务。只有深挖背后的动机，才有可能占到市场的先机。

比如上面这个美肤的例子。如果仅针对让皮肤变细腻的这个显性需求去改进，那么创新的思路可能就是寻求更好的护肤品配方，寻求更有性价比的生产方式，去签约更大品牌的独家代理。而这些听起来就像是奔向红海的不归路，因为你的竞争对手一定也在这么干。

如果你洞悉了背后的那个隐性动机，解决女孩子们想要成为美丽女人的需求，那么机会就丰富得多了。你可以做化妆品、开美容院、开办仪态训练营、进行服装搭配培训等。而且这些新的机会，并不会浪费以前的渠道和客户，这些可能的业务都还在同一个需求链路上，而你的舞台已经宽广了很多。你完全可以依照自己的能力，选择容易成功的机会，从而避开激烈的竞争。

第 2 节　工具："动机泳道图"获得更具潜力的创新点

显性需求与隐形动机，决定了创新的不同层次。从显性需求到隐性动机的演进，并没有特别固定的推导路径。最有成效的推导逻辑，主要还是依赖于同理心的建立。

基于这么多年的经验，笔者总结出了两种推导倾向，供大家参考。第一种是按照马斯洛原理，从下往上推导，即从安全生理需求，推导到精神动机。这种方式比较常见，比如豪车从驾驶需求上升到人生成功的需求，就是这类推导方式。

另一种推导是跨领域推导。即将用户在场景中的多种诉求相叠加，从而产生的动机。例如，用户在周末为什么要租车出行。

其表面需求是为了解决交通出行的问题,隐形动机则可能是为了提升约会形象从而增加相亲的成功率。租车与增加相亲成功概率就这样耦合在一起了。很有意思是不是?关于跨领域的分析方法,在本书的第四篇中还将有进一步的描述。

明白了隐性动机的价值,现在我们利用具体的工具来记录并推导这些机会。这里将用到称为"动机泳道图"的工具,如下图所示。动机泳道图的基础,是先完成需求清单的记录和整理,也就是在前面的研究过程中,所获得的用户需求和建议之类的信息。

下面以洗涤用品为例来进行说明,运用动机泳道图这个工具进行推导和分析,如下图所示。

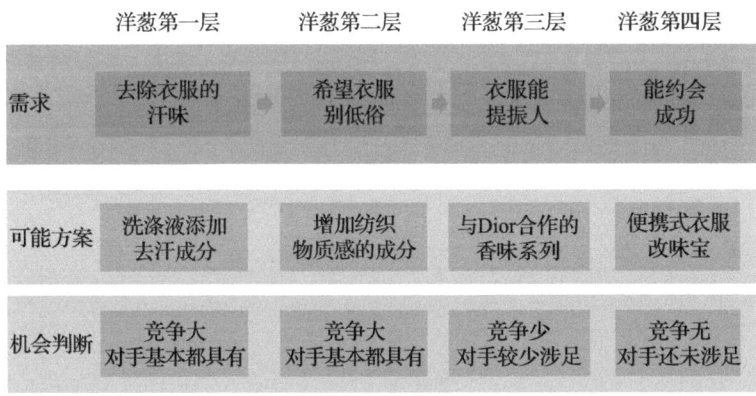

用户动机泳道图示意

(1)原始需求:原始需求就是我们前面采集到的需求清单,每一个重要的需求将单独作为一行。

(2)动机推导:动机推导就是基于需求开始一层又一层地剥洋葱。理论上动机的推导,可以做到十几层。但是在实际的工作过程中，推导到动机已经能够挖掘独特的价值时，就可以停止挖掘了。

（3）可能方案：基于目前推导出的某个隐性动机，进行最简单的机会创造。看看基于这种动机将产生什么样的解决方案。不同层次的动机，带来的解决方案会大相径庭。这就是我们所寻求的创新带来的机会方向。

（4）价值分析：价值分析是指从商业价值和可行性角度，研究当前节点的动机所带来的可能的方案，其所蕴含的市场价值是否值得跟进等。因为不是所有的需求都值得去满足。要从市场的对标品、收益效果等方面综合分析。价值分析也会决定我们的"洋葱"要剥到什么程度才能罢手。那一定是寻找到了竞争少、市场潜力大、研发与推广相对可控的那类动机。

第三篇

体验型商业概念的创造

X BUSINESS
INNOVATION

第二篇讲解了对感性人的洞察，即意味着挖掘到市场中的新机会。从本篇开始，就要运用体验创新的方法，将这些洞察到的机会转变为成功的商业模式。

基于体验思想的商业概念规划，是创新的第一步。这个环节的工作是规划符合体验经济时代的商业模式，建立贴近用户的商业世界观，最终将围绕用户开拓新的蓝海领域，为企业的商业创新树起一面新的旗帜。体验型商业概念的内容如下图所示。

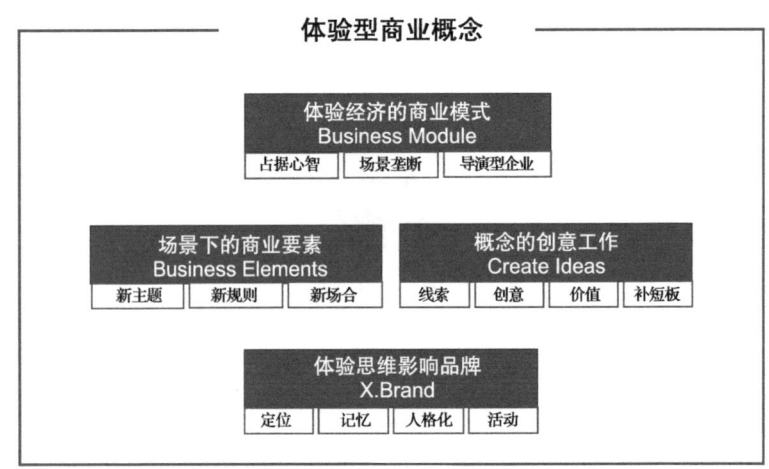

体验型商业概念图示

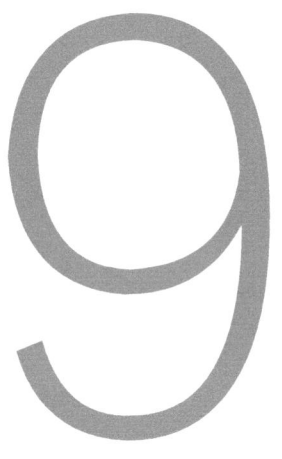

第9章
用户场景是商业模式升级的核心

第 1 节　为什么打败口香糖的是智能手机

我们正身处于一个高速迭代的时代。商业创新层出不穷，每过数年就会看到很多业态的更新换代。透过这种更替，我们能获得什么启发呢？未来属于赢家的趋势是什么呢？

本章先从一个有趣的例子开始解读上述疑问。下图所示的是两组商业统计数据，两条曲线分别代表了最近十来年的口香糖销量和智能手机的销量。从图中我们很容易就能发现，口香糖的销售量很不幸是在持续走低的，而智能手机的销量却在节节高升。看似完全不相关的两个产业，它们的数据变化竟然呈现某种有趣的互斥性。

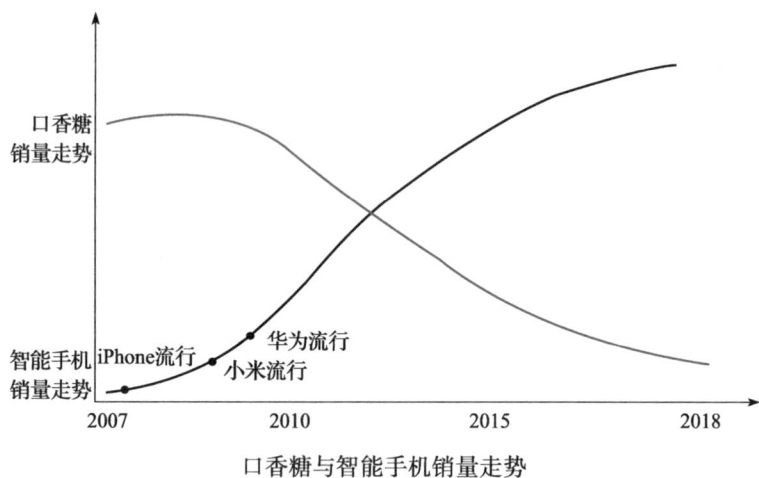

口香糖与智能手机销量走势

造成口香糖下降的原因,并不是因为其产品的质量或口味出现了问题。除了大家的环保意识提升之外,还有一个看似与它的产业无关的重要原因,那就是智能手机的大规模普及。

这又是一个什么奇怪的逻辑?为什么会产生这样一个关联性?

过去口香糖的重要销售契机,存在于各类卖场的结账场景中。在出口处陈列的口香糖,占据了相当重要的销量。当用户在超市或者小卖部等待结账排队时,眼睛四处张望,于是很容易就会对身旁陈列的口香糖产生兴趣,常常就冲动型地消费一下。这个销售场景卡位的就是大家排队等待的无聊时间段。

到了智能手机时代,无论是资讯还是娱乐功能都极大丰富。众多的"低头族"们,在地铁上、公交车上、餐厅里、医院,以及超市里,每时每刻都在不停地玩手机:刷微信、浏览新闻、看微博、打游戏等。于是如今在超市结账的时候,每个人的关注力都被手机完全占据。人们在排队时,只要手中有手机,消磨时间就会变得非常容易,不再出现手不知放哪里,眼睛不知看哪里的无聊场景。"糟糕"的事情发生了,大家因此也不再有心思顺手添置口香糖了。

在智能手机圈内部的竞争中,口香糖却被彻底误伤!这种与快消品无关的数码行业,就这样变相地打败了口香糖。这个现象并不是孤立存在的,正频繁地发生在各个行业。这正是体验经济时代下新商业变革的外在显现。

这类场景导向的市场定位,其核心出发点来自于第二篇所讲的用户心智模型。用户已不再关心技术的先进性,不再关心企业方的事迹。他们只关注自己的生活方式,这些生活方式,都来自于潜意识里的心智模型。这个规则下的变革,除了用户什么都可以换。产品可以换、行业可以换、企业可以换、环境可以换,唯一不可以换的只有用户自己。商业世界里的各种更替,无外乎就是如下图所示的这几种情况。

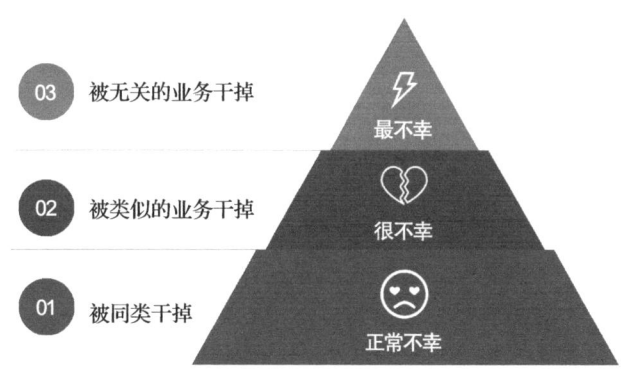

商业世界更替情况图示

第一种:被同类干掉。

这应该是最常见的一种更替,比如,滴滴出行淘汰快的、数码相机淘汰胶片相机、苹果手机淘汰诺基亚手机，很多企业的认知还停留在这个区间。他们重视行业竞争，全力以赴地修建产品壁垒，期望能够打败行业对手活下去。如今这个观点已不再可靠，其根本挡不住体验经济时代所开启的竞争新规则。

第二种：被类似业务干掉。

这种更替很容易与第三种更替产生混淆。同样是智能手机，它的确颠覆了传统的卡片式数码相机市场。但这种颠覆与口香糖故事的内在逻辑不同。智能手机对于传统卡片机的迭代，只能称为类似业态的产品升级。因为功能、使用环境、产出物都没有特别的不同。

第三种：被无关业务干掉。

第三种更替对于很多传统企业来讲才是最可怕的那种情况，就像口香糖行业被智能手机挤压的例子一样，**取代你的并不是你的竞争对手，也不是与你有相同技术导向的企业。淘汰你的新兴产业，甚至与你的行业根本没有任何的关系**。当干掉你的人从来都没有与你打过招呼，那才是真正的门外的野蛮人。

类似这种更替的例子还有很多。例如，由于网络发达，人们越发喜欢待在家里办公。这种SOHO的办公模式，必然会对出行的产业带来影响，使得人们对于汽车的购买欲望下降。再例如，现在人们沟通用微信语音，展现自己靠抖音视频，于是传统的书法行业便受到了巨大的冲击，连钢笔的销量都急剧下降。从这些例子中我们能感受到竞争和以前大不一样，今天你与你的竞争对手很可能一起被淘汰！

那该怎么办呢？企业该如何活下去？

从今天开始认知时代特性，建立新的思维习惯：**商业的原点来自于用户，商业的契机基于用户的心智，商业的定位则聚焦于用户级场景。**

基于用户级场景的卓越业务是如何构建的呢？下面将从场景思维对商业概念和商业要素带来的变化展开这个激动人心的话题。

第 2 节　用户场景以人性视角破冰市场

前面提到过，如今的商业挑战来自于已经形成的两个孤立的平行世界：企业世界与用户世界。企业想要获得真正的成功，不仅需要建设自己的企业世界，还需要让企业的努力，能够有效地投射到用户那一侧。这种投射就是**经营用户场景**。

用户场景的定义，是指用户以自身的生活或工作中的目标为驱动，所完成的一系列的行为所组成的情景。 下面举个示例来帮助读者认识用户场景。

示例主人公的基本信息设定为：主人公李女士，年龄 32 岁，有一个 4 岁的女儿，公司离家 12 公里。下面我们就来聚焦于李女士某一天的微信产品相关经历。

李女士的微信生活场景具体如下。

- 6:30～7:40，起床、洗漱、准备早饭，等校车送女儿去幼儿园，提前获得校车司机的微信通知，带孩子到门口等待。

- 7:40～8:30，回家收拾东西，准备打车上班，打开微信使用打车功能。
- 8:40～9:00，上班路上，闲来无事开始刷朋友圈……
- 9:00～12:00，上班，用微信电脑版收发信息。
- 12:00～13:00，吃午饭，与同事聊天，边聊天边浏览微信里关注的养生公众号。
- 13:00～13:30，午休时间刷朋友圈。
- 13:30～17:30，上班，期间偷懒逛了下朋友的微店，为孩子选中了一件衣服，用微信完成支付，购买商品。
- 17:30～18:00，去幼儿园接女儿，微信群里收到幼儿园老师布置的家庭作业。
- 18:00～20:30，下班回家，顺便买菜、做饭、吃饭，想起家里水电费还没缴，用微信快速缴纳水电费。
- 21:00～23:00，看电视剧，其间扫了下屏幕上的二维码参加节目竞猜活动。
- ……

通过以上常见的生活场景案例，我们可以看到，用户场景是不受时间、空间限制的。在上面的场景中，李女士生活的方方面面都能与微信有交集。如何利用好这些场景，完善这个场景，并在接触点上产生依赖，甚至最后寻找到有效的利润点，都是业务经营可以挖掘的。

要想深刻准确地理解"用户级场景"是什么，就要将它拆开来理解。用户场景是由两个词组成的：用户+场景。用户决定了参与方，场景决定了形式。它可能是一种生活，例如，娱乐的用户场景、出行的用户场景、理财的用户场景等。它也可能是一种工作，例如，开会的用户场景、编程的用户场景、报销的用户场景等。所以不是只有吃喝玩乐才叫用户场景。只要有人的地方,就会有用户的场景出现。

与用户场景相对应且容易混淆的另一个词,就是业务场景。**业务场景是指企业按照业务实施需要所进行的一系列工作。**它与用户场景最大的区别,就是主角不是用户自己。业务场景往往来自企业的业务流程与业务环境,它代表了企业的意志,而不是以用户为中心的视角。在分析场景时应避免这种维度。

用户级场景听起来这么热门,那么它又是如何帮助企业提升商业竞争力的呢?

风靡全国的相声品牌德云社,是整个华人圈子都非常喜欢的表演团体。郭德纲和于谦两人搭档了十几年,贡献了许多精彩的合作节目。

在他们的表演里,郭德纲是逗哏,于谦是捧哏。于是拿于谦开涮,就成了郭德纲相声里面经典的开场白,举例如下:

"于谦老师有一天去烫头……"

"于谦的父亲郭老爷子去街边溜达……"

"于谦小时候学习特别不好,总是逃学,有一次他溜出学校……"

"于谦的老婆特别贤惠,有一次看于谦跪得太辛苦,不忍心就让他改去洗碗……"

感觉于谦和郭德纲搭档了多少年,就被郭德纲"挖苦"了多少年。于谦的很多粉丝们后来都央求郭德纲老师能够放于谦一马,重新换一个对象来做相声里那个"垫背"的人。

事实上,真的是郭德纲偷懒图方便,只想找个身边的人来开涮吗?郭德纲在一次正式采访中曾经被记者问到过这个问题,他很认真地从相声的原理上给予了解答。

"相声的表演时间是非常短暂的,与观众整体的接触也就十几分钟,在这十几分钟的节目里面,要迅速地拉近表演者与观众的距离,让观众能够快速理解相声演员抛出来的十几个包袱,还要能够哈哈大笑,这时如果再要求观众去想象一个陌生的东西就不合适了。

所以我总拿于谦当靶子,因为于谦就是站在观众面前的一个活生生的人。观众都很熟悉他,当以于谦为角色开始讲故事时,观众会觉得这就是身边的事儿。观众可以迅速地想象到这个场景,我们可以有效地将观众带入进去。如果用一个大家都很陌生的第三方角色,那么要向观众传递并建立场景感需要花费很多功夫,而且效果还不一定很贴切。"

原来于谦老师受的"苦",都是为了让观众能够快速建立起熟悉的场景。有了熟悉的场景,就能够与用户的世界产生共鸣。企业在做商业构建的时候,一定也是特别希望能够打动用户,其实企业的出发点就是建立基于用户场景的商业观。俗话常说的"讲人话做人事",就是这个道理。

用户场景就是打开用户认知的一把钥匙,快速而有效。

今天,用户级场景更是应对新新人类的重要手段。现在市场上的主力人群,已经明显地过渡到了90后,甚至00后,未来还将过渡到10后。这些人一直被打上"自我"的标签。很多人都认为这些年轻化的族群,不关心社会,不关心传统文化,觉得他们的观点叛逆,不愿意聆听。

这些新人类带来的状况,让老牌企业在挖掘需求、定义产品、策划营销的时候倍感吃力。以前招之即来、说之就信的消费者们,现在连与他们接触上都很困难。

这个年代,真的是各路人群的需求已经缥缈到无法捕捉了么?让我们来看一个身边的例子,看看用户在选择上面的变与不变。

现在上班的时候,中午除了去食堂吃饭和自己带饭之外,又多了一种新的就餐方式——点外卖。点外卖的方式让大家可以足不出户即可享受到周边的各种美食,还避免了排队等待和日晒淋雨等令人不悦的经历。

目前为大家所熟知的外卖平台,主要是美团和饿了么。这两个品牌的市场接受度和服务水平,在用户看来都差不多。看看身边的人点餐时,其实并没有谁对这两个平台有固定的忠诚度。很多时候影响大家选择平台的因素,是取决于今天打折券的状态,或者刚刚同事点餐的选择等。所以我们常会遇到这样的情况,前面几次点餐用的都是美团外卖,后面接连几次用的又是饿了么。

这些现象其实说明了现在的用户对于外卖品牌,并没有明显的品牌忠诚度。那么我们继续再做两个有趣的假设。

假设一:有一天告诉用户,美团或者饿了么中的某一家不再提供服务,你会觉得失落和不习惯吗?相信大部分的用户不会觉得由于失去了某个品牌,自己的生活就受到了很大的影响。

假设二:有一天告诉用户,外卖服务这种形式不再存在,你会不会觉得不习惯?相信答案是肯定的,用户一定会因为失去外卖这种用户场景而感到特别的不方便。

所以今天的用户，不是对什么事情都无所谓，也许他们只是对你的企业无所谓。他们判断事物价值的视角发生了变化。体验经济时代，你需要懂得游戏规则在发生如下变化：

（1）**用户不关心企业如何强大，只关心谁能服务好自己。**
（2）**用户忠于生活场景，而不再忠于品牌。**
（3）**体验，体验是驱动一切的撬棒。**

像上面举的这个外卖案例，为什么用户会觉得在美团和饿了么之间，可以无障碍地切换？很简单，这两个品牌并没有提供超越竞争对手的新场景方式。在今天，很多新兴的网红品牌，可以干掉几十年的老品牌。虽然老品牌通过多年的运营积累了足够的品牌影响力，但最后还是会被用户放弃。就是因为新兴品牌的产品或服务，为用户提供了超越老品牌的某个美好生活场景。

用户级场景支撑起了用户视角的诉求，**在用户心智里面讲故事**，这就是以人为本的商业观。企业通过应对用户视角的商业观，可以获得通向用户世界的钥匙。

基于以上的讲解，下面给出一个简单的竞争力判断标准。如果某一天你的企业停止在市场上投放产品或服务，而你的用户的生活依旧不会受到影响。那么对不起，你的企业确实可以被淘汰了。

第3节 比市场细分更好的场景垄断

今天的市场是高度竞争的市场，企业常常面临的尴尬情况，就是每个业务板块都成了红海。如何才能够寻找到自己力所能及的好机会,场景思维可以有力地帮你开拓新蓝海。

传统企业经常羡慕互联网的商业模式,可以采用圈羊拔毛的方式来营利。一个互联网平台将用户经营好以后,感觉就有了取之不尽的业务可以经营。今天可以销售会员点卡,明天可以销售皮肤,过两天还能向用户推荐个智能硬件。关键这些业务还不会让用户觉得是捆绑销售一样的强买强卖,完全顺其自然。

其实这些聪明的互联网公司,早就学会了用场景来经营业务。它们首先致力于构建场景,然后再从场景中不断寻找契合点,总能在某个点上产生业务。所以大家要学会一个新的经营思路,那就是**场景垄断**。

场景垄断,是指通过场景构建,针对单一人群获得多样收益。场景垄断与传统市场细分的不同之处如下图所示。

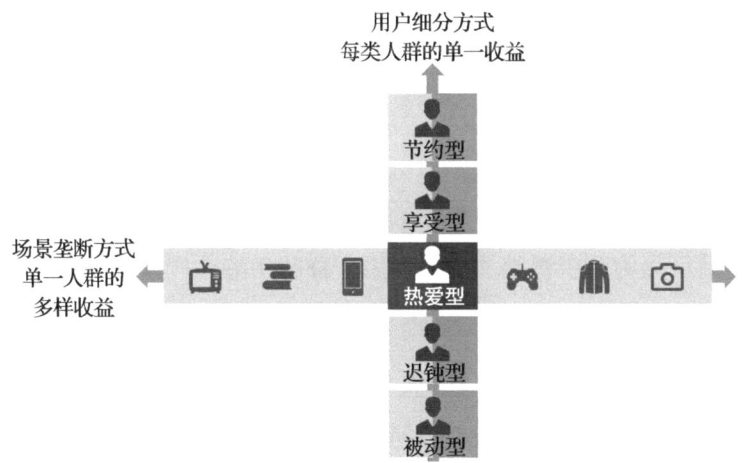

场景垄断与传统市场细分的不同示意图

360公司是一个典型的以场景来垄断业务的样板公司。该如何定义 360 公司本身的定位呢？它是一家网络公司吗？360 的确有很多的线上平台。它是一家软件公司吗？360 拥有安全卫士、360 浏览器之类的 PC 端产品。那么它是一家硬件公司吗？360 确实也做了很多智能硬件的产品，如摄像头、儿童手表，等等。这样看起来，前面几个定义都不能很好地概括 360 这个企业。

360 公司的本质到底是什么呢？360 公司的本质是一家用户安全上网场景的服务公司。只要与用户上网安全这个场景挂钩的事情，360 都可以干。所以 360 公司的产品虽然各种品类都有，但它们都是围绕着用户安全上网来提供服务的。从不怕钓鱼网站的浏览器，到不让病毒侵袭电脑的杀毒软件，还有不怕盗号的保险箱，等等。这一切都在暗示用户，要想正常地、无隐忧地上网，就应该使用 360 提供的产品和服务。

做过品类管理的读者可能会说，这不就是一种市场细分吗？简单一看，场景垄断模式之下，确实也会有很多的产品类别，但场景垄断与市场细分却有着非常不一样的经营逻辑。

市场细分的逻辑是：基于统计学或者市场调研特征，将人群的需求尽量地细化并区别开。从而针对每一项细分的需求，产生不同的产品品类，以达到市场覆盖的效果。比如，按照购买力，产品可分为高中低档。按照使用人群的年龄，产品可分为老年款、儿童款等。

而场景垄断模式之下，不再是一类人群匹配一个产品品类，而是针对单一场景的不同接触点，去布局多个产品。基于场景思维提供的一系列的产品，其用户可能都是同一个人，这是场景垄断与市场细分的根本不同之处。例如前面提到的 360 的例子，从安全卫士到浏览器，从杀毒软件到安全手机，这些产品对于同一个用户来说,都是他本人经常使用的。所以场景模式之下,由于接触点众多,对于用户的黏性其实是极高的。场景垄断与市场细分的不同之处如下图所示。

	场景垄断	市场细分
来源基础	基于用户的生活/工作场景	基于统计学的特征
人群拆分	按场景聚焦,群体数量可控	按用户画像寻求更多细分,人群类别越来越多
商业机会	针对单一人群的场景,会产出多个产品,分散在多个环节	各个人群,各自细分出单一产品
产品关联	产品彼此协同,互相站台	各产品线彼此独立

场景垄断与市场细分的不同之处

传统的市场细分方式中,各个品类都是极其独立的,甚至会有不同的事业部、独立的品牌研发等团队。这就意味着在市场细分的模式下,这些品类之间基本上是不能互相借力的。而在场景垄断模式之下,各个接触点的业务又是联动的。按照用户从互动到行动的整个过程(第四篇中将详细讲述),这些接触点是为同一个场景服务的,所以彼此之间是可以高度协同的。继续以360为例子,360的产品家族中有一款产品是360随身WIFI,它的销量超过了一千万个。这个产品的售价在20元左右,从成本分析的角度来看,该产品几乎是没有什么利润的。但是,360乐此不疲地研发升级和销售该产品。360的目的很简单。该产品不仅解决了用户想通过WIFI安全上网的通道问题,它还能通过用户的使用,为360的其他多个接触点引流。这种方式的引流与通过营销的引流不一样。营销的引流是通过占据注意力来完成的,而这种场景中的接触点协同形成的引流,则是因为用户使用后产生的依赖而形成的,更加自然且具有可持续性。

数字产品领域这样的行业，背后拥有极其庞大的数据分析能力，其前端对于产品形态也更容易进行个性化的定制。所以市场细分是非常好实现的，容易形成市场细分所追求的千人千面的效果。但是对于大量的传统产业，例如，出行、快消品、电器、家居、线下服务等，这些行业的市场交付物灵活性差，定制化难度高，所以要学习千人千面是非常困难的。这些所谓的传统行业，因为其产品或服务更贴合用户的生活或工作场景，反而非常适合场景垄断的经营思路。

第 4 节　稳定的利润来自场景而不是产品

如果想建立可持续的收益模式，那么我们应该关注些什么？产品真的是那么可靠的经营对象吗？

支付宝和微信，最近在全国推广了一项新业务——凭车牌刷过路费。在这个场景之中，只需要将自己的车牌与对应的支付宝账号或微信账号绑定，设成免密支付，当车辆经过高速公路收费站的时候，不用停车就可以自动扣费。

另外一个与之类似的案例是，现在很多线下的餐馆，开始推广支付宝刷脸吃饭的活动。在这些餐厅吃饭的时候，并不需要用手机买单，只需要在结账的时候，让餐厅的结账设备刷一下脸即可自动支付餐费，非常快捷方便。

支付宝源自 PC 平台，在手机平台发扬光大，而微信就是一个土生土长的手机应用。所以我们存在一种错觉，只要支付宝或者微信存在，那么手机永远都是最需要依赖的产品。但是在凭车牌刷过路费、刷脸吃饭的案例中，你会发现，手机除了在最开始进行绑定的时候需要用到一次之外，在后面持续的使用场景中已然消失了！

"天啊，这个产品竟然不被需要了！"

人们吃饭、出行的这些场景是始终存在的。而这些场景中所使用的产品，却在不停地更替，产品可以创造，也常常被舍弃。所以比产品更稳定的，其实是企业打造出来的用户场景。这也说明了，基于产品反推业务机会的这种惯性思维是经不起考验的。

以前我们都习惯了按照产品的模式来计算收益，那么场景视角的收益又该如何来计算呢？如果我们将传统商业模式比作摆摊，靠一件一件地卖产品来获得利润，那么商业场景之下的商业模式就像是开游乐场，将用户请到游乐场里面来，在他们愉快玩耍的过程中，通过门票、游乐设施、餐饮、纪念品等，对接用户的整个场景过程，分别产生收益机会。

腾讯公司曾拿出巨额资金与春晚联手推出了"微信摇一摇互动"项目，在春节联欢晚会播出时，微信用户只要开通微信钱包，然后再晃动手中的手机，就能够获得春晚和腾讯公司派发的祝福和红包。

"看春晚，摇红包"一时间成为当时最热门的词汇，在除夕夜当天，微信红包总收发量超过了10亿次，央视春晚"微信摇一摇互动"总量达到了110亿次，峰值时达到了惊人的8.1亿次/分钟。除夕夜一晚，腾讯公司派发出了数亿元的红包，而与此同时，微信的用户也在一夜之间增长了数千万。更为关键的是，因为要收发红包，很多人都开通微信钱包绑定了银行卡，而这正是腾讯公司的目的所在。

与微信摇红包一样,微信为用户准备了各种各样的接触点,例如,微信聊天、微信朋友圈、微信文件共享、微信支付等,用户在使用微信的时候,就进入了一个与人交流、与人分享、浏览信息、移动交友的大生活场景当中。这些都是一个人生活中自然会发生的各种节点。

引入这个场景的道具本身是不收费的。但是,微信在这个场景中引入了微信钱包。用户享用这些服务的前提是,在微信钱包中必须要有可用现金。这样一来,微信就从一个互动交友App转变成了电子钱包,电子钱包会带来大规模的现金流,大规模地吸储资金便可以成为微信重要的收益来源。

商业场景的重要意义在于,它能让商业变得立体化,让更多元素融入平面的用户活动中来。比如,用户去户外慢跑,这只是一个简单的活动,在这个活动中涉及的元素只有用户的服装,传统的商业也只能为用户提供舒适吸汗的运动服饰。

但是如果将这个活动场景化:用户跑步可能是为了要减肥,深层次的需求是保持健康;用户所在城市的户外场所离用户的住所可能有一定的距离,因此他在慢跑之后可能还要打车回家;用户在跑步的时候可能有人会联系他,但他又不能够将手机带在身上……

一旦将用户的行为场景化,商业创新的机会就会呈几何级数增加。例如,在慢跑的场景中,企业可以为用户提供能够实时反应身体状况(如显示心率、脉搏、热量消耗等数值)的可穿戴设备。企业还可以为用户创造一个运动线路设计软件,让用户能够在离住所最近的地方完成运动，如此等等。

场景的奇妙之处在于，它能够将那些看似无关的商业领域连接起来，从而创造新的利润引爆点，当然，这一切的关键还需要围绕用户展开。

传统的商业模式是建立在产品领先的基础上的，只要产品性能能够让用户感到满意，那么企业就能够占领市场。这种商业模式的前提是市场很稳定，需求不会发生变化。

新经济的模式则是建立在用户场景优先的基础之上的，用户的需求是按照场景来展开的。如果当前的用户需求已经不足以让企业获得利益，那么，企业将会深入地研究场景中其他环节用户的需求，并从中寻找到能够创造利润的方式。

也就是说，场景不需要用利润去考量每个接触点，而应该将利润来源潜藏于场景当中，达到即便不需要用户出钱，企业也一样有利可图的目的。

在从事咨询服务的这些年里，笔者经常看到很多技术背景的创业者，守着一个多年研发出来的产品，宁愿更换商业模式，调整资源，也没想过要更换产品。因为这个产品就像他们的孩子一样，好不容易孵化出来了，无论如何也不舍得放弃。但是市场环境在变，用户的需求在变。一个不适应商业场景的产品，不管再如何策划都是非常勉强的。这是不值得坚守的！

由此可见，我们不能认为产品开发出来就万事大吉了，要搭建完善的模式还有很多路要走。产品并不是用户期望的全部，产品只是用户拿到的一个道具。我们需要沿着用户的心路历程去研究排查各个节点，是开发物理产品、做个 App 还是做人工的服务点，都需要根据用户场景来决定。构建一个良好的商业场景，才能够为企业带来链式竞争力，将构建收益的机会牢牢抓在手里。

第5节 场景之下，企业避免成为主角

　　体验经济时代，商业必须立体化，以用户为中心搭建一个完整的场景。既然如此重视用户，那么企业和用户的角色就已经发生了变化。

　　网络游戏是互联网时代最具活力的商品之一，它为游戏用户带来了无与伦比的欢乐。一款受欢迎的网络游戏，一般会具备这样几个特点：容易沉浸、玩家参与程度高、玩家之间互动程度高。

　　成功的网络游戏商，他们为用户开发了游戏，搭建了服务器，出售游戏点卡，但除此之外，用户几乎再见不到游戏公司的身影。无论是早期的《魔兽世界》，还是经典的《梦幻西游》，抑或是后来风生水起的《王者荣耀》，游戏公司刻意让玩家参与到游戏场景的塑造中来，以至于有些场景若没有玩家的存在就是不完整的。

　　而用户则通过游戏进入到一个虚拟的场景之中，在故事中使用游戏公司提供的各种道具，完成一切自己想要做的事情，做任务、社交、比拼……对于玩家来说，这就是自己的世界，一切我说了算！

　　在这个过程中，用户就是一个个演员，是他们造就了这个世界，丰富了这个世界，从而让游戏有了趣味性、刺激性、参与感等，而

游戏公司则完全隐没在游戏幕后，只有当用户需要的时候，它才会出现。

游戏公司完全是作为一个商业导演而存在的，其为用户搭建了舞台（软件和服务器），为游戏编制了剧本（游戏规则），为用户提供了各种道具（任务用品和装备等），剩下的则完全交给用户来表演。

在场景中企业的角色发生了转变。企业的角色不再是站在前台的主角，而是从台前走到了幕后，成为商业场景的导演，真正的主演必须是用户自己，如下图所示。

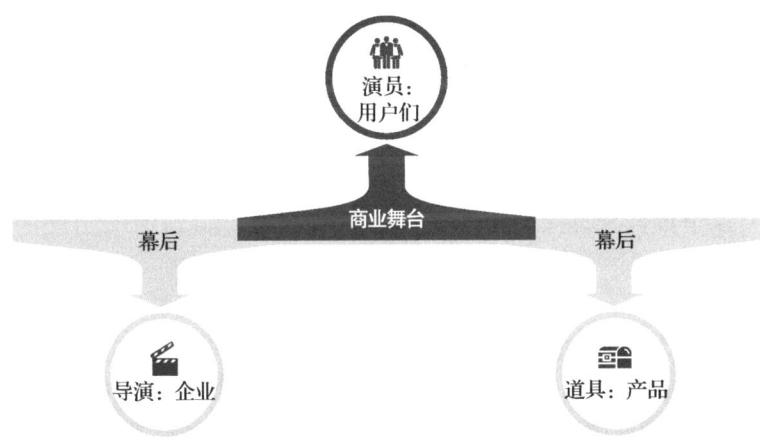

用户是如今商业舞台的主角

如果我们将商业场景比作一个剧场，那么传统的商业模式是：企业做主角，用户做观众，产品和服务就是企业为用户呈现的表演。企业在台上，用户在台下。企业通过大嗓门（广告），大动作（企业活动）来影响和取悦用户，并让用户为此买单。只要表演赢得了用户在某些方面的注意，那么这个企业就算是成功了。在这种商业模式下，构成整个商业场景的细节全部由企业来完成，观众只需要为节目支付票价，待在一边老老实实观看就好。而在观看节目之后，观众是否还有其他心理需求没有得到满足，演员们对此并不关心。

但是在今天这样一个时代，由于互联网等技术的发展，已经拉平了信息与互动的壁垒，这等于是将剧场的围墙给毁掉了，所有的演员都必须在露天的场合表演节目，观众只要稍不满意就可以跑到台上抗议，或者扭头并带走一堆观众。此时，如何重新应对观众的变化，就成了所有企业的生命线。

在这种情况下，很多企业必须完成从演员到导演的角色转换。企业为观众提供的，将不再是一台精心准备的由企业表演的节目，而是组织了一个大聚会，邀请用户来到舞台上，让观众自己来成为演员，同时企业还为观众的演出准备了各种各样的道具，提供了情节丰富的剧本。当观众开始了演员的角色之后，他与这个舞台，与这个舞台的组织者之间就搭建起了千丝万缕的联系。

自 2015 年开始，一款名为 TAKAGISM 的场景游戏在全世界爆红，这款游戏的中文名称为"真人密室逃脱"，游戏方式是让玩家处在一个被困住的场景中，让玩家根据场景中的提示寻找逃脱的线索，并最终从密室中逃脱。

TAKAGISM 有很多不同的主题场景，如科技主题、恐怖主题、黑暗主题，等等，商家在运行 TAKAGISM 的时候，所有的精力几乎都放在对主题场景的布置，以及对气氛的营造上，为了提升体验，商家为玩家提供了很多道具，在此之外，商家就不再提供任何服务了。

在这款游戏中,玩家既扮演了消费者,同时也成为游戏的一部分,变成了游戏进行下去所不可缺少的一个角色。整个游戏的乐趣完全来自于玩家自己的推动,以及玩家之间的互动。

TAKAGISM未做过任何广告,但凭借着良好的用户体验,数年内在海外就已成了80后、90后乃至于00后的最爱,很多人玩过了一次之后还想玩第二次,并且主动将朋友带来一起参与,TAKAGISM就这样实现了自己在人群中的引爆。

TAKAGISM只是商业场景构建中最简单的案例,对于企业而言,在搭建了完美的场景和旅程之后,就应该主动退到场景外面做一个服务者,将舞台让给用户,让用户作为参与者而非旁观者。

要做到这一点,还要为用户提供丰富的道具,这包括与产品相关的附属产品,APP、社群、讨论群、商品购买站点、活动分享平台,等等,这些道具的出现让舞台变得无限扩大,甚至于在用户还没有真正接触到产品时,演出就已经开始了。

TAKAGISM交付给用户的重要道具就是游戏场所里的各种物理器具。这些道具成为用户亲自参与时的工具,同时也成为被宣传的素材。用户们可以将这个场所的各个元素作为话题,在朋友间进行分享。再配合上TAKAGISM游戏制作精良的宣传营销活动,当用户将这种刺激眼球的场景要素投射在脑海中时,有关于TAKAGISM的"演出"实际上就已经开始了。

将商业舞台交给用户去表演,这是每个号称要做人性化商业的企业,所必须经历的蜕变。

第10章

场景化带来商业概念的新要素

经营用户级的场景是未来的趋势,因为用户场景能帮助企业在市场上打造出生存空间。为了进一步落实用户场景相关的商业概念,我们需要定义场景概念里相关的商业要素。这些商业要素包括**主题**、**规则**和**场合**。

第1节 场景的主题,从凡夫到英雄之旅

既然场景是为了塑造商业概念的某种世界观,那么这个世界观就需要有自己的中心思想。定义主题就是为原本平凡的场景赋予能够驾驭的灵魂。

这个场景能不能被人记住？能不能打动用户？这些都需要好好策划。从工作到生活，用户视角每天发生的事情这么多，并不是每个司空见惯的场景都能吸引人。琢磨需要讲一个什么样的故事，然后人为地进行创作就是主题相关的工作使命。

如果说场景是为商业概念穿上了美丽的行头，那么主题就是这身行头里的皇冠。

好莱坞编剧教父罗伯特·麦基在其著作《故事经济学》中，提出了一个发人深思的观点："一个商业战略就是一个等待发生的故事"。罗伯特先生的背景很有意思。他本来是好莱坞编剧界教父式的人物。他总结的故事叙事结构方法，影响了很多著名的影视业作品。他本来是影视行业的大专家，可后来却受到传统企业的欢迎。因为这些企业发现，讲述故事的能力也是每个面向消费者的企业所需要具备的能力。于是很多传统的企业如 NIKE、微软、富国银行等，也开始学习罗伯特的故事构建法，来指导自己的业务。

电影和游戏行业一直最善于进行故事主题的创新，我们需要向它们学习构建故事的方式，向它们学习如何掌控用户的感受。构建一个美好的主题，能够让枯燥的业务变成用户所爱。

四大名著里的《三国演义》，其故事和人物关系的复杂度是四个名著里最高的。看懂三国演义是一件挺不容易的事。那么如何才能将三国的故事变成容易理解的内容呢？

日本东京千代田区有这样一份报纸，名为"三国志新闻"。《三国志新闻》不同于传统小说形式的三国故事读本。为了能够吸引到更多用户，出版社为三国的故事策划了一个有意思的主题。他们设定有个三国时期的新闻机构，安排战场记者进行采访并同步报道三国的新闻，对三国故事的阐述，完全按照战场新闻报道的方式来进行。里面有很多像报纸一样的文章与照片，下面列举几个有趣的例子。

例如，它最经典的一期是关于赤壁大战的，主要内容包括了这一大事件的来龙去脉。其头条报道为《曹军20万人 孙刘联军5万人挟江布阵——序战联军取胜》，该报道描绘了在战争初期，曹军与孙刘联军对质并进入持久战的情况。它还按照新闻报道的场景，配有诸葛亮指挥水战的照片，以及作战地图来讲解该战役中双方的对阵姿态。这与现代的大战前夕，各种剑拔弩张的新闻如此相似。

这一期除了模拟常规的战场记者报道之外，还特别邀请了两位"军事评论家"对此战展开预测，这些内容都放在深度报道版面的《江东决战，本报的深度预测》中。看这标题都是满满的现代新闻业的格调。

在该栏目中，特邀专家马修将军特别撰文——《曹军大胜是板上钉钉》。这位特邀嘉宾援用历史数据库，说明汉家得天下以来，历来没有兵力以少胜多的先例。而另一位特邀评论家申示龙先生则提出了相反的观点。他在文章《周瑜的智谋，未可小觑》中，分析孙刘联军的确存在兵力弱于曹军的问题。但申先生非常看好周瑜，认为这位联军统帅智谋出众，是孙家最优秀的常胜将军，周瑜敢应战，必然是稳操胜券。两篇文章一正一反地放在一个版面上，配合两位军事评论家的照片，很容易让人产生正在阅读当下叙利亚战争新闻的感觉。

另外，很有趣的一点是，这个报纸还包含了文娱八卦之类的内容。同期报纸还刊登了如《才女蔡文姬 十二年之后从匈奴归来故乡》这样的花边新闻。

这一期就这么结束了,但这个报道场景的精彩可远远没有结束。

该报几天之后紧接着就出了一期号外,主题是——《20万曹军在赤壁全军覆没》。内容包括《联军火攻计成功,曹操平定江南计划中止》《反间黄盖回归本阵》《丞相曹操九死终身脱出险地》……还包括一大串八卦新闻特别爱用的"未经证明的谣传",如"诸葛亮祭天取得东风""在野党军师庞统据传诱惑曹军连舟""黄盖被打是苦肉计"……

这样刺激的报道,加上战地记者冒着生命危险拍摄得来的赤壁战场火烧战船的现场照片,读者对于这类的内容,读起来肯定是欢心愉悦、爱不释手的。

最后的神来之笔,是做戏做全套的编辑部负疚启示——"《三国志新闻》上一期刊登了《长镜头——东吴老将黄盖意欲降曹?》一文,经核实纯属谣言,特此更正。这篇报道为曹操丞相阁下的官兵带来若干不良影响,本报特此郑重致歉……"这简直是将这个新闻场景的氛围坐实了。

同样是要讲三国的事情,同样是要交代三国的人物,同样是要展现那个波澜壮阔的时代,但是《三国志新闻》的这种模式,却完全颠覆了我们去认知历史的日常方式。它模拟了大家所熟知的新闻报道场景,将发生在遥远的几千年前的事情,变成我们身边耳熟能详的事情,这种视角非常的有趣。有很多日本人表示,他们就是通过这份"报纸",对三国有了真正的了解。这份《三国志新闻》一共发行了100多期，最后装订成图文并茂的册子，成了日本的一本畅销书。

在这个例子中，新闻报道就是一个主题。它将原本专业复杂的内容，在用户的脑海里包装成了用户所熟知的有趣形式。主题的使命就是通过给场景建立一个能够打动人的概念，从而对用户场景进行商业包装，最终向用户展现一个鲜活可人的世界。

1. 主题常见的两种形式

选择什么样的主题才会被人认可？对数百个项目进行主题统计，结果显示用户最喜欢的主题恰好是两个相反的方向，如下图所示：极其贴近生活或者特别超脱现实。这也符合人的心理活动，要么为了生计奔波，要么做白日梦。

主题常见的两种形式

用户的平凡之路

用户的平凡之路是指基于用户现有的生活范式，将其提升为更高质量或者更有趣的形式，用户关注自己的生活远胜过关心外面的世界，所以对与自己生活对接的主题会很敏感。

平凡之路的例子	"程序员的3分钟家务" "合租房里的清洁游戏" "加班族的橱柜装填术" "不再洗碗的小小家" "把干洗店搬回家"

上面这些主题的语境，基本上都可以拆解为：用户生活＋更好的方式。这些主题既贴合了用户自身的实际情况，同时又包含了充满友好信息的不同之处。

用户的英雄之旅

每个平凡人的内心深处，都有一个英雄的梦，梦想着自己可以去激活一个充满想象力的世界。厉害的商业模式，能够向用户推销一个梦想。我们可以充分发挥想象力，以用户为主角去定义一种超脱现实的商业概念。

英雄之旅的例子	"一个唐朝人的北欧生活" "像阿甘一样强壮的奔跑" "和一块材料成长旅行" "可以编辑的历史" "无人区的智慧城堡"

当然所有主题定义的背后，都需要有具体的业务设计去响应。比如用户旅程规划、接触点设计等。想象力与实现之间的平衡，是后续需要反复推敲的工作。

2. 主题稳定，不随便切换概念

如果一家企业缺乏明确的商业主题，无法将企业的产品或服务组织到一个场景中来，那么它的结果很可能就是被用户抛弃。

2011年，贾森·高德贝格和设计师好友布拉德福德·谢尔哈默一起创建了闪购电子商务网站Fab，主营业务是为一些设计师提供销售平台，让用户们可以随时找到那些富有艺术气息的商品。

Fab上线之后，很快就受到了用户的热捧。欧美都市人非常喜欢这家能够为他们带来不一样购物体验的网站，他们在那里可以寻找到符合个人格调的商品，可以与各个领域的艺术家进行互动，还可以像寻宝一样寻找那些被埋没的天才艺术家。

用户的追捧为 Fab 带来了巨大的资本，在成立之后的三年里，Fab 一共拿到了 3.25 亿美元的巨额融资，这即便是在硅谷也是很少见的。在资本的支持下，踌躇满志的贾森·高德贝格想要带领 Fab 更进一步，去开拓更广阔的市场，然而也就是这一步，最终葬送了 Fab。

作为一家以艺术和个性作为主体的电子商务网站，Fab 的市场份额虽然不大，用户体验却非常好。但是为了扩大市场，贾森·高德贝格放弃 Fab 的优势领域，转而引入了很多与原来主题相抵触的服务。例如，让 Fab 引入食品等快速消费品，这无疑会与艺术和个性的主题发生抵触。因此即便快速消费品业务给用户带来的体验良好，但却削弱了用户对于原来主题的归属感，进而让用户彻底搞不清 Fab 的主题到底是什么。

在此后的几年时间里，Fab 就是在这样的壮大并迷失中度过的。它不停地在为用户提供新的服务，营造新的体验，但明眼人一眼就能够看出，这些体验都是分散开来的，并没有形成合理的体验场景，甚至有些体验之间还是相互抵触的——有一项服务会让用户感觉很酷，但另一项业务却让用户感觉很俗。

久而久之，Fab 就为用户造成了很不好的印象。在意识到用户的流失之后，管理层曾试图以转型的方式来挽救危局，但商业主题的混乱又导致 Fab 在转型的过程中迷失了方向，最终连一些最坚定的用户也离他们而去。

2015年3月，Fab以1500万美元的价格被PCH收购，一家本来大有前途的企业就这样走到了终点。

从无比成功到彻底失败，Fab大起大落的根源就在于商业主题的稳定性。这一点与传统的品牌管理是类似的，如同好的品牌不会随便改变品牌的属性一样。一个明确的商业主题同样会为企业带来很大的好处。而商业主题的混乱，则会让企业像Fab一样走到绝路当中去。

在主题混乱的情况下，企业的行为往往会显得杂乱无章，营造出的产品和服务往往也会缺乏体系，用句通俗地话讲就是"东一榔头西一棒子"，不知道该让用户记住哪个故事。

3. 主题匹配，与企业自身的定位一致

企业必须要科学地为商业场景营造主题，在选择场景主题的时候，应尽量与企业品牌定位、自身的特质和所处的行业相符合。这两年流行"高大上"这个词，因此每个企业都希望将自己的商业场景定位于某个"高大上"的概念之上，来讲平台、世界观和人文故事。这些思路是可以的，但若要具体到主题的定义，则还是需要区别对待。

以"自由行者"主题为例，对于一家运动服装企业或者旅行服务商来说，这样的主题是比较合适的，运动服装企业可以通过服饰的设计、科技的引入、广告的创意等多个方面为用户营造契合"自由行者"主题的体验。

对于一家推土机制造商来说，"自由行者"的主题就未免有些不协调了，企业无论如何下功夫，都不可能为设备的购买者、使用者带来"自由"的体验。但是如果将主题更改为"未来家园",企业则可以根据它来进行体验点的设计。

第2节 场景的规则,驱动人、事、物的关系

在创造用户场景的要素中,第一步的主题建立了概念。有了主题,第二步就可以设定对应的规则了。在做商业策划时,为了将规则讲清楚,通常会涉及这样三个要素:人、事、物。人代表了参与这个事情的不同角色,事代表了这个模式可能会有的行为,物则代表了各种用品。我们需要用场景思维,去安排这几个要素。

既然最终的目的是进行业务销售,那么场景里人、事、物的关系,是否就应该是**买卖关系**了呢?这种观念依然停留在了传统思维里。用户场景构建了新的故事,人、事、物的规则在这个新的舞台上,会出现崭新的关系。

1. 常见的规则关系

常见的规则关系包含如下这样几种关系,这些关系都会为企业带来不同的场景构建可能性。

(1)**买卖关系**:这是最基本的场景规则,该关系直奔业务目标,大家在一起做好商业的分工就好。这应该是最枯燥的关系,也是最不容易建立场景竞争力的关系模式。

(2)**竞赛关系**:大家要按照某种方式,彼此竞争比拼出高低。也许是用户之间的竞赛,也许是用户与企业之间的竞赛。会存在对应的奖励,甚至惩罚。

（3）**共建关系**：大家像一个团队一样，彼此贡献力量，共同经历、共同担当某个项目。以一个值得期待的成果来激励大家努力。

（4）**学习关系**：团队之间为了知识的学习而组合在一起。可能是师生的形式，也可能是平等交流的形式。

（5）**探索关系**：面对未知的世界，为了满足好奇心，鼓励用户去研究并获取新讯息。结果并不重要，过程很重要。

（6）**陪伴关系**：围绕在主角周围，成为其团队的一分子，帮助其达成目标。

2.案例：三只松鼠的场景规则

三只松鼠是国内著名的互联网坚果品牌，其仅用一年的时间就做成了互联网坚果第一品牌。三只松鼠的场景经营非常出色。从它的名字就可以看出，在主题的营造上它并没有将自己直白地定位于销售坚果的电商。三只松鼠号称自己定位于"森林系"，是森林里的松鼠出来做销售。下面我们来看看三只松鼠的场景规则，如下表所示。

三只松鼠场景规则

场景主题	与松鼠做坚果销售业务
规则关系	探索
人物的策划	• 顾客成为主人，而不再是买家 • 松鼠三兄妹，担当员工角色
事情的策划	• 产品是来自松鼠的家乡 • 是松鼠负责去产地选择产品 • 与顾客的沟通，都是松鼠在卖萌
物品的策划	• 有松鼠形象的各种坚果工具 • 印有松鼠形象的坚果包装 • 基于松鼠的动画与音乐

3. 案例:美丽相约旅游品牌的场景规则

美丽相约是来自大理的旅游管理品牌。美丽相约不同于传统的住宿或者接团服务,它提出了管家式旅游的新场景。将以前旅游是旅行者自己的事,变成了旅游是交给别人的事。这个品牌自己打造了很多高端的住宿环境,然后配备管家全程为旅行者服务。下面我们来看看美丽相约的场景规则,对人、事、物关系烙上的新特征,如下表所示。

美丽相约场景规则

场景主题	管家式旅行
规则关系	陪伴
人物的策划	• 顾客是庭院的主人 • 一个专业有趣的管家
事情的策划	• 24小时待命,不远离主人 • 需要负责计划主人的旅行方式 • 全程陪伴旅行 • 贴身负责居住的照顾 • 负责挖掘美食与美景 • 解决主人的麻烦,如生病、意外 • 多才多艺,展示当地人的特点
物品的策划	• 有车进行接送 • 有主人出行的必要设备 • 有当地独特的用具 • 有主人希望拍照分享的道具

三只松鼠和美丽相约,分别是两种不同风格的主题,一个充满幻想,一个贴合生活。但两个主题之下对应的场景规则,都给出了对应的人、事、物关系。这些关系的定义,将在未来驱动我们进行更有特点的创新落地。

第 3 节 场景的场合，从温暖小屋到高山湖海

场景的第三个要素，就是场合。

主题与规则都有了，这一切总需要发生在某个场合。对场合的思考，往往并不是因为现有的业务缺乏场合，而是好的场合更能成为重要的创新方向。

2018 年 6 月，罗辑思维旗下的得到 APP，为一位网红经济学者薛兆丰老师，举办了一场名为"菜市场遇见经济学"的新书发布会。这次的新书发布会地点，既不在高大上的会议中心，也不在书香环绕的书店。而是在著名的网红菜市场——北京三源里菜市场。这个菜市场因为食材超级全面，各个摊位分工专业，早已遥遥领先于同行，不仅深得美食家的推崇，而且很多明星都曾光临。

按照组织者的逻辑：一本美食书，就应该在一场盛宴上发布；一本历史书，也许应该为它专门排演一场话剧；一本金融题材的书上市，也许应该为它组织一个去意大利寻找银行起源的旅行团。顺着这个思路，就不难想到，一本经济学讲义，就应该在菜市场中发布。

为了这次新书发布会，他们专门在菜市场包下一个摊位，改装成书籍陈列区，让经济大师走进商贩中间，来完成这次的展出。同时他们还按照书中的经济学条目，专门改造了若干个真实经营的摊位，来展示这些条目的情景。

怎么样，这个菜市场的经济学 SHOW，是不是很特别。有了这个场合的大基调，里面的每个环节让人惊喜就变得容易得多。

场合是场景释放力量的舞台，舞台对于故事的演出，其重要性不言而喻。不同的场合，会带给用户非常不同的感受。以用户为中心的理念一直坚定地鼓励着企业要走入到用户中去。那么怎么样才算走入呢？那一定是跳出了企业的业务环境，进到用户熟悉的场合，这就是最佳的状态。

用户场景不要被当前已存在的场合给限制住了。放开视野，只要是围绕着用户的环境都是可以考虑的。所以对于场合边界的限定，就是没有边界。我们的用户在哪里，我们的业务场合就可以蔓延到哪里。

银行开在高大上的建筑里，仿佛已经是一个定式认知。对银行业务的场合认知，很少会走出那扇门。而波兰的 Idea Bank 银行却将自己的业务放在了一个你没有想到的地方。

这家名叫 Idea Bank 的银行，长期聚焦在中小企业家客户市场。它在业务的创新过程中，发现自己的目标用户大多都是商人。要让这些长期处在奔波状态的人，停下来走进银行里，似乎变得有些困难。在金融服务场合的创新上，Idea Bank 推出首家行驶在铁道上的银行分行（Idea Hub Express），他们在列车上包下一节车厢作为银行快车，并将其打造成有金融属性的共享工作空间，让差旅中的企业客户族群在旅途期间即可享受该行服务。

银行快车内除了舒适的桌椅、可阅读简报用的大荧幕之外，还有打印机、扫描机、充电器等办公设备，无线网络、咖啡机、报纸也一应俱全。从 2015 年年初开始，已有近 3 万人次在搭乘旅途的过程中，进入这个独特的银行，在与众不同的场合下，享受了该行提供的中小企业家所需要的金融服务。

场合是常见的要素，但常见并不等于平凡。选择好的场合，就像是为创新重新开辟了一块可耕耘的土壤。在海洋里布置的晚餐、在空中举行的婚礼、在工厂里完成的学堂、在稻田里进行的舞蹈，这些都是会让用户心跳加速、印象深刻的场景。

| 第11章 |

体验型概念寻找创意的工作法

环顾整个体验创新管理工作,我们可以发现创新管理是从大方向到细节依次进行的。第一次大的创新就是打造基于场景的商业新定位。这个环节的场景创新不追求细化,主要是担当项目未来继续前行的旗帜,其他的细节将围绕这些寻找到的方向来展开。在这里,大家需要掌握几个落地的工作方法。

第 1 节 先寻找创意的线索

这个阶段寻求突破的过程,更应该称为创意,在万般混沌之中，通过理性与感性思维的碰撞与结合，拨开迷雾寻找那一束光。

寻找有效创意的过程并不是一个单行线，无法经过公式推理来获得。有效创意的产生逻辑称为创意线索的钻石模型，如下图所示。

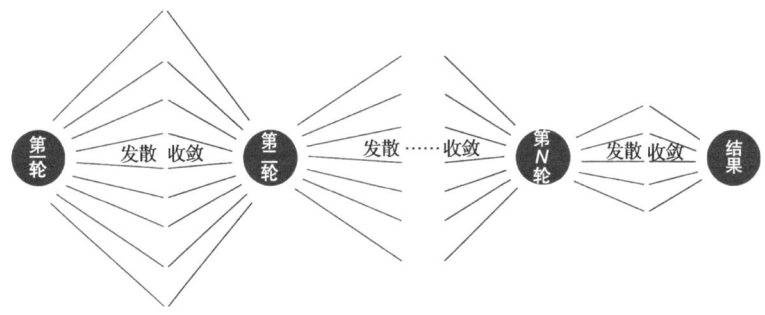

创意线索的钻石模型示意图

线索的寻求过程，一定会经历**发散**和**收敛**的循环。发散是指希望突破固有思维，尽量地拓展思维边界。发散的时候更注重于追求数量，而不会苛求每条线索的质量，这个阶段是非常感性的。而收敛阶段则刚好相反，它需要一定的经验背书，聚焦那些有道理、有价值的创意点。收敛之后获得的成果物，会再次进行新一轮的发散，这次发散的出发点相较于上一轮会进行大幅度的聚焦。经过几轮这样的推敲，将获得很多值得采纳的有价值的成果物。

懂得了钻石模型里的发散和收敛的逻辑之后，在具体的实践中，线索的挖掘还需要借助一些工具来进行。从混沌中寻求机会的思考工具有不少，这里推荐 MECE 思考法，它非常有效且易于掌握。这是麦肯锡的第一个女咨询顾问巴巴拉·明托（Barbara Minto）

在金字塔原理（The Minto Pyramid Principle）中提出的重要原则。

MECE 的缩写是 Mutually Exclusive Collectively Exhaustive，中文意思直译过来就是"相互独立，完全穷尽"。它的出发点是对于一个待解决的复杂问题，需要通过降维的方式进行有效的拆解分析，从而寻求有效解决问题的多种可能性。

它的两条主要原则详细解释如下。

第一条是**完全穷尽**（Collectively Exhaustive）：指的是分解问题的过程中不要漏掉某种可能性，要保证每个方向都尽量被罗列出来。完全穷尽意味着全面和周密。

第二条是**相互独立**（Mutually Exclusive）：强调问题的细分是在同一维度上，并有明确的区分，每个方向之间都要独立，不要有交叉重叠。

下面我们运用 MECE 工具做一个分析的举例。雾霾是大家都很讨厌的现象，那么假设有一天你的团队接到任务需要解决雾霾问题，该如何寻找解决的可能性呢？下面就来按照 MECE 原理开始拆解。首先按照完整性的角度，尽量分解出了 B1、B2、B3 三个维度（如下图所示），这就是保证全面考虑到各种可能性。然后检查这三个维度，确定彼此之间的确是相互独立的。那么这个可以作为一次成功推导的成果物。

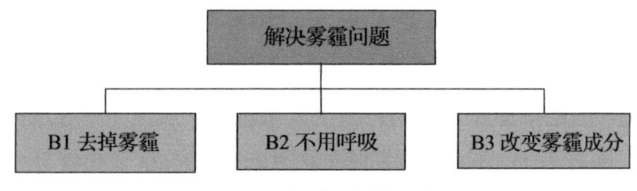

MECE 工具解决雾霾问题图示

再列举一个业务上需求的案例。假设要应对"提升订单申请成功率"这个需求,可以按照下图中所示的内容进行推导。不用填表、不会出错、委托他人是第一层的节点,它们符合穷尽和独立的原则。但这三个还是太宽泛,于是这个例子中,又进行了第二层的推导。全部模板标准化,跳过次要步骤等节点,这也是 MECE 原则在某个节点的一次运用。最终得出了更多的可能性,这些可能性都会在某个方向上产生可能的解决方案。这样一个原本看起来比较虚泛的、无从下手的问题,就这样被井井有条地寻找到了很多具体可行的机会。

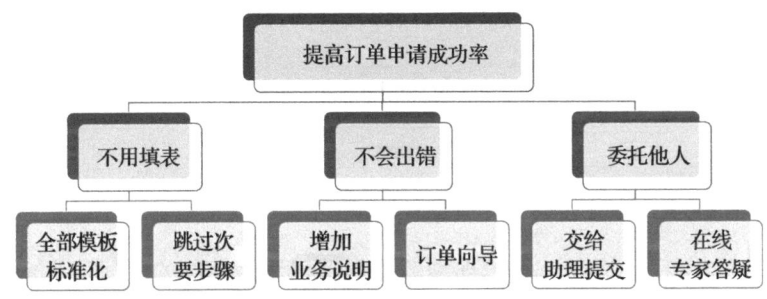

MECE 工具解决提高订单成功率问题图示

MECE 方法属于结构化思考的一种,逻辑简单且易于掌握。MECE 方法的推导能够获得一堆潜在的机会。

第 2 节 像独角兽一样诞生在餐巾纸上

通过 MECE 方法,从零开始挖掘到的线索,仅仅只是有了一些好的契机。下一步就要基于这些线索,开始创造性地提出解决方案。

硅谷应该是全世界高科技创新最密集的地方，那里一直流行着一句老话，伟大的企业往往来自于餐巾纸。这句话的缘由是什么呢？

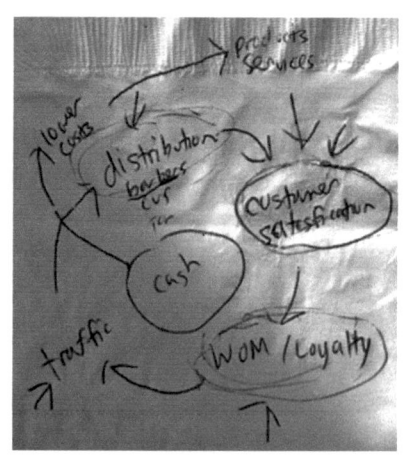

餐巾纸上的伟大创意图例

早在 1995 年，那个连浏览器都不知道是什么的年代，后来许多人眼中的"大神"杰夫·贝索斯（Jeffrey Bezos）创立了这个星球上最伟大的公司之一——亚马逊（Amazon）。

这个成功故事的背后有一个有趣的细节。当年，贝索斯和投资者就亚马逊的商业模式进行沟通时，贝索斯将自己的想法顺手用一块餐巾纸画了出来。这个画在餐巾纸上的草稿，让投资人快速地理解了贝索斯到底想做什么，最终贝索斯成功地得到了宝贵的 20 万美元种子投资。这个在餐巾纸上诞生的商业模式被世人称为"亚马逊的飞轮"，其核心是丰富的选择、便利和低价，这些构成了亚马逊运营的三个支柱。在过去的十多年时间里，亚马逊依靠"飞轮模型"，发展成为一个市值数千亿的、庞大的在线商业帝国。

像这样的故事数不胜数，twitter 的创始人在草稿纸上画出了他当时想象中 twitter 的第一个界面，并将它描述为"类似于能够实时更新和分享状态的 AIM（一种聊天通信软件）"。Groupon 创始人 Andrew Mason 也是在餐巾纸上，第一次草绘出了团购的概念。

为什么要认可在餐巾纸上进行创意的形式呢？这就需要提到体验管理背后的一个工作方法分支——设计思维（Design Thinking）。人类的大脑是分为左脑和右脑的。左脑负责理性计算，是严谨的；右脑负责感性思维，是图像化的。人们思想的飞跃往往是建立在图像化思考的模式之上，而不是建立在理性的思考之上。枯燥的字符，比如像产品策划书、数据之类的字符，都不会有效地激发想象力。只有当我们在心里面构建出某个可想象的画面时，能看到一些设计图时，面对这些图像化的信息，思想的突破性才能够建立起来。所以在创意的初期不要过早地进入到文字撰写的环节，而是要依靠图形化的方式来表达想法。

这个环节要求创意者习惯使用**故事板工具**。故事板最早的概念源自于好莱坞，制片人在做电影设定的时候，为了让大家能够尽快地了解制片人的意图，会绘制极其简单的草图来表达影片的环境、人物、场景等。后来体验管理体系将这种方法也继承了过来，用在项目创新创意的过程中，帮助项目组聚焦和讨论。故事板本质上是一种低保真的原型，当项目进行到后期时，还会涉及大家所熟悉的高保真原型设计，不过那是到产品设计的环节才会遇到的。

在线叫车服务故事板图示

上图所示的就是一个业务的故事板。它展示了在线叫车服务的最初轮廓。寥寥数笔的四个小图，就将这个业务场景勾勒了出来。这个故事板成功地在你的右脑留下了若干可以想象的场景印记。故事板往往用于当人们灵感出现时，需要快速有效地进行表达和迭代的场景，因此要避免绘制得太过细致，它是一个灵感记录与表达的载体，而不是艺术作品。画得太费工夫，必然就会转移思考的注意力。总之要快与简练，一切按照"涂鸦"的标准来进行。

如果不采用手绘的方式，那么也可以在电脑上使用图片和简单的符号，进行拼接式的创作，也能达到满足需求的效果。现在基于上一步 MECE 的例子，利用故事板推导出的线索进行创意。在"提高订单申请成功率"的这个需求之下，推导出一级维度的线索——"委托他人"，进而找到了第二层维度的线索——"交给助理处理"。针对这个线索进行创意，大家集思广益，各自绘制，最后得到了如下图所示的这个故事板，该故事板描述了客户在不知如何配置户外保险的时候,委托安全专家,帮助客户选择和决策的一种模式,里面还表明了大概的流程和关键节点的特征。

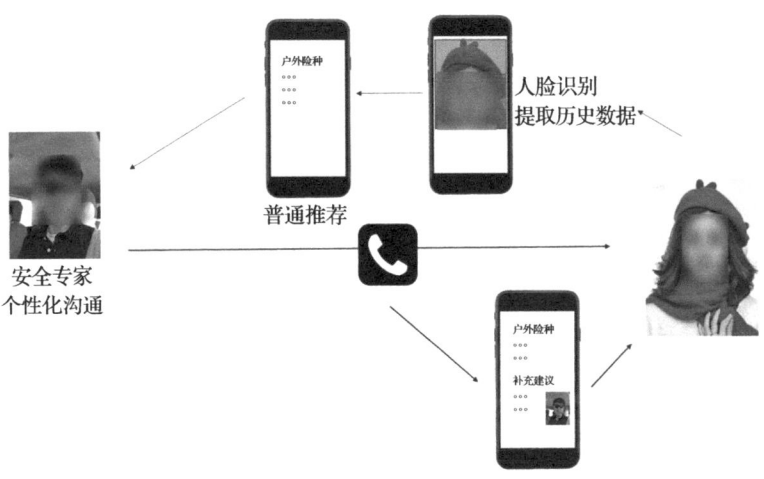

交给助理处理户外险故事板图示

在这个阶段点,如果条件允许,会让用户参与进来一起绘制故事板。这是以用户为中心的工作体系里,一直受到鼓励的一种工作方式。如果有多个用户参与,那么他们自己绘制出来的草图,离用户更近,对团队的启发也会更深刻。

完成从线索到定稿方案的过程,不是一步到位的。即便已经画出了很多的故事板,也不等于就拿到了答案。我们需要在想象力和创造力的帮助之下,一步一步去开门寻找。谁也不知道现在离结果之间,到底还有多少道门,所以整个过程就是一个不断启发和不断迭代的过程。这种不断逼近有效结果的过程,在设计思维中称为"真理铁三角"。

探寻感性真相的真理铁三角

"真理铁三角"背后的逻辑,认为取得最终方案的过程,既然没法一击必中,那就另辟蹊径,采取尝试并验证的思路,逐渐接近目标。所以这个过程有三个分解动作,具体说明如下。

(1)首先,在创意初期思路一定是模糊的。只能凭借经验做出最有可能的**假设**。至于这个假设是否有效,在创意的初期谁也不可能知道。

(2)形成一个假设之后,直接进行讨论或询问用户都是无效的。大家都凭着各自失真的想象进行切磋,其结果往往是差之毫厘谬以千里。所以这个时候要做的事情,就是以产品原型的方式快速**实现**我们的假设。原型既可能是简易绘稿,也可能是一群人扮演的情景剧,还可能是用技术快速做出的 DEMO。

(3)当实现某个原型之后,这个时候进行优化的最佳方式,不是依赖项目成员。而是让用户参与进来进行**验证**。用户对于文字类的策划书,是不能理解且无法感知的,但是对于可以在感官上(视觉、触觉、听觉等)帮助他们建立情境的原型,却是很容易在本能上产生反馈的。

基于用户的验证反馈,可以得到对假设的肯定或否定。这个时候产生的感悟,使得我们能够再一次提出更好的假设,然后再实现、再验证。这样的循环,就是不断逼近靶心,最终取得有价值的结果的过程。

完成以上的工作,就达成了从线索到创意的目标,为场景迎来了很多有趣的新设定。这个阶段的工作不追求完整性,只追求突破与亮点。业务的完整性,将由第四篇所讲的用户旅程与业务蓝图来完成。

第 3 节　按照人性如何辨别创意的价值

对于已经发现的众多线索,以及由此迸发的各种创意,哪些是用户会喜爱的?哪些是值得跟进的?这就要涉及好创意的甄选原则。本节先列举两个基本的原则。

1. 别把用户当精英,不要教育用户,而要将就用户

前面提到过,我们常会受到奥运精神的影响,追求更高、更快、更强。做业务规划的时候,为了让业务更有竞争力,总是会不自觉地去追求更"先进"的东西,例如,最厉害的黑科技、最神秘的配方、最强大的运算能力、最快的处理速度、最复杂的理论支撑等。

这背后隐含着企业的一种心理定式:用户都是主动的和聪明的。企业应该成为先进的引领者,帮助用户成长,这样用户就会喜欢并跟随。这个思路在今天将受到巨大的挑战。

健身是城市里年轻人群的刚需,各大城市里的健身场馆比

比皆是。同时还会有不断冒出的新健身馆加入进来。但过了一段时间之后，这些健身场馆又会陆续地萧条乃至倒闭。萧条完毕之后，又会出现新的勇气可嘉的创业者继续开办健身馆。这简直就像一个死循环一样。

同样是出于健身的需求，近年有个称为 KEEP 的移动互联网产品特别火。KEEP 的使用场景，可以让人在家或者办公室快速有效地完成部分健身活动。KEEP 其实并没有发明什么新的健身理论和运动方法。它成功的重要原因，就是将就用户而不是改变用户。

传统的健身场馆有一个最基本的前提，那就是用户必须要到它的场所里去健身。无论室外的风景多美丽，无论家里的氛围多舒服，用户都必须要出门来到健身馆。这是什么？这就是改变。让用户改变其实是最难的，就连骏马都得顺着毛来梳理，更何况人类的天性就不够自律。

KEEP 就很好，想要健身的用户，不用刻意改变自己，KEEP 为用户们提供一种在家里也可以健身的方式。不想走出办公室没关系，办公室用 KEEP 健身就可以了；喜欢宅在家里也没关系，在家里用 KEEP 健身也挺好。

场景基本概念介绍中提到过一个重要的观点，今天的用户已经不在乎别人如何强大，而只在乎自己过得好不好。从用户体验的角度来看，越是人性化的创意，越是与人类的进步"反着干"。体验思想认为无论哪个行业或者哪个阶层，组成这个社会的绝大部分用户骨子里天生就是充满弱点的：贪吃、懒惰、不思进取。所以在面对这样的用户时，如果试图通过先进的东西教育引导用户，让他们改变自己这些所谓不好的旧习惯，会是一件非常吃力的事情。

民间有一句流行语：我对你的好，就是你在哪里睡着了，我就在哪里给你送枕头。这句话非常贴切地形容了体验管理中做创意的出发点。从人性化的角度去研判创意的价值，更多的时候就是在看是否应对了用户的劣根性。

体验管理其实是在满足人性的弱点，而不是纠正。

比如，人们不喜欢学习，那么创意就要减少学习的压力，于是就出现了樊登读书这样的一小时一本书。比如人们唱歌的技巧很差，那就不要强迫用户提高唱歌技巧，而是通过软件将声音美化，像唱吧这样的APP就诞生了。如果人们不想看高大上又费脑的纪录片，那就不要逼着大家提高艺术修养，用快手和抖音来满足你的脑结构。这些成功的商业案例，是不是都在逼着人类倒退呢。

2. 成就用户的其他场景

用户为什么要使用你的业务？这是个充满哲学的问题。

点餐的人是为了享受美食么，他可能是为了吃饱了可以回去挣钱。

打车的人是为了享受出行么，他可能是为了更快地到达公司。

开会的人是为了享受会议么，他可能是为了能够推动项目。

洗碗的人是为了享受洗涤么，他可能是为了可以更快地去刷手机。

所以，用户日常中大量使用的业务，很多时候都是为了别的事情而存在的。反思一下企业自己的业务，是不是也存在这种情况。

最近，在人工智能大潮的加持下，无人驾驶的技术进入到了高速发展期，从特斯拉 L3 级别的量产车，到百度在北京的道路上演示的实验车，都在将这个面向未来的技术，推向大家的视野中。2018 年，无人驾驶领域的风险投资已经轻松超过百亿现金了，这还不算各个传统汽车厂在无人驾驶上的投入。

无人驾驶不仅是带来了新的车辆设备，更大的变化是，它改变了用户的诉求。

作为交通工具，汽车为使用者提供的本来就是出行的功能。在有人驾驶的时代，人们对于车辆的需求，还是集中在与车相关的话题之上，除了安全，还有方便驾驶、开车不累、加速迅猛等。这个时候，汽车制造商的专业度，都表现在如何更好地打造驾驶这个场景。

而在无人驾驶时代，我们再来听听用户的期望是什么？

"以后我就可以在车上看电影追剧了。"

"以后可以在车上和女儿进行更多的亲子互动了。"

"以后可以在车上和人玩电子竞技了。"

人们在出行这件事情上的期望，竟然与出行无关了。大家都在盼望无人驾驶时代到来的时候，不再以传统的车辆功能来对车辆进行打分。而是开始思考一个新的东西，能够为自己的生活带来什么好处。

在做场景创意的时候，提升创意竞争力的方法之一，就是以自己的场景成就用户的其他场景，那些更被用户关注的场景。就像无人驾驶一样，虽然承担着出行的使命，但是却满足了人们在社交、娱乐、亲子等方面的需求。

一个好的业务策划者，要有为他人作嫁衣的觉悟。我们不是在显摆业务，而是为了让用户自己的生活/工作变得更美好。大隐无痕，那些最好的业务形态，可能真的就是用户感觉不到，却能让用户舒服的那种业务。

第4节 如何"漂白"自己的短板

前面的工作中，无论是做用户场景的创意推导，还是对结果的价值进行甄别，都是围绕着企业业务的**长板**在发力。但是对于一个真实的企业来讲，不可能处处都非常完美，一定会在某些地方存在一些无法解决的短板。比如在技术方面，也许性能就是有限的；在流程方面，可能就是有一些步骤会造成拖沓；在渠道方面，或许就是有一些终端店的配置不够全面。

当这些硬伤存在的时候，企业该如何去面对？可能大部分企业会选择低调处理，少提或者不提自己的短板。甚至与竞争对手进行横向比较，让用户觉得对手的硬伤比自己的还要严重。从而达到矮子中间当将军的状态。这些都没有彻底解决短板存在的尴尬。

在场景创新的工作中，最后一个有趣的步骤，就是以体验管理的视角去尝试翻转自己的短板。下面我们先看一个体验管理行业的经典案例。

当一栋大楼里的工作人员特别多的时候，每天上下班高峰时间，电梯门前总是需要排长长的队。结果是坐电梯只花了3分钟，等待却耗去了七八分钟。高峰时期等候电梯，是个特别容易被抱怨的环节。

国外有一家大公司的物业就观察到了这个问题，它所管理的大厦整体上是属于一家公司独立办公的，整栋大厦大概有上千名员工。因为这家公司非常强调员工着装，所以员工到达公司之后，都会第一时间进洗手间去调整检查自己的形象。

物业一直在思考如何解决大家等电梯时候的抱怨，他们聪明地在电梯入口的墙上，装了很多面镜子，这样很多人在等待电梯的过程中，就可以顺便调整好自己的衣服和发型等。由于这些镜子的存在，反而省去了员工再次进洗手间整装的麻烦，于是单位再次进行物业管理满意度调研的时候，发现大家对于电梯等待的抱怨竟然消失了。

这个案例中，物业公司对于短板的应对就非常不一样了。以前遇到短板的时候，大部分企业会习惯性地投入很多的人力物力，以攻克难关的心态，誓要解决短板的问题。人性的特征决定了人对于一件事物的看法，完全取决于是从什么角度来进行。例如，电梯等待太久这个短板，如果从排队的角度来看，它确实是个大问题。但如果从用户整理形象的动机来考虑，那么等待的时间就变成了一个特别好的机会点。一件事情的黑与白，完全取决于其参照物。

造成这种翻转的背后的原因，还是来自于第二篇提到的用户的"洋葱性"。由于用户具有不同的显性需求和隐性动机,所以对于同样一件事情其出发点就会不同。因此极有可能就会出现从表面需求看是一个短板,但从隐性动机看却可以形成长板的事情。

这些短板的反转,既不是谎言,也不是颠倒黑白、强词夺理。它也是按照从需求到解决方案的经典思路来进行的。只是由于更好地去挖掘了不一样的需求,然后对于需求产生了不一样的应对,所以获得了一个完全不同的结果。这为我们在做业务设定的时候,打开了一扇新的门。请记住下面这句话。

那些被称为缺点的,都应该被称为特点。它们不一定需要被解决,它们只需要被好好地识别和利用。

笔者在写这本书的时候,其中有一些章节是在高铁上完成的,车厢干净整洁,座位也很舒服,尤其是每节车厢前的 LED 屏幕,不断地提醒着乘客,本次列车正以 350km/ 时的时速飞奔在祖国的大地上。历数我们从小所经历过的火车,从时速 60km/时的绿皮车,到时速 100km/ 时的快车,再到如今时速 350km/ 时的高铁,速度似乎成了列车发展的核心追求。那么假设有一列开不快的火车,是不是就注定会被市场淘汰呢?恰恰相反。有这样一列火车,慢还成为它的竞争力。

"非洲之傲"列车作为全球十大豪华列车,是由英裔南非富商罗翰·沃斯于 1986 年创办的。罗翰先生从世界各地淘来车厢,许多都具有百年历史。"非洲之傲"豪华列车有 6 部常年运行的蒸汽火车头。其中最古老的一部名为 Tiffany,历史可以追溯到 1893 年,它目前也是世界上仍在运行的最古老的蒸汽火车头了。

"非洲之傲"的车厢，全部是包厢形式，提供 24 小时的客房服务。每个房间都宽敞无比。包厢内有小型迷你酒吧，同时车上还配备有雪茄吧、小型图书馆和小邮筒，休闲车厢还为乘客提供下午茶。每个包厢内均设有独立的卫生间、浴缸，并且 24 小时提供热水。旅途中还为乘客提供丰盛的自助英式早餐、名厨料理的午晚餐，餐后贵宾们还可以在酒廊和观景台交友畅叙。

　　"非洲之傲"的列车，都是由百年前的蒸汽火车头拉动，行驶时速不超过 70km/ 时。如果从火车的技术视角去评价，那么这列火车应该是非常落后的。但是如果这种慢，落在一群需要慢慢欣赏风景、感受人生的旅客眼里，却是再好不过的一种状态。"非洲之傲"列车，深刻地理解了目标受众的需求，将一个原本的短板，变成了一个受众所喜闻乐见的优点。并且围绕着这个特点，完成了一系列的创意，从而打造出了一个完美的业务。

　　一列很慢的火车，就这么击中了用户的心灵。对短板的反转，也是对整个场景的查漏补缺，让它的长板变得更长，让它的短板不丢分甚至加分。经过这些工作，场景的创意已经基本上有了值得实现的雏形了。

第12章
体验思维对品牌营销的影响

　　品牌的工作体系庞大而复杂。BRAND一词自从被宝洁发明以来,已历经了上百年的发展。体验经济时代下的场景思维,对品牌工作也产生了一些影响,如下图所示。本章并不是全盘重新定义品牌工作体系,而是针对品牌定位、宣传文案、品牌形象和品牌活动几个方面,选择最明显的几个变革进行阐述。

　　企业的品牌工作主要解决了两个核心问题:定位与传播。传统的品牌通常定位于功效和益处,以"LOGO+口号"的方式来影响用户,传播方式则是以广告、活动、文宣为主。体验经济时代,单纯口号式的品牌手法已不足以让企业与竞争对手拉开差距,只靠企业自身的"说教式"品牌塑造已无法支撑起品牌的市场影响力。

体验思维下的品牌变化图示

总体来说，企业要想为用户带去更多的品牌体验，需要以体验管理的方式去创造和管理好与用户相关的各个接触点，使用户留下难以磨灭的品牌印象。好的传播并不依赖企业的嗓门有多大，而是在于**企业能够通过好的用户体验设计，在用户中制造激荡器**。这个激荡器也许是一个产品，也许是一个业务。它就像炸弹一样扔到人群中间去，自主发力地形成巨大的认知和扩散，激励用户拥抱品牌，这种品牌的力量是传统模式望尘莫及的。这是体验经济时代品牌管理最重要的转变！

第1节　场景化让定位原理依然有效

在笔者经历的众多项目中，常常会遇到管理者陷入困境的这样一幕：管理者呆呆地盯着办公桌上自己的产品，反复问着自己"卖点是什么？该死的卖点是什么？"一个没有卖点的产品，投入市场就像滴入大海的一滴水一样，没有波澜，不会有人关注。

在寻找卖点的这条路上，作为摩根士丹利推崇的营销战略家，美国的营销大师杰克·特劳特用"定位"这个体系给出了一个答案。他在 1969 年发表的论文《定位：同质化时代的竞争之道》中首次提出了商业中的"定位"（Positioning）观念。2009 年，《定位》被美国影响力最大的营销杂志《广告时代》评选为"十大专业读物之首"。

定位原理以极其简练的方式，阐述了一个道理：**"商业的成功关键，就是要在顾客的心智中变得与众不同，这就是定位**！"

定位原理帮助很多企业取得了市场的优势。例如，协助美国的西南航空公司（Southwest Airlines）重新定位为"单一舱级"的航空品牌，以针对美国航空的多级舱位和多重定价。让西南航空从一大堆跟随者中脱颖而出。"七喜"汽水将自己重新定位为"不含咖啡因的非可乐"，此举痛击了可口可乐与百事可乐，使"七喜"汽水一跃成为仅次于可口可乐与百事可乐之后的美国饮料业的第三品牌。

国内的经典案例就是加多宝。加多宝曾经就是一款普通的凉茶饮料，一直在南方地区不温不火地生存着，直到加多宝梳理出了去火饮料的定位，很快在高度竞争的饮料市场建立了自己独树一帜的市场认知。定位原理曾经在很长的一段时间内，被奉为整个企业市场定位的圣经。经常参加各种培训的传统企业家，几乎没有不知道的。

最近几年传统的定位理论受到了挑战。传统的品牌定位，主要是定位于一个细分领域的特色或者益处，主要说明"我是谁"，比如，"去屑专家"、"造型能手"、"健康果汁"、"性价比最高手机"，等等。这些都是基于产品或服务的特色和益处来进行定位，在产品服务逐渐普及的年代,这种定位是合适的。

进入体验经济时代,产品已经极大满足,能解决问题的服务层出不穷。品牌如果依然定位于特色或者益处,就已经很难与竞争对手拉开差距了。可以看到,最近十年异军突起的互联网公司,它们的业务跨度往往很大,同时涉及了娱乐、游戏、金融、资讯、电商等。其整个产品线的属性已经超越了单一功效的定位。从传统的定位原理来看,现今其实已经不太能解释企业的品牌属性了。

出行行业独角兽滴滴公司,最早的名字是"滴滴打车"。它在成立三周年之际,进行了一次全新的品牌升级,"滴滴打车"也更名为"滴滴出行"。

滴滴公司通过对用户的研究,充分挖掘了在出行这个场景上的多种需求。从最初的出租车,到后来的快车、专车以及顺风车。最近它又推出了代驾、班车等更多服务。

当用户需要一辆高档车辆以配合自己的身份出席商务场合时,可以选择专车服务;当用户为了上下班,追求价格最优惠的用车时,可以选择顺风车;当应酬党酒后不能开车时,代驾司机又能随时顶上……这些服务的推出,可以说无微不至地照顾到了用户的面子和口袋。

与此同时,在计算路线、安排时间、电子支付、地图导航等方面,滴滴打车也试图为客户在每一个接触点上营造完美的体验。可以说正是这些体验,使得滴滴打车深入用户出行场景,对用户形成了强大的覆盖。

正是上面这些多元化的业务,让滴滴有了改名的需要。这不仅仅是一个名字的改变，更是代表了滴滴从一家提供某项单一业务的公司，试图成长为图谋用户场景的伟大企业。滴滴要图谋所有人出行的场景，希望在人们的脑海里，留下这么一个习惯性定位：只要一只脚跨出门去，首先想到就是滴滴，不管你希望以什么方式出行。

所以体验经济时代，定位原理依然有效，只是对于定位的运用需要升级。今天的品牌应该是**以某个用户场景来占据用户的心智**，品牌要定位于"我能给你什么场景"。新实业型的企业，更是要以自己能提供什么样的用户级场景，作为市场的独特区隔。这既是品牌语境的切换，更是观念的切换。

日本有个传统的产业是通过海洋制盐，这些海洋制盐厂都在美丽的海边。随着工业的进步和全球的商品流通，日本制盐产业的竞争力越来越差，到了最后已经入不敷出了。这时对于制盐企业来讲，要么改进工艺坚持传统的制造工业，要么转型做其他的业务。

这些盐场发现自己所处的盐滩地，大部分都处在周边的综合旅游带里面，盐场可以定位于提供非常好的制盐体验项目。于是盐场将自己从传统的生产场合变成了用户的旅游体验地。员工还是那些老盐工，场地还是那些盐滩地，每天做的事也还是制盐的那些事，但其定位从生产活动变成了旅游场景，一下子迎合了用户的体验。经过这种转变，这些盐场都获得了新生。以前制盐是一个巨大的红海，盐场都是拖累。基于场景思维转变定位之后，盐场竟然变成了蓝海。

很多企业在最初寻找卖点时，往往会基于自己是高科技企业的习惯思维，执着于从产品功能本身来寻找机会。今天，基于传统功能的定位已经是死胡同，恶性的竞争往往就来自于这种定位。从用户的视角出发，以某个用户场景作为新的定位，这种题材会为企业带来无限的想象空间。所以重新思考品牌的独特性时，用户场景是不可回避的方向。

第 2 节　用户忘记品牌口号，只记得体验

传统的基于益处的定位方式在如今已经慢慢失效，品牌定位正在向场景化迁移。那么品牌要素里的品牌口号（SLOGON）呢？抱歉，它们同样也是正在失效。

笔者在很多地方做分享课时，与现场的听众们做过与这个话题相关的互动，结果很有趣。

问：第一个问题，海飞丝的品牌口号是什么？

答：大约 80% 的人都能准确回答，海飞丝去屑专家。

问：第二个问题，星巴克的品牌口号是什么？

答：大约 50% 的人都能猜到类似的。像精致咖啡生活，传递咖啡生活方式等。

问：第三个问题，iPhoneX 的品牌口号是什么？

答：几乎没有人能回答出相类似的品牌口号。

是 iPhone 不再需要被记住了吗？当然不是，作为一个单品能够销售量过亿，口碑优良的产品，它一定有新的地方被广大用户记住了。

以前品牌的表现往往需要依靠 LOGO 和口号，消费者记住的都是产品的标识性图案或语言，例如，一个三叉戟形式的车标，会让人立即联想到奔驰；而一句"Impossible is nothing"（没有不可能）则让人很快联想到阿迪达斯。在这个阶段，企业品牌定位必须要在商标是否容易被记忆，以及广告语是否朗朗上口上下足功夫。所以很多公司都会花费大量成本做调研，仅仅是为了在几个句子之间做个选择。

体验经济时代的定位是基于场景的定位，主要是由用户接触企业时的体验构成的。由于用户更加关注自己的生活场景，对于企业的宣传说教越来越漠然，因此这种变化也高度淡化了 LOGO 和品牌口号的影响。以海底捞为例，用户可能已经不记得它的品牌口号了，但是这并不妨碍用户在脑海里对海底捞留存下了非常深刻的记忆。大家对它的定位有的是"热情洋溢的服务"，有的是"永远微笑客气的服务员"，这些都是来自于用户在用餐时的真实体验，而并非海底捞灌输给用户的信息。

一个商业场景中存在着很多体验点，不同的用户会得到不同的体验，这就带来了另外一个好处，即品牌内涵变得更加饱满和丰富。比如一个奔放开朗的人，在感受到海底捞热情的服务后，会将海底捞定义为"热情洋溢"；而一个内向自我的人，在感受到海底捞体贴的服务后，会将海底捞定义为"善解人意"。在不同感受的用户群中，品牌得到了不同的用户认知，这将会更加适合这个时代的个性化商业特色。

如果想要推动用户对品牌产生深刻的记忆，那就需要我们通过良好的场景设计，在业务中放置可以体验到的口碑振荡器。

前一段时间，有一家非常火爆的花店名为 *RoseOnly*，有趣的是，这家花店不仅提出了"一生只送一人"的品牌口号，还制定了一个离奇的送花规则：用户注册购买鲜花，在填写收花人信息时，收花人信息一生不可更改。预定成功后，RoseOnly 会生成一个由送花人和收花人共有的唯一码，并为二人产生一个独立的页面，以此机制保证"一生只送一人"。

RoseOnly 一经问世就受到无数明星和土豪的疯狂追捧，大家纷纷在朋友圈晒图晒花，来炫耀自己拥有令人羡慕的"唯一"。更有趣的是，还有很多消费者主动要求另一半为自己送 RoseOnly，以此来验证另一半是否还绑定有其他收花人……

在我们看来，RoseOnly 卖的不是鲜花，而是体验。首先 RoseOnly "一生只送一人"的品牌口号就非常具有话题性，切中了无数消费者内心中隐藏的需求——唯一的爱。而后，RoseOnly 以"唯一"作为主题，在业务模式上，巧妙地设计了一个绑定收花人 ID 的体验点，这一举措无疑成为品牌传播的利器，让消费者自发自愿地为品牌站台，为品牌传播。

口碑依然是体验经济时代的传播核心。每个新兴业务，都希望能够在口碑的营造上找到自己的门道。体验经济时代下，一切由用户说了算，所以口碑来自体验点的爆破。此时的口碑传播比的不是谁的嗓门大、广告多，而是让体验点像引擎一样，扔到人群中间去形成激荡并引爆扩散，最终让用户自发地帮你去传播。这个体验点通常是一个极有体验感的小产品或微服务。

体验经济时代，品牌的认知不再是由企业灌输出来的，而是由消费者自己感受并归纳出来的。这就意味着品牌的管理者需要检查整个商业场景，从接触到购买、从被使用到被遗弃、从信息的分享到产品的升级，这些接触点的感受是否都符合品牌的个性。只要有不符合品牌个性存在的接触点，就要加以改善，否则就会严重影响到整体的品牌体验，影响到品牌的定位。

第 3 节　品牌人格化，用户更爱隔壁老王

成功的品牌都具有鲜明的个性，在传统商业模式下，品牌已经开始具有个性的雏形。珍妮弗·阿克尔是斯坦福大学市场营销学的教授，通过研究她发现，美国成功的品牌往往会通过一些文化特点展示出其个性来。阿克尔教授列举了这样几个例子：谷歌——造物者、推特——沟通者、苹果——大师。

她认为，品牌的个性在某种程度上会影响到用户对于品牌的预期，当用户消费品牌时，他们会通过消费所得与预期来进行比较，从而判断品牌是否"称职"。不过，在传统的商业模式下，这种倾向更多是隐藏着的，只会影响到用户对于品牌的印象，但还未推动用户对于品牌的消费。

在与阿迪达斯混战的几十年里，耐克从来没有畏惧过，但是，当美国本土新兴品牌 Under Armour 崛起之后，耐克突然有了一种后院起火的感觉。

20 世纪 90 年代初，马里兰大学橄榄球队的普朗克正饱受着大量排汗的困扰，尚未开始比赛就已经浑身大汗淋漓，这让普朗克十分不舒服。于是，他决心寻找一款能够解决排汗问题的衣服，经过了几年的寻找和尝试，普朗克终于找到了一款合身且排汗的 T 恤，他借此成立了 Under Armour 公司。到今天，Under Armour 公司的年销售额已经达到数十亿美元，并已经将产品拓展到了包括运动短

裤、篮球鞋、运动内衣等其他领域。

Under Armour 的成功在于，它们打造了一个"科技运动者"的人格化品牌，并且一直延续这个品牌的个性进行深耕细作。借助互联网时代，Under Armour 一直在塑造运用科技进行更有效运动的人物归属感。它在科技上发力，比如独特的科技含量、透气、快干、舒适、减少摩擦以及协助肌肉发力，等等，然后将这些科技汇集到一类人群标签里。

2015年年初，Under Armour 斥巨资收购了美国 MyFitnessPal 和丹麦 Endomondo 这两款手机APP，MyFitnessPal 被称为是 Android 系统下最好的卡路里计数器，Endomondo 则是一款非常容易上手的运动教练软件，Under Armour 的意图很明显，就是想借此拓展品牌的科技个性，而 Under Armour 此举的效果也很好，凭借这两款软件，它与全球1.2亿健身人士建立了数字联系。

Under Armour 的行为让耐克感到了恐慌，因为"运动者"一直是耐克的品牌个性，它一直认为自己是将这个文化演绎得最好的品牌，结果 Under Armour 在运动者的基础之上，建立了更时尚的"科技运动者"的新人格。所以逼得耐克不得不做出更多的应对。

耐克迅速与 Garmin、TomTom、Wahoo Fitness 以及 Netpulse 等品牌结成了合作关系。Garmin 和 TomTom 致力于于开发具有 GPS 定位功能的手表；Wahoo Fitness 是一个可以实时检测心脏跳动以及其他个人健康数据的追踪器；Netpulse 则致力于为用户提供健身房互联解决方案。与此同时，耐克还在迭代自己的科技产品 Nike+Running APP。耐克这些行为的意图也很明显，就是要在"科技型运动人类"领域保持领先。

耐克和 Under Armour 的行为看似是企业行为的竞争，但实质上却是品牌个性的竞争。因为在产品功能严重同质化的互联网时代，企业很难依靠产品某方面独一无二的属性占领市场，真正能够俘获用户芳心的其实是品牌彰显出来的鲜明个性。

到了互联网时代，用户变得更加感性，品牌的个性开始逐渐被摆在了明面上，用户通过讨论、信息分享、互动媒体评价等行为，开始更多地关注品牌的个性是否与自己的喜好契合，因而对品牌的个性更为敏感。这时候，一些品牌的个性开始变得不再鲜明，而另外一些品牌的个性则开始被同类品牌模仿或超越，这些都为品牌的定位带来了新的问题。

贝蒂妙厨起源于1921年，作为世界财富500强企业通用磨坊公司旗下的欧美知名烘焙品牌，一直为消费者提供优质的产品与服务，成为高质量、可信赖、乐于助人的代名词。那么如此成熟的品牌是如何一步一步发展起来的呢？

贝蒂画像图示

早在1921年，贝蒂Betty这个名字被选中，因为它是一个令人愉快的、会受全美欢迎的名字。而姓氏Crocker则是为了纪念通用磨坊的前身Washburn Crosby公司的董事William Crocker，一名女工提交的签名样本被认为是最有特色的，以她的签名为基础设计的贝蒂妙厨的logo也一直沿用至今。

1936 年，Betty 的画像首次投入使用，这幅画像是"混合了几位家庭服务部门成员的特征"的"母亲形象"。它多年来一直都在巧妙地发生着改变，但形象特征始终满足通用磨坊对美国家庭主妇的文化理解——"知识与关怀"。根据通用磨坊的资料，1996 年的 Betty Crocker 画像的部分灵感来自于"75 位不同背景和年龄的女性"的电脑合成图。Betty Crocker 的画像一直都是画出来的，并没有真正的人作为模特。

不管画像展示的是什么样的形象，最终消费者在购买使用产品时，都会感觉到是与一位名为贝蒂的母亲在互动。她就是一位邻家和蔼可亲的人，她的东西，感觉应该还不错！

基于用户体验的品牌个性可以考虑人格化，其具有如下几个特点。

（1）品牌不再定位于纯粹的精神境界，而是追求成为一个用户易于想象，容易类比的身边人。

（2）品牌希望传达给用户的，是一个平等的、可触及的感觉。

用通俗的话来讲，就是过去的大品牌都太超凡脱俗，不接地气，恨不得与用户不是一个境界的。但在体验管理模式下的品牌，就需要其具有"人情味儿"，品牌要以美好的形象存在于用户的身边。让用户在各个点的接触与互动中，能够自然地感觉是与某个真实的人物在互动，而不是对接着虚无缥缈的东西。这里的人物，其中也包含拟人化的各种动物和物品，就像我们常说京东和天猫的竞争，就被用户想象为猫狗大战。

在百度上，我们经常能够看到一些啼笑皆非的问题，而更令人啼笑皆非的是，这样的问题却总能得到正确的回答。

百度从服务开发到企业文化都十分鼓励这种全知的行为。用户找不到恰当的词语来表达时，可以求助百度；不会做某道菜时，可以求助于百度；有疑难杂症要求解时，可以求助于百度；有想了解的知识时，可以求助于百度……在这样种种独特的体验之下，百度便留给用户一个"无所不知"的品牌个性。因此大家针对百度有一句流行语"有问题找度娘"。

这是一个非常符合体验思维的定位。度娘是什么？一千个人有一千种想象，也许是女子、也许是大妈、也许是助理、也许是小弟。但无论将其想象成什么，至少说明一件事，用户已经将百度视为生活中活生生的一部分。用户体验里最重要的就是场景思维，那么百度的这个品牌定位，就让它很轻易地成为用户生活场景中的一个亲密角色。

成功的品牌体验会为用户带去一种由体验而产生的个体联想，就像百度的"度娘"、微软的"小冰"、360 的"鲁大师"、招商银行的"小招"……这种人格化需要依靠整体的体验场景来完成，让用户在亲切之余，愿意去倾听和理解品牌。

品牌个性的存在感解读

品牌的个性来自某方面最极致的体验。所以在塑造品牌的个性时，一定要先认识到品牌固有的个性，并对其进行深耕，最终形成品牌所特有的体验特点。

"大师"一直是苹果的品牌个性，因此我们看到苹果的产品设计全部是沿着极致创新的路线进行的，如果某一天苹果放弃极致追求，开始以工业生产为基本经营理念，那必将会影响到用户对"大师"这个个性的体验,这也是库克上任后大家不断对其提出质疑的原因。

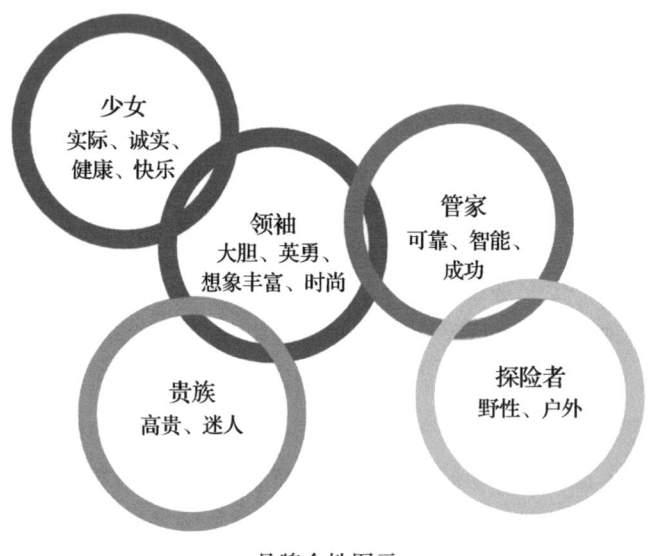

品牌个性图示

第 4 节　品牌活动,搭场景让用户表演

挪威 Bergen 市的宜家要搬迁至新址了。怎样才能让这次搬家变得更有趣呢?宜家决定邀请 Bergen 市的市民们,一起来帮忙搬家!

于是宜家发起了一个名为《搬家大行动》的活动。

宜家在纸媒、户外广告牌、网站、社会化媒体上都发布了这一召集令,并在网站上,请网友们认领他们感兴趣的搬家任务。

● 你想主持开业演讲吗?

- 你想在开业典礼上协助市长吗?
- 谁愿意在宜家入口处种下第一棵树?
- 谁负责宜家的顾客广播站?
- 谁想帮忙看管旧游戏室里的那几千个塑料海洋球?

……

这个活动很快传遍了街头巷尾,大家热闹地讨论着这个有趣的搬家活动。

然后,人们开始自愿去认领任务,甚至有的人为了能够参与活动,还主动创造出一些没被列出来的任务,比如,小朋友们想跳一支舞蹈、老人们想拉段手风琴、跳伞运动员想表演跳伞……人们纷纷在宜家网页上留言,都表示想为搬家出份力。甚至挪威最火爆的 Hip Hop 艺术家 lars vaular 也申请前来表演。于是宜家又在网上征集:谁愿意去机场接他们?这份好心帮忙人的名单越来越长。

在搬家的大日子里,这场开业典礼完全由志愿者和邻居们张罗,大家团结作战,每一个被完成的任务都得到了媒体的报道。

据统计,Bergen 市 20% 的市民都参与了这场活动,并且开业当天宜家商品大卖,打破了以往所有的销售记录。毋庸置疑,这绝对是一场参与度最高,宜家史上最成功的活动!

在营造品牌体验的过程中,将用户调动起来绝不是一件容易的事情。用户总是对商家推出的各种以推销和宣传为目的的活动显得漫不经心,甚至还会抵触和抗拒。但是,如果这是一场别开生面的活动,就很有可能将用户激发起来;如果再给他们一种精神上的刺激,那么他们就会乐于将这种刺激分享出去,宜家的

《搬家大行动》就是一个最好的例子。

一个好的品牌活动不仅能够吸引消费者的注意力，还能传递出品牌的核心价值，进而提升品牌的影响力。要想让品牌的核心价值为消费者所认同，关键就是要将品牌的核心价值融入活动的主题里面，让消费者在接触活动时，自然而然地受到品牌核心价值的感染，进而引起情感上的共鸣。

通常来说，要策划组织好一场品牌活动，我们需要做好以下几点。

1. 活动要有主题

就像讲故事要有中心思想一样，整个场景的设定也需要有鲜明动人的主题，好的主题才能快速地在用户心中构建环境，制造想象力。有了主题，才有更多易于构造的道具，如APP、空间环境、用品用具、宣传材料等。为什么那么多产品喜欢在娱乐项目中做植入式广告？比如开着阿斯顿马丁的007，喝着舒化奶的变形金刚等。因为植入式广告，就是最好的讲故事方法。从体验的角度来看，这些出现在真实场景中的产品，能够更好地让用户理解，并以场景化的思维模式将其记住。

2. 驱动用户而不是让用户旁观

要想形成口碑，就必须要寻找到利于传播的关键体验点，同时这个体验点要能够让人们和主品牌形成共振，这种共振是推动品牌塑造的重要形式。

什么是最好的共振？当然是让人们从旁观者变成参与者。宜家搬家的这个例子，就充分地建立了一个用户群策群力的场景，把原本应该由宜家来完成的事情，巧妙地转嫁到用户头上。这样用户一旦"深陷其中"，他又怎么可能不为这个活动代言呢？怎么不会乐在其中地将各种消息、经历都传播给别人呢？

小米营销模式的缔造者黎万强先生曾经说过，"参与感是小米成功的一个核心原因"。小米的品牌建设从种子用户到大范围的口碑传播，都是靠着用户的深度参与，从而打开了小米营销的新局面。

所以，互联网时代很多崛起的企业，都是依靠极致体验点的设定，先在一群用户当中实现了解和感知，之后再由第一批用户对产品和服务进行总结，得出一个主观的结论分享给其他人。用户的魔力在于一旦他们与某个企业或产品建立起了一种稳固的关系，他们就会让自己成为品牌组成的一部分，会自发自觉地帮企业摇旗呐喊。

3. 要考虑传播工具的可用性

可用性是产品体验设计时常被运用的一套体系，关于可用性的相关内容，第五篇会详细讲述。可用性在品牌传播时也同样适用，因为传播的主角变成了用户本身，他们在人们获知信息、辨识信息、转发信息时，都会需要与各种平台进行交互，例如，微站、H5页面、电脑甚至店铺里的终端机器。

所以企业主需要考虑用户在进行传播时所使用的平台是否易于学习、易于操作，例如，更容易的点击、更简单的录入与填写（例如，使用二维码）、更快速的操作、更易找到的功能入口、更容易接收和转发，等等。很多时候我们有了很好的传播素材、品牌口号或场景故事等，但是一到用户层面，由于传播工具非常难用，那么任何传播都会卡壳，这就是品牌传播工具的可用性出了问题。

第四篇

体验型业务蓝图的规划

X BUSINESS
INNOVATION

卓越的创新管理总是"道"与"术"的兼修。前面的章节讲的都是"道"层面的工作，例如，感性人的认知与分析，体验型商业概念的创新，这些都偏重于战略。从现在开始，我们即将进入一系列"术"层面的工作，从**业务蓝图**的规划，到**用户接触点**的设计，都是战术层面的落地实施工作。

体验经济时代的商业是一场用户的大聚会。在这个愉悦的商业历程中，用户除了简单地买买买之外，还会经历很多事情。这些经历如何排布、如何推进，都属于业务蓝图规划的工作。本篇就让我们开始这纵横交错的规划之旅吧。

业务蓝图规划			
四个旅程波次 4 Journeys	三种跨越 3 Cross	两个尖峰时刻 2 Rush Hour	一系列接触点 1 Touch Point Line
约会期 | 追求期 | 行动期 | 成就期	跨越身份 | 跨越任务 | 跨越平台	长板理论 | 初始高峰 | 结束高峰	旅程规划 | 接触区域 | 业务蓝图
	渠道体验 Channel Experience		
	结算体验 | 售后体验 | 物流体验 | 全程体验		

企业的业务蓝图

第13章

用户旅程成就商业的主线

第 1 节　为商业舞台编写一个完美的剧本

服装行业是与大家的生活高度相关的行业之一。说起"服装"这个词,首先映入脑海的总是时尚行业的标签——T台、模特、大片。但是如果去参观服装生产的源头,你一定会被服装产业的生产状况所震惊。终端店面里套在模特身上的漂亮衣服,在生产车间里像大白菜一样堆得遍地都是。同样与大白菜一样的,还有这些衣服的价格。随处可见几元钱的牛仔裤,二十几元的大外套。服装市场的庞大需求,并未能让这个行业脱离价格战的红海。

不过，在价格高度敏感的服装行业，却有一类业务活出了自己的空间，那就是定制服装业。一般人认为，买衣服无非就是量尺寸、选颜色、定价格。但是，如果从用户的视角去观察他们在服装方面的相关行为，就会发现买衣服并不仅有购买环节，还包括流行趋势了解、个人风格设计、服装尺寸确认，以及服装使用等。到这里事情还没有结束，像服装养护、饰品搭配等也是必不可少的环节。以上这些构成了完整的用户经历，其中只要有一个点没做好，用户就会对这个业务大失所望。

当你好不容易挑选好了衣服样式，却被欧美和中国尺码的不同所困扰时，一定不会太开心；当你想把一件衣服穿出总经理的范儿，却发现自己穿上后显得肚大脖子粗时，一定不会太高兴；当你发现辛辛苦苦从欧洲带回来的饰品无法与自己的衣服搭配时，一定会很沮丧……

定制服装几乎不存在这样的问题，该行业通过为用户的行为编写完美的"剧本"，让服务与服务之间环环相扣，为用户营造有别于常规的美好**用户旅程**。也许没有哪个点可以单独形成核心竞争力，但组合在一起却能让用户感到心满意足。

用户旅程是用户场景的核心，它承担着用户场景的推进逻辑。一个用户场景可以分解为多个用户旅程，而一个用户旅程又可以分解为若干接触点。

例如服装定制业务相关的用户旅程，包含如下8个经典的环节：相识、售前沟通、上门预定、制作、修改、收货、正式使用、后续跟进。这8个环节就是"剧本"的8个篇章。

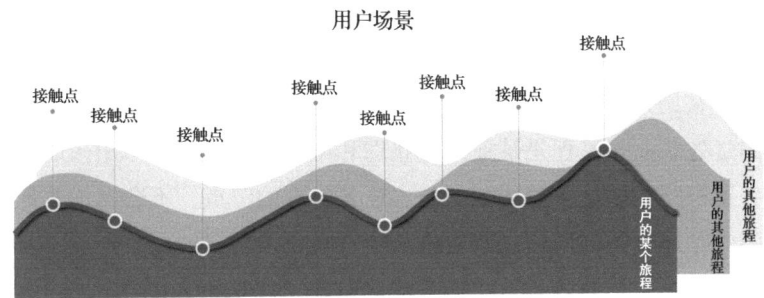

用户场景与用户旅程

定制服务的用户旅程就是由这 8 个环节组成的。从这 8 个环节还可以推导出 20 个接触点：接受广告、观看在线演示、协商服装用途、沟通服装风格、接受上门测量、协商服装材料、沟通个人标识、现场支付、获得订单契约书、等待服装制作、沟通服装饰品、接收上门送货、试穿及意见、等待衣服调整、收到正式服装、接受穿着训练、服装日常使用、服装清洁咨询、要求服装改型、二手服装回收。用户经历完这 20 个接触点，才算是将剧本完整地经历了一遍。这种经历，不就是希望用户感受到的美好旅程吗？

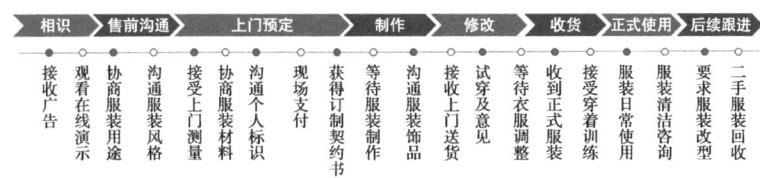

定制服装的用户旅程与接触点

用户旅程就是企业为用户准备的演出剧本，它安排着商业大戏的序幕、剧中、高潮与结束。企业通过对用户旅程的设计或改造，为用户呈现卓越的"剧本"，最终完成企业业务的优化。

第 2 节　用户旅程是因，业务流程是果

在用户研究环节，我们曾经提到过用户旅程与业务流程的不同之处。业务流程是从业务完整性和可行性等角度规划出来的业务执行路径。业务流程聚焦于本业务特有的节点，不会考虑其他的共存环节。而用户旅程则是从用户视角勾勒出的用户经历，其中既包含了与业务相关的环节，也包含了与业务无关但对用户来说很重要的环节。

今天在规划蓝图的时候，特别需要理顺用户旅程与业务流程的关系。在以用户为中心的创新模式中，一定是先有用户再有场景，然后再从场景中衍生出用户旅程，基于用户旅程再推导出业务蓝图。从这个逻辑中我们能够明显地看到，**用户旅程是先于业务流程诞生的**。这也非常符合用户视角的原则，**应先考虑让用户过上什么样的生活，再考虑以什么样的业务形式来帮助用户过上这种生活**。

下面来看一个生活中特别常见的例子。如下表所示的是一份新郎新娘手中的婚礼流程清单。其中每个环节的主角都是新人及其结婚团。

新人手中的婚礼流程清单

时间段	流程	主要内容	相关人员
5:30	新娘、伴娘化妆	化妆师为新娘、伴娘化妆	新娘、伴娘
7:00	新郎准备	带着捧花和伴郎碰头，前往新娘家	新郎、伴郎
8:00	新郎进门到位	新娘家人考验新郎，新郎向伴娘发红包	在场全体人员
8:30	现捧花	新郎单膝下跪向新娘献捧花	新人双方
8:45	拜见新娘父母	新人给新娘父母敬茶，父母回礼	新娘父母
9:00	出门	与新娘父母道别，前往婚宴地点	新人、父母
……			

下表所示的这份则是婚庆公司的婚礼流程单,这份清单的主角是婚庆公司的工作人员,主要描述了婚庆公司主持婚礼的业务逻辑。

婚庆公司手中的婚礼流程清单

时间段	流程	主要内容	相关人员
4:30	化妆	化妆师准备好一天的工具,司机用工作车接化妆师到新娘家	化妆师 司机
6:00	装道具材料	道具师从库房取出婚礼所需的各种道具,并去花店取回婚礼所需的各种花品	道具师 司机
7:00	主持人到位	主持人自行到达新郎家,与新郎沟通注意事项	主持人
7:30	车队到位	车队总管带领车队至新郎出发点,并检查车辆情况	司机
8:00	运送接亲团	车队将接亲人群运送到新娘家	司机
8:10	接亲暖场	小工提前铺好鞭炮,按指令点燃鞭炮。主持人提前在新娘家门前就位	小工 主持人
……			

这两份清单都是针对同一场婚礼,却反映了同一件事情的不同角度。第一份清单讲述了婚礼的主角会如何经历婚礼,它基本等同于结婚这个场景的**用户旅程**;第二份清单讲述了服务于这场婚礼的幕后工作者该如何安排工作,这相当于是婚礼的**业务流程**。

这两份清单都写得非常完善,那么一个有趣的问题是,这两份清单在起草时应以谁的安排为主呢?结论显而易见,一定是先有了婚礼的用户旅程清单,然后再基于这份旅程清单衍生出一份实用的业务流程清单。

由此可见,用户体验模式下的创新工作,**先创造性地设计用户旅程,然后才梳理对应的业务流程**。原点还是基于希望为用户塑造什么样的生活方式，然后再围绕着这个目的去打造业务链路。这与传统的"以渠道为中心"或"以产品为中心"的工作思路具有很大的不同。

业务流程和用户旅程，就像我国传统文化太极的阴和阳。用户旅程是阳面，它是用户直接接触和感受到的那一面；业务流程是阴面，它是在后面默默支撑的一面。用户旅程与业务流程是背靠背的关系。若没有用户旅程的布局，则业务流程将无从谈起。若没有业务流程的实施，则用户旅程也难以兑现。

以前企业在对业务模式进行创新时，总是习惯性地将对业务流程的规划和打磨视为创新的起点。如今则是采用更为先进的用户体验创新方法论，引入用户旅程这种新的概念和思想，创新都是优先围绕用户旅程来展开的，创新路径的因果关系也因此发生了变化。对新方案的各种思考，首先都应倾注在用户旅程的规划和打磨上。

只有先具备了有竞争力的用户旅程，后续才会开始企业侧的业务流程研究和推导。这时的业务流程反而变成了被动的产出物，它是随着用户旅程的设计方案而产生的。这也是以用户为中心的思想在创新的因果关系上所产生的变革。**通过用户旅程衍生出的业务流程可以避免日趋复杂的业务规划与用户的需求脱节。**

那些在市场上耕耘多年的企业，比如电信运营商、银行保险机构等，在业务流程方面一般都做得比较规范。但是，这个"规范"仅指业务流程完整且可控，对用户却往往不够友好。这其中常见的原因就是，以前沉淀下来的业务流程思维影响了对用户的关注。我们现在需要改变习惯，先展开用户旅程，然后再设计对应的业务流程。

第3节 打造卓越旅程的"4321工作法"

用户旅程在本书的体系中曾出现过两次:第一次是在用户研究阶段,用来记录现状,也称为**用户旅程现状图**;第二次是在本章的开始,我们要撰写新的用户旅程,这次可以称为**用户旅程规划图**。

打磨卓越的用户旅程有一套成熟的方法,我们将它称为"4321工作法"。

(1)**划分4个波次**:整个旅程划分为4个波次,分别对应于用户从陌生到熟悉的过程。根据用户的心路历程,不同的波次将为用户提供不同的应对方案。

(2)**探索3个跨越的可能性**:对各种跨越性的研究,是为了打破常规,为用户旅程寻找更多潜在的价值区域。更多的价值区域就意味着更多的接触点。这种跨越性可以带来很多变化。例如,如何让业务从低频变为高频,如何让业务从边缘服务变为核心刚需。

(3)**创造2个尖峰时刻**:动人的用户旅程就像一首交响乐,一定要有起伏与层次。制造尖峰时刻可以让用户获得深刻的感受,塑造记忆深刻的闪光点。

(4)**落地1系列接触点**:前台的用户旅程规划,最终需要后台业务来作为支撑。要想让用户旅程与业务蓝图产生紧密和谐的连接,还需要通过一系列的接触点设计来完成融合。

本篇将详细阐述"4321工作法"的运用。这套方法看上去挺复杂的,归根结底是在为用户旅程的设计做好两件事:寻找新的体验点和优化现有的体验点。

| 第14章 |

四个旅程波次，让用户落入你的口袋

我们在做规划的时候，一般会对业务抱有很多期望：期望可以更好地俘获新客户，期望用户能够舒服地使用，期望用户热衷于传播……那么，从用户心智的角度来讲，将这些长长的用户旅程组合在一起，到底有没有规律呢？

很多时候我们对于业务的设定过于理想化。总幻想着用户与品牌接触之后，就会一步一步地按照我们设定的剧本来执行，不离不弃，但很多时候现实却是完全相反的。在为用户们准备了这么多好的产品和服务之后，他们为什么就不愿意买单呢？

中国有句古话"一波三折"，用于比喻文章的情节结构起伏曲折，或者是事情在进行中发生了很多变化。在商业逻辑中，为了达到目的也不是直奔目标的，一定会有一个循序渐进的过程。**即便我们的目标再清晰，也做不到直接将用户"空投"到目的地**。企业与用户的相处仿佛是一个恋爱的过程。从相遇、相识，到最后成功牵手走到一起，中间需要经历一个漫长迂回的交往过程。这个过程，就是用户旅程的 4 个波次，如下图所示。

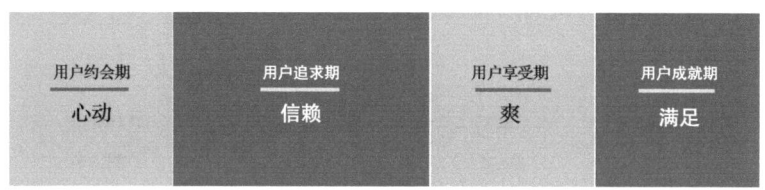

4 个波次与用户的心路历程

第 1 节 4 个波次是新的业务增长逻辑

传统营销方式的业务链路是一个正向的漏斗，人群从多到少地逐渐递减。这个模式认为，用户会经历从**不知道品牌、知道品牌、熟悉品牌、到信任品牌、跟随品牌**等一系列的转变，这是大浪淘沙的过程，如下图所示。这种方式的视角还是以企业为中心，由企业来宣讲，用户被动地聆听和接受，然后产生品牌忠诚度的变化。在这种模式之下，广告宣传就变得非常重要。

传统模式：影响的人群按阶段依次减少

而**体验经济下的业务链路则是一个反向的漏斗，是一个从陌生到熟悉，人群逐渐递增的过程**，如下图所示。在以用户为中心的商业逻辑中，企业在幕后，用户在台前。用户是主角，所有的业务设定都是围绕用户这个主角创造美好的场景，提供极致的产品与服务。每个环节都通过卓越的用户体验捕获用户，从而带来用户群的增长，也激励着用户进行二次传播。在这种模式下，体验设计和运营就会变得非常重要。在很多创新项目中常见的冷启动加裂变模式所遵循的就是这种思路。

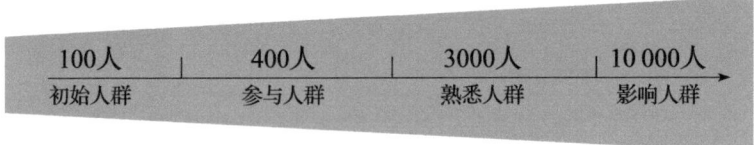

体验模式：影响的人群按阶段依次增加

第2节　用户约会期：以用户型价值打动用户

我们与用户的初次接触是整个业务的起点。当用户第一次接触到我们的产品或者服务时，如何完成从陌生到破冰的过程？在这个过程中我们应该关注什么？

这个阶段的关键词：**心动**。

1. 初级破冰能力：用户视角的价值露出

初次接触时，企业与用户之间就像开始了第一次约会。人们喜欢用"第一印象"来判断两个人的第一次约会成功与否。初次约会时，是无法在很短的时间内了解对方的全部的。于是第一印象的好坏，基本上是判断这个关系是否值得继续发展下去的重要依据。好的第一印象往往来自让人触动的片段和瞬间，例如，良好的形象、得体的谈吐、大方的开销、值得回味的动作、有意思的小物件等，可能都是约会时的加分项。

这些加分项本身也只是表面现象，用户看到这些细节之后，会在内心进行信息的处理。还记得我们在第二篇用户家族里讲过的隐形动机吗？为什么约会的双方会在意这些表面现象，其实是希望通过它们来判断：**跟你在一起，未来的我会不会过得更好**。通过穿衣和举止，能看出对方是不是个能让生活有品位的人；通过待人和接物，可以看出两人在一起时的相处融洽度；通过付账情况，可以看出未来能不能支撑起家里的开销。

在用户约会期，企业希望通过第一印象抓住用户的心，但实际的结果往往事与愿违。下面我们来看看很多企业在与用户第一次打交道的时候是如何"呈现"自己的。

我们这个产品是本行业的第一台无线产品。

我们的功能在技术上处于领先状态。

我们的员工有 30% 是博士。

我们获得了 20 次国际大奖。

这些都是大家耳熟能详的一些广告语，它们有一个共性：不断地强调自己的企业有多好。可是这样真的有效吗？

我们经常调侃，勤劳的理工男为什么常常找不到女朋友。因为许多理工男都是技术控，有人在约会的时候，会不自觉地花很多时间向约会对象讲述自己新学的一门编程语言；有人会滔滔不绝地讲各种黑科技的前世今生；有人喜欢分享当今世界的技术已经发展到了多么先进的程度。面对这种场景，女孩子的心中不禁会嘀咕:"你的世界技术再强大,与我未来想过的幸福小日子有关系吗?"

这是不是很像我们的企业与用户初次接触时的情形?当我们的用户已经进化到为自己的感性需求而活的时候,再接触这种自吹自擂的信息,他们并不能直观地感受到企业的价值。因为用户看不明白,你的产品或业务如何才能让他们未来的生活变得更美好。他们认为企业的强大,不等于对用户的好。用句流行的话来讲,那就是"你的光芒,与我何关?"。

所以,用户旅程的第一波次要达成的小目标就是让用户接收到**用户型价值**。

企业型价值与用户型价值对比

企业型价值	VS	用户型价值
以企业为展示核心,突出自己		以用户的获得为核心,突出用户的收益,并且能够上升到提升生活和工作的高度

企业务必要让用户明白:"**我会让你过得更好**"。很多企业都不曾这么思考过,这是思考角度的问题。这句话说起来简单,其实它包含了好几层含义,请看下面的拆解与分析。

(1)"**过得更好**"是生活好,而不是指经营好。

(2)是"**你**"过得好,要把用户当主角。

(3)是"**我**"会让你过得好,企业的使命是成就用户,而不是展现自己。

现在回到原点,企业需要通过一些手段在用户接触这个阶段不断向用户强化:"你未来有可能过上美好的生活,这个可能性就在我这里,你可以过来拿走"。下面是一些经典的表达,在此列出以供大家参考。

(1)由于我,你可以有更高的层次。
(2)由于我,你可以有更多的收益。
(3)由于我,你可以有更少的拖累。
(4)由于我,你可以更好地释放你的兴趣。
……

电视是我们日常生活中经常见到的产品,我们经常会看到各种电视新品的广告,比如"世界上第一台 4k 电视""第一台搭载 A9 处理器的电视""屏幕更加艳丽的电视""装载了很多应用的电视"……

小米作为一家生态型的互联网企业,电视是它重要的生态分支之一。小米在推出它的第一台电视的时候,并没有像其他友商一样选择去描述电视机本身的某个特点,而是选择了一个很有打动力的口号——年轻人的第一台电视机。这在用户接触阶段留给用户特别好的第一印象。

当用户与小米电视第一次接触后,就快速建立起了认知:这是为我的生活准备的。它通过年轻人这个语境,将在外打拼、租房之类的生活场景都隐含地表达了出来。通过"第一台"这个语境,还会产生"建设小天地"的关联暗示。用户看到这个信息时,往往会产生联想,会想象这个产品放在自己家里的感觉。

随后,小米在各个产品线都频繁沿用着"年轻人第一个 XXX"的范式,都是希望给用户建立类似的第一印象。

当然,并不是说企业展示自己的能力不妥,而是在今天,这种展示只是基本功,让企业的工作达到及格水平而已,不会起到太多的加分效果。希望向体验经济靠拢的企业,基本上都有一定的经营能力。在展示自己强大无敌的这条道路上,各家的手法和效果已经高度趋同。所以只展示企业的优秀,并不会让企业在用户面前变得独树一帜,我们需要的是更好的新视角。

2. 高级破冰能力:证明自己而不是说教

在接触用户时的破冰阶段,我们若能够做到传递用户型价值,这就已经是非常了不起的变化了。不过,为了更牢固地抓住用户,还可以继续提升我们的业务表现。

前面打过一个比方,用户触动期就像与用户的第一次约会,心路历程是一样的。我们可以通过对方的行为举止来做初步的判断,这段关系是否值得继续发展下去。但是,人的心思是很复杂的,看到对方让人满意的表现之后,我们可能还会进一步琢磨,这些不错的表现都是真的吗?

网上有一个热帖,一个小伙子相亲时,姑娘问了他一句:"你家车库物业费多少啊?"姑娘肯定不是个车迷,人家只是想从侧面证明你说的家庭条件是不是真的。

我们还能看到很多有意思的互动:

当你表现得衣着得体时,对方会来一句:"呢子衣服的保养是个事儿",这是想通过你的反馈来判断你是不是真的了解穿着。

当你表现得温文尔雅时,对方会有意无意地逛到一个乞讨者旁边,放两个硬币进去,看看你的反应是漠然还是柔和。

当你表现得教育程度很高时,对方会特别认真地向你请教读博士学位哪个专业比较好。这是想看看你是否真的经历过那些求学过程。

上面这些反应看似复杂，其实都是正常的人性表现。人们需要通过某种方式来确定自己接收到的信息是正确的。所以**在用户接触阶段，更高级的方式就是证明我们自己所表达的优势是确实存在的**。

为了传达用户型的价值，企业不能仅局限在品牌营销宣传这种传统环节。用户体验战略一贯的观点是：大嗓门不如好表现。说什么并不重要，关键要看怎么做，鼓励用业务本身来说话，让用户自己去肯定业务。

汽车有上百年的历史，中间经历了很多的技术革新。从最早的奔驰，到后面的几大美国品牌，再到现在国内众多的自主品牌，汽车产业一直在蓬勃发展，但汽车本身的基本形态却几乎没有太大的变化。任何一辆车，都绕不开车身、发动机、控制系统、内饰等基本模块。所以，市面上的汽车，在耗油量、加速度、面板功能等基本参数上的同质化非常明显。

所以，用户开始自发地去寻求其他的区隔方式，逐渐地，市场上就形成了不同的车系和流派，例如，日本车省油，美国车宽大，德国车安全、结实、用料好，等等。

德系车厂家想抓住车身结实这个卖点来打动用户。那么，如何才能将这一点传达给用户呢？厂家最初选择的方式是用广告进行大规模地轰炸，不断地通过视频、文字等方式来强化产品的车身优势。这个方法在初期有一定的效果，后来各个竞争对手也如法炮制，不断地传递同类信息，消费者很快就变得麻木了。

当发现这条路走不通后,德系车厂家选择了另外一个方法:在用户接触的时候,让产品自己来说话。为了突出车辆自身钢材与结构的优势,企业不可能在每一个用户来看车的时候都将车身切割开给他看,也不可能像化学家一样,带着用户取下车身上的一块钢材,然后化验里面是否含有那些高科技的成分。德系厂家抓住了一个着眼点,那就是关门的动作。他们安排专业的工程师,专门打磨车门的开关效果。为了让用户能够感知车身的厚重,车门开关的力矩,需要被调教为既不艰涩也不过于顺滑。车门开关的声音,也需要被调教为厚重而不是清脆。这样,当用户自己在试驾这辆车的时候,通过手感和听觉上的反馈,就会不自然地得出企业想要的那个结论:这辆车真的是用料很好。

综上所述,请记住这个重要的原则:**在用户接触期呈现给用户的业务(产品),不仅是为了给用户使用,还需要背负自我证明的使命**。这就意味着为了达成接触期的使命,业务的设定会有一些"务虚"的要求。就像德系车的关门声,虽然对汽车驾驶并没有帮助,但为了让用户更好地认可业务,这种设定就非常有用。于是,我们的产品需要一些特别的功能,服务需要一些特别的环节,最终**让产品和服务为自己代言**!

综上所述,用户接触期的工作重点总结如下:树立用户型价值,然后主动设计针对性的环节,让业务在用户面前能够自己证明自己的价值。

第 3 节　用户追求期:与用户共建情感账户

若在用户接触期就打造了良好的第一印象,而没有把用户吓跑,那么企业就算是取得了初步的成功。下一步企业就可以开始将自己的业务推销给用户了吗?理想总是美好的,现实总是残酷的。用户在看到广告、阅读软文、试用样品之后,就会马上选择你的业务了吗?不会的!我们一定要明白:用户留下良好的第一印象之后,并不等于就能顺利地将他们引导到核心业务。他们往往会离开我们的视线,甚至在一段时间之后淡忘我们。

就像谈恋爱一样,即便第一次约会成功了,你也不可能立即牵到女神的手。虽然好的第一印象是有利的,但是对方还不能完全相信和依赖你。为了让这段感情升温,你需要创造更多的机会去稳固这个单薄的关系。

用户旅程也是这样,经过了接触期后的用户关系依然是比较脆弱的。这时还不能期望用户会直接、全面地使用核心业务或产品,强推依然会将用户吓跑。我们需要规划捕获用户的第二个波次:**完成从认识到信赖的过程**。

这个阶段的关键词:**信赖**!

这个阶段的背后,蕴含着又一个人性的模型——**情感账户**。

情感账户是心理学中用来描述人际关系的经典理论。它对人际关系做了一个很好的隐喻,人们在初次相识时,两个人的关系之间就开设了一个看不见的情感账户。双方的互动,都是对这个情感账户的操作。好的互动是存钱,坏的互动是取钱。两个人的关系亲密度,取决于情感账户里的"存款"是多少。

企业与用户之间也一样存在着情感账户,这个账户影响着用户对企业的信赖程度。所以,企业需要持续地维护情感账户,成为在用户心里存款最多的那一类品牌。

情感账户示意图

为了保证有足够的情感"存入"行为,在用户追求期这个波次,企业需要提供一些**轻量级**的解决方案来解决用户的简单痛点,让用户卸下防备,开始愿意与企业多次交流,然后让用户逐步喜欢并且习惯企业的服务,最终与企业之间建立信赖关系。这个阶段就像恋爱中的青涩时期,时不时向女孩子送一朵玫瑰花,加班时接送一下,生日时准备个小惊喜,逐渐地俘获女孩的芳心。

我们应该提供哪些轻量级的方案(产品或服务)呢?

这就要回到第二篇章里提到的用户研究。在研究洞察阶段,企业已经发现了用户的很多痛点,其中,超级痛点会催生核心业务。而超级痛点周围还有一些小痛点,它们也代表了用户的一种需求。这些需求解决起来并不是很复杂,非常适合用来做用户追求期的对接。

巴黎欧莱雅（L'OREAL PARIS）是欧莱雅集团里知名度最高、历史最悠久的大众化妆品品牌之一，主要生产染发护发产品、彩妆及护肤产品，其出众的品质一直倍受全球爱美女性的青睐。巴黎欧莱雅拥有一流的药学试验室和皮肤学中心，还有遍布全球的研究测试中心，产品研发能力使其能够不断推出适应全球不同需求消费者的优质产品。

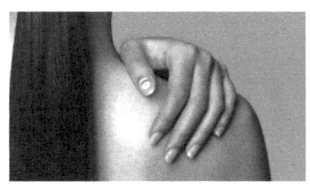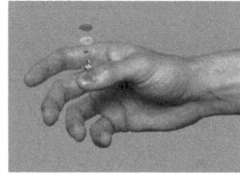

巴黎欧莱雅的 UV Sense 图示

欧莱雅有个产品系列主要是针对日照紫外线的皮肤护理，指数从 SPF30 到 SPF50 不等。从前这类产品的市场活动都是铺天盖地的广告，但这一次欧莱雅选择了另外的方式。

欧莱雅旗下领先的护肤品牌理肤泉与全球知名设计师 Yves Behar 进行设计合作，再加上全球领先的可穿戴技术公司 MC10 联合研发，共同完成了一个很酷的科技产品——UV Sense。

UV Sense 是首款可测量个人接受紫外线照射量的无电池可穿戴电子传感器。它的厚度小于 2 毫米，直径为 9 毫米。UV Sense 可贴合在大拇指的指甲上，这样传感器就可以通过获得最理想的日光照射来记录和跟踪紫外线的照射情况。它最多能存储 3 个月的数据，并显示长期的照射趋势。

UV Sense 还配有一个手机应用程序，能通过"近场通信"（NFC）技术传输和解读来自传感器的数据。这款应用传达的信息易于消费者理解,并能详细告知他们何时应留意紫外线照射,应用中包含的数据档案还可描述出用户接受紫外线照射的等级。多停留在阴凉处、补涂防晒霜等安全防晒习惯将受到鼓励,用户也会获得有关日光照射和防护的相关贴士。

当用户习惯了长期使用欧莱雅的这个产品时,他们会不自觉地被欧莱雅的品牌号召力所影响,最终多半会成为欧莱雅的忠实用户。

在这个例子里,欧莱雅的 UV Sense 并不是企业的核心产品。甚至使用 UV Sense 的用户也不一定是拥有欧莱雅化妆品的客户。欧莱雅就是针对用户检测紫外线的小痛点,单独设计了一个完整的产品。欧莱雅的这个布局充分说明,在试图让用户深入使用核心产品之前,可以先尝试与用户建立信任感。这个酷酷的 UV Sense,会让用户对欧莱雅刮目相看,以至于对欧莱雅的其他核心产品也会产生信赖。

能够与用户产生互动的"小痛点产品"并没有固定的模式,都是从用户现有的状况推导出来的。我们试着总结出了一些常见的方法在此列出以供大家参考,如下表所示。

寻找"小痛点产品"的方案

小痛点方向	可能的互动方案
不觉得有需求	给用户一个工具,让他们自己去发现问题 举例:为了突显可乐对牙齿的伤害,可以用石膏做一个杯子,让小朋友自己装可乐看效果
看不懂某些专业知识点	以某个细节为蓝本,做一个对应的小产品 举例:小米为净水器配备的水质检测笔
产品选择太复杂	提供管理助手,让用户从自身的需求倒推 举例:保险公司为用户提供的车险选择器

实际项目中，笔者曾遇到过一些企业零散地在这个阶段做过一些尝试，但最终效果并不是特别好。这不是因为这个阶段失去了效果，而是因为做事的方式、方法无效。就以向用户发送生日祝福为例，用户生日当天，各个开户银行、基金公司、保险公司、商场等都会向用户发来生日祝福。本来这是一件好事，但如果用户在当天收到了几十条几乎一样的祝福短信时，他们的第一感觉会觉得这种问候都是不用心的，并不会产生好感。出现这个状况是因为大家没有意识到，**做过和做好是有很大的区别的**。如何才能够做好，将在后面的接触点体验管理的篇章里详细阐述。

用户追求期是整个用户旅程的第二个阶段，也是最容易被企业遗漏的阶段。第一波次的用户约会期，企业至少知道通过营销来重视；在第三波次的用户行动期（正式使用阶段），企业也会重视产品核心功能的打造。但企业往往会忽略用户追求期的重要性，绝大部分企业在这个阶段的产品和服务都是空白的。否极泰来，这被遗忘的角落也给企业留下了可以发力的新区域。

如果在用户追求阶段能够让用户顺利产生信赖，那么企业就可以准备端出"大菜"——让用户进入核心业务阶段了。

第 4 节　用户享受期：完美执行中让用户掏钱包

只有在用户对企业产生足够的信任之后，企业才有机会让用户使用企业的核心业务，包括产品的购买、产品的日常使用、专业服务等比较复杂的业务模块。这个波次所涉及的业务是企业的主战场，是企业实现收益或者占据市场份额的主要部分。例如，快消品行业让用户购买产品，金融行业让用户走进营业厅理财，汽车行业让用户购买车辆，旅游行业让用户参团旅游等。

这个阶段的关键词：**爽**！

这个阶段就像你和女神恋爱很久，终成正果步入了婚姻的殿堂。你开始履行婚姻的承诺，在各个方面为对方提供有质量的生活，让她真正获得想要的幸福。

这个阶段是用户体验落地的重头戏。从遵循用户体验的管理思想开始，对接触点进行合理的规划，为每个接触点设计极致的产品和服务体验。让用户的核心痛点在这个波次得到极好的满足，最终产生愉悦的感受。

在产品层面，企业要按照**产品体验四要素**来打造优质的产品。产品体验四要素主要包括：在产品**内容体验**方面，为产品提供符合认知、看得懂、有意思的内容。在产品**功能体验**方面，让用户被丰富的功能围绕。在产品**易用性体验**方面，让用户容易上手，快速使用，没有挫败感。在产品**情感性体验**方面，让用户享受赏心悦目的漂亮产品，使用过程也充满愉悦。这些都是产品可以发力的方向。

在服务层面，我们要充分管理员工的体验；在服务对接、服务授权等方面，充分规划出符合体验视角的流程与规范，让服务这个软性的产品也能够给用户带来惊喜。

我们将在第五篇中详细阐述产品和服务的体验管理方法。

第 5 节　用户成就期：帮助用户走出孤岛

用户在充分地体验过你的产品和服务之后，不管是充满认可还是充满抱怨，都不会到此结束。在这个信息传播高度发达的年代，用户们还有分享自己感受的欲望。

还是以两个人的爱情历程来打比方，两个人结婚后（完成用户享受）开始日复一日的过日子，必定会有很多感悟。老婆大人一定会进行如下两种对外的连接。

第一种对外连接是自己的分享。在闺蜜聚会时，过得幸福的会有意无意地对外分享自己的生活状态，讲述自己经历过的那些闪光时刻，展示温馨的小物件。

第二种对外连接是听听别人的故事。了解一下与自己相同经历的朋友过得如何，有哪些有趣的地方。也许还会暗自比对一下还有哪些生活环节是可以变得更好的。

这个阶段的关键词：**满足**！

当我们为用户提供了完美的业务之后，接下来就要考虑如何满足用户对外连接的需求。这里的"连接"是为了让用户不再停留在自己的孤岛里，所以"连接"是双向的，不仅是指用户要对外表达自己，也要帮助用户看看外面相关的世界是怎样的。

为了成就用户对外的双向连接，我们需要做好如下的两项工作。

1. 帮助用户完成对外的呈现

有一次，在某个网红餐厅就餐时，笔者一行应该是当天晚上最后一拨客人，准备离开的时候，餐厅已经开始打烊，服务员将所有东西都收拾得差不多之后，聚在大堂的一角列队，一位年轻的领班正在给大家讲着什么。

这么晚了,餐厅还在进行培训?笔者出于好奇,就走过去打探一下,于是笔者听到了下面的这些内容。

- 环境亮不亮不重要,客人的脸一定要在明亮的地方。
- 不要把所有的东西都放到镜框里,只需要突出客人和几个重要的菜就好。
- 注意看边上的人,不要出现手脚没有放进来的情况。
- 不要露出一大截地板,下面拍到椅子就差不多了。

原来这家网红餐厅正在为服务员培训如何帮助客户拍照片。由于这个餐厅的环境很有特色,菜品也非常好看,所以客人都很喜欢拍照发朋友圈。很多时候客人自己拍不了,就得寻求服务员的帮助。这时,能否帮用户拍摄一张美美的就餐照片,让用户可以得意地对外分享,就是整个就餐体验的一个重要环节。

当用户有对外表达的需求时,我们不能仅仅鼓励他们,还应该主动为用户准备好素材。这些素材包括漂亮的环境、特别的印刷物、有趣的人员打扮,等等。我们还可以帮用户准备好话题,例如,"XX来过的"、"XX地区非遗"、"XX的老家"等,这些都是能让用户用来快速对外分享的素材。让用户在不用准备和思考的情况下,也能对外获得不错的展现,这不就服务好用户了吗?

用户体验一直遵循着反精英化的思想,我们认为大多数的用户都是普通的,在审美、表达、撰写等方面,都并没有高于常人的能力,所以对外连接时为了成就用户,**就是让平凡的用户看起来比真实的自己更"好"一些。**

2. 将外部的世界拉到用户眼前

除了帮助用户将自己的情况分享给外面的世界之外，企业同时还应让用户看到在类似的场景里，外面的世界正在平行发生的事情也很吸引人。

线上店和线下店的体验各有千秋，线下店虽然提供了远超线上店的感官感受，可以触摸，嗅闻和掂量，但线下店最大的硬伤就是连接性非常的弱。比如，用户在一个美轮美奂的餐厅就餐完毕后，并不知道在这张餐桌上曾经还有谁来过，也无法知道在这张餐桌上曾经发生过哪些有趣的故事，这就让用户成为这个场景的**孤岛**。

我们期望为用户提供更多的连接性，这里是社会学的**羊群效应**在起作用。有的用户性格比较合群，他希望自己的行为能够符合大多数人的选择。有的用户性格比较独立，不愿意参考别人的意见，但这并不意味着他不想知道别人在做什么。这些独立倾向的用户，往往会选择用上帝的视角去看待别人，其实他依然还是想知道别人在做什么。

可以告诉用户的外部事情有很多，下面列举几个常见的例子。

（1）**有多少同类者**：各种视频和音乐应用会告诉用户，每部电影或每首歌曲的播放量、收藏量等数据。这些数据在某种角度上代表了流行的趋势，用户可以通过别人的这些数据来判断自己是否生活在一个主流或非主流的群体里。

（2）**别人玩出了哪些新花样**：GoPro 作为一款热门的户外运动设备，专门用来拍摄极限运动的视频。但大部分人其实并不知道如何用好这个产品，于是 GoPro 频繁地向用户推送各种运动达人拍摄的视频，让用户们看到 GoPro 出现在滑雪场、潜水地、攀岩处、越野骑行等极致的环境里。从而告诉用户，加入 GoPro 大家庭后，还有很多拍摄的可能性。这个方法拉动了很多新顾客的加入。

（3）**其他用户有哪些感受**：有些民宿总是被人评价为很有人情味儿。其中有个细节，民宿的主人会在每个房间放一个牛皮封面的笔记本，鼓励每一位住客留下自己的感想或者涂鸦。当亲历了数十位住客的涂写之后，下一位住客看到这个笔记本的时候，就不会觉得自己是一个孤零零的来客，而是在时空上跟很多有趣的人连接在了一起。

帮助用户进行连接的地方还有很多。通过对用户旅程的梳理，里边还有不少的接触点都会产生信息和数据，这些都可以按需展示给用户，让他看到外面的世界。所以当核心业务顺利完成之后，不要让用户戛然而止。应该通过合理的旅程延续，试图加入连接的可能性，为用户的心思寻找出口。这应该就是用户最欢喜的时刻吧。

到这里，四个波次已经阐述完毕。如果这时再问你，咱们的业务就是一次性的买卖吗？你现在应该明白并不是一次性的。在业务的四个波次里，第一个波次承载了证明自己的使命，第二个波次承载了建立信赖的使命，第三个波次才是真正地促成业务使用并产生收益，第四个波次又承担了帮助用户去展示自己连接他人的使命。要拆解为四个波次，本源不是因为业务有多复杂，归根结底还是因为用户的心路历程复杂。要让他们成为我们的好用户，就得正视这么多起起伏伏的历程。

|第15章|

三种跨越思维，让业务更高频、更丰满

　　四个波次向我们展示了体验路径的基本套路，在未来随着体验经营思想的普及，大家都会按照这个套路来规划。四个波次就像是用户旅程中的四块画布，有了这四块画布之后，还需要在每个画布上绘制吸引人的色彩，这动人的色彩就是每个企业自己业务线的独特竞争力。下面两章将为大家带来**三种跨越**和**两个尖峰时刻**的创新思想，这是最能体现企业差异化价值的方法。

　　企业在创新时最大的挑战，不是看不懂自己的行业。而是一直都很懂，但不知道自己在什么地方可以超越同行。看看下面有没有列出你曾有过的抱怨。

单薄的发力机会 = 现有业务过于低频，缺少运作机会
现有业务太常见，用户觉得枯燥无味
业务领域太细窄，觉得没意义

出现上面这些问题，是因为缺乏更多有价值的机会点。当我们试图保持业务的增量，试图创造让用户喜欢的场景时，就需要从下面三种跨越的思想来开拓新机会。这三种跨越的分析法则，进一步体现了以用户为中心的思想与传统方法的不同之处，是基于用户视角的更高阶分析方法。

第一跨越，**跨越身份**：去满足人们同一时空里并存的另外的身份意图。

第二跨越，**跨越场合**：放宽时间的边界去捕捉更多的机会。

第三跨越，**跨越平台**：用不同平台的特点，去应对用户不同的旅程状态。

三个跨越这样的一种分析视角，其背后所蕴含的逻辑是：**人是多元的**。在任何时刻，用户都是一个复合体。他不是工厂里的一条生产线，在某一时刻只能按部就班地为完成一件事情而存在着。用户之所以是活生生的人，就因为他们是复杂的，他的脑海里和身体上总是共存着很多要素。

在这里应升级一下"以用户为中心"的定义。**以用户为中心，不是以用户世界里与企业相关的那部分为中心。而是认可用户的全部，以用户现有的全部生活和工作为中心**。所以我们需要跳出自己的行业，从更多的视角来审视用户真实的生活和工作状态，刚需往往隐藏在那些地方。

其实，三种跨越的思想在用户研究的时候也可以运用。用这

种跨越去指导我们研究的目标范围，能够洞察到更丰富的用户现状，推敲出更多的潜在机会。

下面让我们详细解说三种跨越的思想究竟是怎样的。

第 1 节 跨越身份，抓住多个轨迹的线头

首先，提个问题让大家先思考一下。那些身处我们业务环境的用户，最在意的就一定是我们的业务吗？

一家知名的综合性购物商场，为了打破日益固化的用户结构，希望能够获得新的人群购买力，于是他们把目光放在了男士身上。

这个商场发现，到商场里来的男士兴致大多都不高，多半是陪着老婆过来的，对购物不太有兴趣。于是，商场就希望针对男士们提供更吸引他们的服务，提升男士的满意度。围绕这一点，商场做了很多努力，比如引进更加经典的男性品牌，扩展更多男性的商品品类，按照男士的风格去改造一些购物区间的配色和材质，结果发现这些举动并没有拉动男士的购物行为。

商场的管理者感到很困惑，男士们需要的好服务到底是什么？后来商场的管理者跳出了他们原有的思路，进行了更开放的研究之后发现，男士们需要的是一个**老公托管站**，在里面他们可以放松地坐着，尽情地炒股、办公或者打游戏，直到被老婆认领走。

在一个购物的环境里，这群人的刚需竟然不是购物。这听起来就像是一个悖论，但如果以跨越身份的视角来看待，这就是一个非常自然且合理的状况。在这个情景里面，男士对自己的定位

并不是消费者,而是陪伴者。相比于消费者这个身份,他身体里更加活跃的身份是投资者、管理者、游戏者等。所以即使身处在商场的场景中,在他内心其他身份的影响下,他更热衷的活动已不再是购物。

跨越思考的初衷,因为来自于对人性的尊重,所以不少领域已经在无意中符合了这个思维。比如,今天的商场运用身份跨越这个视角,在商场里安排了母婴室,其实就是充分尊重了用户在充当顾客的身份过程中还需要扮演好妈妈这个身份。

下面将基于4S店服务的案例进行分析,来进一步阐述跨越的思想。需要说明的是,本节案例所用的分析图,并不是标准的体验工作图,只是为了帮助大家去更好地理解三个跨越的示意图。

1. 4S店的服务怎么不灵了?

4S店一直在实践着用户是上帝的格言,希望为客户提供卓越的服务体验。作为汽车行业的专业终端门店,4S店对于汽车行业的理解应该是专业和深入的。目前,4S店为用户提供的服务包括但不限于以下这些。

(1)保养的提醒服务:到了一定的时间,就会用短信、微信的方式提醒用户进行保养,防止过度使用车辆。

(2)保险一站式理赔服务:让用户不用与保险公司打交道,就可以快捷地完成车辆的投保和出险理赔服务。

(3)夜间保养服务:考虑到大部分上班族周末很忙,白天没有时间,于是提供晚上8点之后的保养服务,让上班族能够利用下班的空档时间,完成保养服务。

（4）快速的钣金喷漆服务：将以前需要等待多日的钣金喷漆服务，尽可能地在当日完成，不耽误用户的车辆使用。

通过对现有业务的研究发现，绝大部分 4S 店在为用户服务时，提供的所谓体验更好的服务，都离不开老本行——修车和保养。结果 4S 店常常会有这样的抱怨，自己明明已经竭尽所能地为用户提供各种合理的服务了，但用户依然没有感觉到惊喜。面对整个行业的竞争，似乎已经没有可以突破的点。

以上这些服务，如果都能够想到并做到，那么其在行业里已经算是不错的了。4S 店在修车和保养上持续努力并没有错，只是这种努力只给了自己在市场上**活着的机会**，但可能活得很艰难，并不能形成竞争获胜的局面。

以上这些真的是 4S 店能做到的全部了吗？专业团队在为用户规划业务的时候，时常会有一个非常僵硬的状态，不喜欢"越雷池一步"。在分析和研究每一个环节的时候，总是带有很强的业务边界性。这种专注的职业习惯往往会成为其发展的枷锁。当创新点几乎离不开本行业的业务标签时，**这个行业的天花板就会成为新业务创新的天花板**。

2. 4S 店旧的需求没亮点，新的需求又在哪里

一直以来，用户体验管理追求的不只是有和无，更多的是用户视角的好与坏。我们要在此基础上，以体验管理的思维看看还有没有更多的机会。

假设 4S 店的用户是一位 30 多岁的女性。她作为一个活生生的社会人，身份是非常多元的。首先她是一个车主，拥有并使用

一辆车，所以她来到 4S 店的直接原因是想做车辆的维修与保养。除此之外，她还有哪些身份呢？如果展开来，可能会有很多。她可能还是一位母亲、一名员工、一个自驾发烧友……稍微分析就会发现，她可以有四五种不同的身份。而且非常重要的是，**这几种不同的身份是一体共存的，会在同一时间与空间对人的决策产生影响。它们都会形成需求，并且彼此影响。**

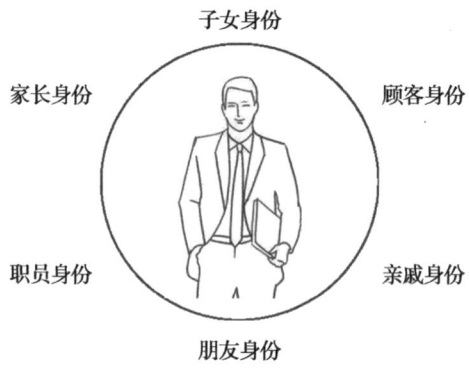

人是多个身份复杂的混合体

让我们暂且忘记自己的行业属性，仅从人的角度来看看这位客人在 4S 店时的情况。从体验设计的角度进行一些用户需求的推导，看看为什么要提到跨越身份这个概念。

如果她是一位母亲，那么她在 4S 店做车辆保养的时候，可能会牵挂还在幼儿园的孩子。她需要花一些时间与幼儿园的老师沟通孩子在幼儿园的生活和学习状况。

如果她是一位重要工作岗位上的经理，需要推进公司的某些项目，那么她在 4S 店的时候，可能还会希望能够与客户或者同事进行一些有效的业务沟通。

如果她还是一位自驾发烧友，那么她在等待维修和保养的过程中，可能还想要谋划下一次自驾的可能性，可能还要负责组织和管理下一个黄金周的自驾社群活动。

以上这些需求都同时存在于同一个车主身上，4S店要不要应对，这些会不会是新的机会点？

3. 为4S店发掘更多的平行机会点

要想进一步了解身份跨越思维，我们先学习一个新概念：**行为剖面**，如下图所示。

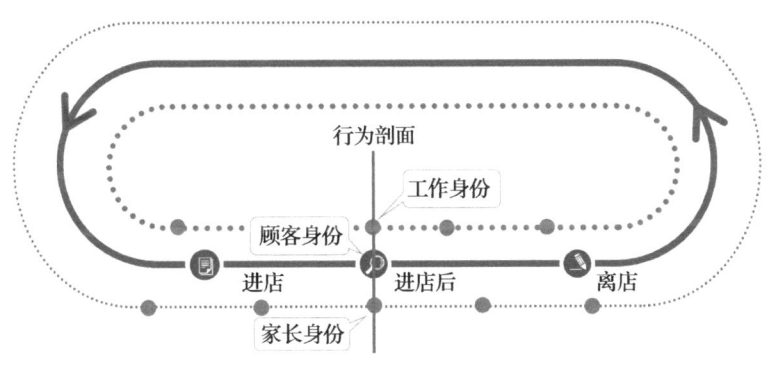

行为剖面示意图

行为剖面是指由于用户身份角色的多元化，所形成的多个行为旅程共存的状态。 在用户核心旅程的外围，同时平行地并存着多个其他的子旅程，因此将任何一个节点纵向展开，都同时存在着多个来自不同身份的行为点。

基于这些行为纵向剖面暴露出来的行为点，可以发现与用户接触的更多可能性。用心挖掘，新的机会点就会出来。

下面让我们继续 4S 店的创新之旅，具体如下。

（1）基于用户是母亲的身份需求，我们可以提供代步车，让用户去附近的学校将孩子接过来。

（2）基于用户是经理的身份需求，我们可以提供单独的、安静的小隔间，保证网络与饮水，让用户可以痛痛快快地开几场电话会议。

（3）基于用户是自驾发烧友的身份需求，我们可以为用户提供一些免费的检测券，让用户可以加在她的社群活动方案中作为亮点。

没有人是单纯的，用户的需求往往是由不同的身份叠加在一起产生的。上面这些创新点，听起来都与传统的车辆维修和保养关系不大，但却是用户的刚需。

现在我们也许能理解，为什么有的时候你明明很努力，却打动不了用户。那是因为用户虽然在你的业务里，但用户压根儿就不关注，或者根本就觉得你的业务不值得关注。用户的其他身份让他觉得有更重要的事情要做，他的注意力都被吸引走了，结果企业连努力的资格都没有。所以基于身份跨越的创新，时时刻刻都在提醒我们在某一个场景下应考虑用户的多个身份特征。

小米投资了年轻人的租房品牌——"YOU+ 国际青年社区"，这个品牌因"小米公寓"而声名大噪，但它始终强调自己不是在做房地产，而是要"给年轻人一个家"，它想打造城市青年的生活方式。

"我不会写文案。"

"偷偷告诉你，你的邻居就是某 ×× 的主编。"

"啊，这代码好难。"

"偷偷告诉你，你邻居就是××的IT部经理。"

"我想拍一辑写真。"

"偷偷告诉你，你邻居是个超级厉害的摄影师，你可以试着敲门问他有没有空。"

……

不管你是美食家，还是健身达人；是旅行爱好者，还是摄影爱好者；是喜欢交友，还是喜欢聊天……在YOU+国际青年公社，你都能找到志同道合的人。

YOU+虽然是从居住这个刚需作为切入点，但它不仅仅将自己当作一个出租房，而且它还站在了年轻人的视角去考虑年轻人的所思所想，同时整合了年轻人的工作和社交需求，未来还可能会出现孵化器这样的形态。

所以，YOU+不光解决了住宿的问题，它更像是一个面向现代都市青年的居住、生活、分享、创业、社交为一体的实体社区。因此，在每一个YOU+社区，你都能看到一个宽敞的大厅，一个多功能客厅：有观影区、健身区、会议室、茶歇区、中央厨房、台球桌游等。一年四季不重样的社群文化活动，创业分享、火锅啤酒、星座派对、枕头大战、厨艺争霸、户外撒野、万圣狂欢……

没错！YOU+不只是租房，更是一个大家庭。

好的场景要成就用户的多元身份。在这个例子里，YOU+不仅仅将租客当作一个住宿的人来看待，它还考虑了租客们在同一个时间里的各种身份的需求。满足了这些需求，就是成就了他们的生活方式。

身份跨越的终极使命，就是帮助企业跳出原有业务的轨道，放眼去观察用户的全部。你能抓住的线头越多，你能找到的线索就越多，业务可打造的亮点也就越多。

第 2 节　跨越任务，在业务的延长线上经营

跨越思维最大的价值是帮助我们开辟新的区域，发现新的机会点。第 1 节讲到的跨越身份，是指在同一时间内从不同的身份去寻找机会点。现在换一个角度，在不同的时间和空间里去寻找机会点，这就是**跨越任务**。

对任务跨越性的思考，也是一种打破常规的思维方式。用户不可能瞬间凭空出现在某个业务里，一定是先完成了某个任务，然后才会来到当前的任务。当前的任务进行到了某个状态之后，才会进入到下一个任务。所以，即便是看起来毫不相关的几个任务，它们之间也是互相影响的。

如何让用户满意地从上一个任务进行到这个任务，然后在前往下一个任务时也能感到满意，这就要依赖于跨越任务的思考，这同样也为提升用户体验开辟了新的机会区域。这种交接中的体验，既可以由上游的环节决定，也可以由下一个环节来决定。**在相互衔接的区域里，双方的工作都可以对用户体验产生影响，这称为旅程节点的体验弥散效应。**

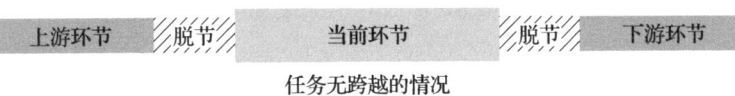

旅程节点的体验弥散效应示意图

比较直接的例子是交通工具的换乘。机场的航班换乘服务就很好,要换乘的下一个航班会安排服务人员到上一个航班的站口接机,同时在后台自动地将转机乘客的行李送往下一个航班。如果由于航班延误导致用户错过下一个航班,还会为他主动改签到新航班。

同样是换乘,火车换乘长途客车的体验就要差很多。长途客车公司是不会考虑如何帮助坐火车的乘客轻松顺利地进入长途客车的服务范畴。火车站和长途汽车站之间的分工和界限具有非常明显的脱节。

"各人自扫门前雪,休管他人瓦上霜",这恰恰也是我们很多时候在做创新时的一种心态,人为地依照业务的边界为自己的思维加了界限。按照业务的职责,这种边界本也无可厚非。但今天要做的是用户体验创新,是要在以前的有和无的基础之上,解决好与坏的问题。所以不怕事情复杂,就怕没有机会去"讨好"用户。在做用户旅程梳理的时候,为了获得新的机会,就要勇敢地进入到交接区域去做一些事。

下面我们仍然以 4S 店的维修和保养为例,这次是沿着主业务线开始拓展前后两端了。

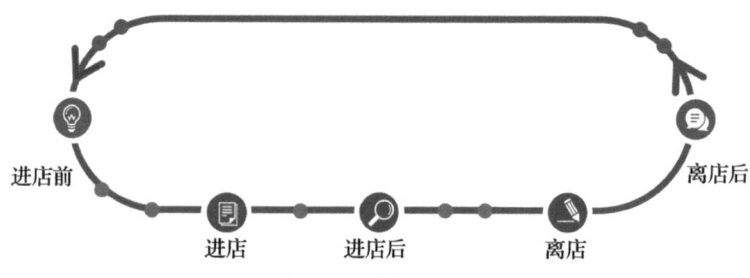

沿主线旅程的接触点拓展图示

1. 用户从哪儿来的 4S 店？

在对 4S 店的业务进行分析时，你会发现，用户到 4S 店做维修和保养并不是一时冲动的决策。用户很少会在开车路过 4S 店时，临时决定进店，用户一般会在其他的场合先有一个准备的过程。准备工作包括：什么时间去，做哪些保养，要不要把车留在 4S 店……这些问题如果用户没有全部想明白，他可能就迟迟不会来到 4S 店。所以 4S 店如果想顺利地将用户引进来，就要在他来店之前给予一些帮助。比如，为用户提供一个维修排期工具，通过提前填报，让用户知道各种问题都应该怎么安排时间来维修。

通过分析用户来店前的状况，4S 店也可以判断为用户安排什么特色服务才能够更好地打动用户。比如，对于周日下午过来的客人，他们多半是从外面自驾游玩回来，这个时候提供一些舒爽的饮品和松软的座位就能够切中需求。同样都是来店消费的客人，他们不同的上一环节为我们的应对措施带来了很多新的机会。

2. 用户从 4S 店离开要做什么？

我们也可以从用户离开 4S 店之后想要做的事情中，寻找体验创新的机会点。比如，得知用户是个自驾游爱好者，用户在4S 店完成保养之后不久就会自驾去西藏，那么 4S 店的机会就来了。针对西藏可能的温度，使用合适的防冻液；针对西藏的可能路况，对轮胎进行更严密的检测；针对路上抛锚的异常情况，还特别为用户准备了西部地区沿途 4S 店的救援电话；然后再请资深专家为用户整理一个手册，告诉用户途中遇到紧急事件的处理方式。这就是在为用户的下一个任务服务。这里面有一个小细节需要注意，对用户下一个任务的关注，**不是让企业进入到下一个环节去服务用户**（不是让企业跟着用户去西藏）。而是在企业当前正在进行的业务中考虑下一个环节的需求，并给予一些特别的支持。

要知道那些特别容易感动用户的事情，是让用户觉得设身处地为他着想的事情。所以，用跨越任务的思维方法对前因后果进行管理，自然是非常容易打动用户的。

过去十年，房地产市场非常的火爆，也带来了房屋中介市场的兴盛。房产中介的收入主要来自于按比例收取的中介费，随着大城市的房价逐渐攀升，中介费用也越来越高，于是很多用户期待互联网模式进入到房产中介行业，能够大幅度地降低中介的费用。但是事与愿违，曾经出现过几家明星级的在线房屋中介平台，完全是互联网的模式，但几年之后都无疾而终。

线下中介模式之所以存在，其中有一个重要的原因就是他们的服务确实很难被替代，他们的服务在跨越任务方面做得非常好。

当用户委托中介为他们购买一套住宅时，中介有时会提前一两年与用户开始对接。在进入房产交易环节之前，中介会做很多引导性的工作。例如，有的用户贷款资质不够，中介会提前建议用户去入职信用背书良好的企业，获得正常的收入与社保资质。

当用户正式开始进行房产交易时，中介还会预先为用户入住之后的很多事情做准备。比如帮助用户梳理入住后的户口挂靠材料，帮助用户提前规划合理的装修开工时间，为用户准备并预存了一定费用的电、水、气卡。在办理过户手续的过程中，还会定期去用户房间，帮助开窗通风。

上面这些服务其实都与房产交易本身没有太大的关系，都是为了让用户在购房之后的生活能够更顺利，这些服务很容易打动用户。这些在中介行业习以为常的做法，正是其他行业需要学习的。在房屋交易的过程中，用户完全可以当一个小白，不需要操心任何事情。因为中介不光提供了专业的交易服务，还非常好地衔接了上游环节和下游环节。在利益和责任感的双重驱使之下，中介愿意往外多走几步去帮助用户。

需要注意的是，这里并不是鼓励企业透支自己对用户的所有事情负责。对于本业务之外的其他环节，需要关心的只是那些能够提升业务体验水平、提高成交概率的节点。跨越任务是探索可能性的思想，先扩展机会再聚焦新机会。

跨越任务聚焦于从另一个视角去拓展更多可以发力的机会点，在寻找机会点的方向上，它与跨越身份彼此之间是互补的关系。这两种跨越叠加在一起所形成的新机会点，会帮助企业在现有的用户旅程的接触点中，扩展更多新的有价值的接触点。这些扩展能够满足企业在一定时间内的创新需求，从而开拓出那些具有差异化的竞争领域。

第 3 节 跨越平台，用户在每个枝头都可以随意停留

当我们选择了以用户为中心时，也就意味着我们必须承认用户是随性和自由的。用户就像一只蝴蝶一样，蝴蝶习惯于在各种枝头飞来飞去，因此我们无法要求用户在某个时候一定要在哪个"枝头"停留，所以只能想办法跟随用户，并针对用户停留的不同"枝头"，提供适合的业务方式。

不同的业务方式依赖于产品或服务的平台。在体验创新里，平台是指用户进行各种任务的互动介质。下面以金融类型的招商银行的业务为例子，它的平台主要包括如下表所示的这些内容。

招商银行业务平台

平台大分类	平台小分类	具体平台
虚拟数字类	网站	招行 Web 网站
	手机应用	招行 APP
	微信小程序	招行小程序
物理类	业务办理设备	招行 ATM
	支付设备	招行移动 POS 机
服务类	银行大堂	招行柜台工作人员
	呼叫中心	招行呼叫中心客服人员

这么多介质，那么到底是线上产品好呢，还是线下服务好呢？互联网这么发达，应该淘汰物理产品吗？用户体验的一个重要出发点，就是不要试图去拔高用户。每个用户的技能都是不一样的，就像年轻人与长辈的区别。年轻人觉得最好的理财方式，就是用手机来管理账户。而对于长辈来讲，最好的理财方式，就是去银行的柜台，面对面地将事情办理好。直到今天，我们还经常能看见一些老练的会计，习惯于将每天的盘点，仔仔细细地记录在一张纸上，而不是放在一个电脑的文档里，对于他们来说，

EXCEL 就是"浮云"。

现在所有的平台,都有它的优势和劣势。线上平台的优势是方便比较,可以快速获取很大的信息量。但是线上平台没有直接的物理感受,不能让用户建立感性的认知。即便同样是线上平台,网站和手机平台的使用感受也是非常不同的。

而线下平台,则可以在空间环境上打动用户,更方便人与人之间进行交流。用户容易建立好的感受。但是线下平台,信息量匮乏,没有用户习惯的各种搜索排序收藏能力。

这些平台各有千秋,没有哪一个是绝对适合的。我们需要跳出单一平台的思维,将用户的整个旅程,按照接触点和平台的配合度,运用多个平台来进行支撑,如下图所示。今天的用户已经习惯了跨平台的无缝交互,对线上线下服务的 7×24 小时连贯性要求很高,因此用户对于服务延迟的容忍度非常有限。

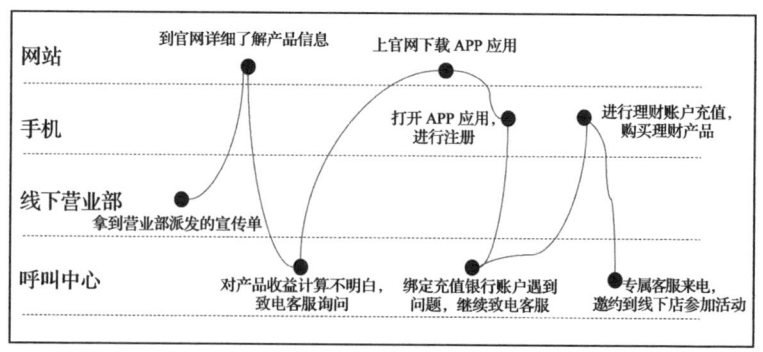

跨平台交互图示

跨越平台带给企业的创新机会,来自于新的平台方式改变了以前业务的呈现形式。借助新平台的特色,企业可以在某个时间段内，创造新的竞争优势。当然世事变迁，没有哪个平台的方案可以是永恒的，所以保持平台的迭代和更新，甚至平台的淘汰，这是需要我们一直做下去的工作。

三个跨越思维带来的突破性，为那些抱怨业务找不到创新点的企业带来了新的契机。企业在做创新分析的时候，很多的细化工作翻来覆去就是业务里的那些事情，这就好比是"螺蛳壳里做道场"，非常的狭隘，将自己的视野给限制住了。本章提到的体验创新的三个跨越，就是为大家大幅度地扩展业务相关的机会点。以前的业务只有聊聊几处发力点，经过三个跨越的分析，我们现如今能够寻找到数十个潜在的机会点。而且更重要的是，这些机会点都还处于相对比较原始，没有经过精细耕耘，没有太多竞争对手的状态，你即将迎来的创新就可以达到四两拨千斤的效果。

| 第16章 |

两个尖峰时刻，制造业务的闪光点

通过打造用户旅程的四个波次，企业可以获得符合用户心路历程的节奏感。通过三个跨越的探索，用户旅程的宽度和长度得到了放大，企业可以获得更多发力的机会点。这些工作将整个业务的舞台放大，达到了一个新的层次。那么接下来，就要在用户旅程里，塑造让用户难以忘怀的尖峰时刻。

第1节 从木桶短板理论到长板理论

近年来，国内开始流行起在圣诞夜买平安果的活动。所谓平安果，无非是将平安夜与苹果嫁接在一起的概念。大家还在嘲笑这种莫名其妙的概念时，商贩们却早已在社交网站上将苹果卖给了成千上万的用户。这个现象告诉我们——人们在做出消费决策时并不会考虑得非常周全，有时会被非理性行为所影响。

麻省理工学院的丹·艾瑞里教授在其著作《怪诞行为学：可预测的非理性》一书中专门讨论过人们的非理性行为。这种非理性贯穿于整个商业当中，在当今的体验经济时代尤为明显。它的一个突出的特点就是不考虑商品的性价比，而只考虑商业在某一层次上的极端体验，比如，"平安果"在平安夜能带给人们平安、美好的寓意。更为关键的是，这种非理性行为往往会缔造出一些令人难以理解的流行现象，衍生出一个又一个的商业奇迹。这种现象向我们提出了一个问题：企业的竞争力到底在哪里？

1. 全面经营受到的挑战

管理学领域有一个名词称为木桶短板理论，该理论讲的是一只水桶能装多少水取决于最短的那块木板，如果最短的木板只有十厘米，那么即便其他的木板再长，木桶也只能装十厘米深的水。传统企业信奉"全方位无死角"的综合实力最强战略，正是出自于木桶短板理论。这类企业对于构建综合竞争力无比重视，力图将产品质量、市场营销、售后服务等每个环节都做到尽善尽美，觉得这样的企业在传统市场竞争中，更容易获得认可。

随着中国消费升级时代的到来，传统零售业巨头沃尔玛、家乐福等老一辈传统大卖场，备受新零售渠道的挑战。新型零售商不断抢占沃尔玛的市场份额，这家曾经是世界上最成功的企业目前已经风光不再了。

传统商业时代，沃尔玛作为一家世界性的连锁超市，并没有什么与众不同能够完全碾压同行的地方。但是，沃尔玛呈现了教科书般的细节管理能力，它可以将每一个业务环节都做到尽可能的好。在价格上，沃尔玛秉承为用户节省每一分钱的口号，尽可能地保持价格上面的优势；在服务上面，沃尔玛秉承让顾客宾至如归的口号，尽可能地为顾客提供一些基础服务；在卖场的设计上，沃尔玛也尽可能地做得中规中矩；在产品种类上，沃尔玛曾号称是全世界商品最全的市场。这些点点滴滴的细节处理，曾经成就了沃尔玛的竞争力。

然而进入体验经济时代，沃尔玛的生意却不那么顺利了。在国内，首先是以天猫超市、京东超市为首的电商超市型服务，开始迅速挖走了沃尔玛的部分用户群，其次是线下的类似于盒马鲜生、永辉超级物种、正大优鲜等线下生鲜类新零售平台，也赢得了很多用户的喜爱。在日用百货方面，像名创优品这类性价比超高的快时尚门店，也让很多用户不再走进沃尔玛的大门。

上面这些平台，无论是天猫超市、永辉超级物种，还是名创优品。在商超经营能力的全面性和专业度上，应该都没有沃尔玛那么强大。但是，这些新平台由于提供了更方便的订购与物流体验、更好的社群氛围，从而切中了用户的城市生活感受。用户因此而纷纷转移购物场景便也不足为奇了。

看到沃尔玛与新零售之间的竞争，很多人会感慨：在体验经济时代，木桶理论已经受到了挑战，传统企业构建多年的全方位竞争力正在被颠覆。为什么会这样？

其实，以木桶理论营造竞争优势获得成功有一个前提条件，那就是以企业为中心。因此经营的环节要集中，而且每个环节都要能够进行有效的规范和量化测评。所以企业只要保证自己的对外交付物不低于行业的普遍水平，累积起来就有了领先于行业的竞争优势。

但是，体验经济时代的到来改变了这种竞争方式。这个时代最显著的特点就是以用户为中心，而且业态更新迭代极快。这就意味着企业与用户的接触点变得越来越多，需要管理的各种体验感受也越来越复杂，因此想要用无短板的形式来营造竞争力就会变得十分困难。相反，一些整体竞争力并不是那么强的企业，却可能会因为某一个环节做到了极致而获得了特定用户群的青睐，从而挖走一块不小的蛋糕。

钢铁侠马斯克是最近几年全球最炙手可热的明星企业家。他创建的几家企业都大名鼎鼎，像最早的互联网支付平台 PayPal，颠覆传统出行领域的新能源汽车 Tesla，准备飞往火星的运载火箭公司 SpaceX，还有要革命铁路系统的 Boring 公司下的 Hyperloop 高铁。

有趣的是，上面的这些项目所在的领域，对于马斯克来说都是第一次涉足。那他作为一名新人，进入到这些行业之后，到底是凭借了什么，搅动了整个行业，让很多前辈寝食不安。其中，有一个很重要的原因，就是马斯克非常善于通过极致的体验，打造他项目的超级长板。

马斯克的成名之作是一个在线支付平台 PayPal。PayPal 将互联网引入到传统支付领域，带给用户快捷且安全的国际支付体验。它在全球拥有数亿的活跃用户，它的成功被认为是互联网时代最重要的商业成果之一。PayPal 并不是那个时代唯一的支付工具，线下有强大的传统银行体系，线上有其他的支付公司虎视眈眈。例如，Billpoint 就是比 PayPal 更加强大的存在，无论体量还是背景都远胜 PayPal。于是，PayPal 并没有进行正面的竞争，而是选择了以在线的安全性作为自己的长板,来获取差异化优势。为了保证在线支付时的绝对安全,PayPal在应对网购时的灵活性比很多同类支付软件都要差很多。如果是在短板理论之下,PayPal无疑会被消费者抛弃。但是,PayPal的安全体验对于通过互联网方式进行跨国贸易、海淘购物的用户们来说,却是那个时候用户最需要解决的痛点。在保证安全的基础上,用户们忽略了PayPal的其他问题,埃隆·马斯克也依靠着这一优势,赚取了自己的第一桶金。

体验经济时代,商业的一个突出改变就是竞争模式的转变,企业在争夺用户的时候,从综合实力的竞争转变为了极致体验的竞争。

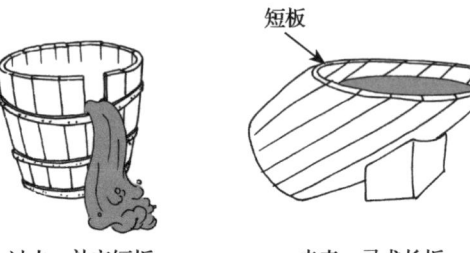

过去:补齐短板　　　未来:寻求长板

短板理论转变为长板理论图示

用户所看重的是企业给他的感受,这种感受是极其主观的,一个企业可能什么都没做错,但就是因为没有出彩的地方,没有给用户留下深刻的印象,从而在用户的脑海中逐渐消失。因此分析体验经济时代用户的痛点,并在相应环节上打造突出的表现,切中了用户的需求,就能拉高你的分数!

此时,企业的经营者必须做出选择,是继续走木桶竞争理论,营造全面的优势,还是专注于某一个或几个环节,将这些环节做到极致,从而获得一个切入市场的机会。尤其是作为一个创新型的企业，在巨头林立资源有限的阶段，一定需要通过长板理论的路径，来寻找到自己生存壮大的空间。

2. 足够的长板可以掩盖短板

在传统模式下，没有短板的企业是成功的企业。但在体验经济模式下，企业获得成功的关键变成了创造极致体验，即便此时企业还存在着一些短板，但只要体验足够吸引用户关注，能够在某一点上为用户带去远超竞争对手的极致体验，促使用户为这种体验尖叫、疯狂并买单，那么短板也会被用户有意无意地忽略掉。

风靡全世界的苹果公司做出了 iPhone、iPad、Macbook 这样的神来之作，但它也有败笔。

iTunes 这款兼具影音播放和数据备份的软件对于大多数苹果用户来说简直就是一场灾难，它的可操作性实在是低得不可思议，已经有很多用户在抱怨，由于使用 iTunes 而不小心将整个手机多年积累的照片全部清空了。以至于有人埋怨，觉得苹果终究会毁在 iTunes 手上。

现如今，iTunes 还是在继续更新着，并没有变得更好。它虽然一如既往的遭到用户抱怨，但苹果却并没被它毁掉，我们可以忽略产品体验中的败笔吗？

用户对产品的体验是按照精彩程度来记忆的，最理想的方式是在每一个接触点上都营造出完美的体验，但是，没有任何公司可以做到这一点，产品越接近完美，边际成本越是被无限放大。事实上，我们不需要完美的产品。当我们拥有了让用户尖叫的地方时，让它的光芒遮盖那些无可避免的阴影就可以了。

尖叫来自于那些对用户来说非常重要的体验点，不重要的接触点可以通过营造多重选择来加以替代。

苹果公司产品的精彩之处远远多于不足之处，所以它依旧是一个"完美的品牌"。因为用户的体验点允许有短板，前提是长板足够的长。

长板可以让人原谅你的一部分短板，这是一个多么好的机会。对于一个爱吃的人来说，海底捞火锅的味道在众多川味火锅中并不算出色，但海底捞营造出了让人铭记于心的就餐体验，造就了一个上市公司。对于一个懒惰的快递用户来说，如果快递公司能够给他带去极致的上门服务体验，那么他可能会因此忽略掉价格、速度等其他因素；对于一位追求美丽的手机用户来说，如果手机美颜够强大，那么她可能会忽略手机电话、通信等功能的普通。

成功的企业，就是要像苹果、亚马逊、海底捞这样，让人有眼前一亮能够记住的体验长板。一些方面做得平庸点没关系，只要有极致的体验点就能够得到用户的认可。相反，如果每一个接触点都做得正常却不极致，很快就会被用户淡忘。毕竟，体验经济时代的用户每天都要接触大量的品牌，企业必须要为自己寻找到一个能够长留用户心中的理由。

3. 忽略短板不是追求落后

从短板理论走向长板理论，并不是就可以认为忽略短板有理，无论什么问题都需要带着时代背景来看待。

十几年前，企业的管理能力百废待兴。企业主要致力于学习先进的系统化经营管理能力，那个时候，企业天天忙的就是补短板的工作。谁的短板补的好，谁的竞争力就强。企业经过这十来年的各种咨询与培训，那些影响企业存活下去的硬伤，基本上都解决了。大家又回到了同一条起跑线上。

能在今天追求用户体验创新管理的这些企业，都是具有一定规模的企业，而不会是一个草台班子，企业已经不存在那种会严重影响生存的短板。如果企业的产品连使用都成问题，那么它也不会活到今天。所以处于同一个市场里面的竞争对手们，在大家各自的基础经营能力持平的情况下，才会提倡不全面拔高每一个经营点，而是要聚焦于可以成为长板的地方并用力打造。

第 2 节　向好莱坞学习尖峰时刻的节奏

打造足够的长板才能够从众多竞争对手中脱颖而出。那么具体的策略是什么？在用户旅程长长的链路中，安排长板的节奏非常重要。长板并不是越多越好，也不是刻意或随意安放的。下面就让我们从好莱坞大片中学习如何营造最佳的长板。

娱乐产业在制造用户体验方面，绝对称得上是宗师。上百年的好莱坞发展史，就是一部研究用户感受的大型实验场。到今天，好莱坞的影片工业已经具有高度的体系化，每年通过电影、旅游、纪念品市场等，为洛杉矶贡献数百亿美金的产值。

好莱坞在电影拍摄方面的专业化，不光表现在基础建设方面，还表现在一些软性的地方。比如它对影片剧本的构建，已经有了工业化的分解方式。一部电影,应该如何完成两个小时左右的演出,每个时间点应该做些什么,好莱坞都有了自己非常专业的总结。

好莱坞编剧大家布莱克·斯奈德,在他出版的编剧圣经《救猫咪》一书中,列出了一个好莱坞大片的剧本结构,被命名为**布莱克·斯奈德节拍表**。这个节拍表认为每个标准的剧本都应该有110页,并且由如下表所示的这些环节组成。

布莱克·斯奈德节拍表

感受	剧本页数	剧情阶段	剧情摘要
普通	第1页	开场画面	设定基调、情绪、风格,介绍主要人物,设置起点
	第5页	主题呈现	提出问题或做陈述,暗示电影主题
	第1—10页	铺垫	主要人物出场,设定主角、赏金和故事目标
兴奋	12页	推动(催化剂)	催化时刻,粉碎原来平静的世界
	12-25页	争执(辩论)	让主角面对以后行动的疑问,使他/她做好准备
普通	25页	第二幕衔接点	主角做出决定,进入第二幕
	30页	B故事	喘息时刻,通常是爱情故事,从另一方面承载主题
	30-55页	游戏	精彩片段,大前提中的约定,可做海报的核心元素
	55页	中点	"伪胜利"或者"伪失败",中点撞击,提高赏金
	55-75页	反派逼近	内外部邪恶逐渐收紧,主角面临队伍瓦解的危机
	75页	一无所有	与中点相对,死亡的气息,旧世界消亡
	75页-85页	灵魂黑夜	黎明前的黑暗,深陷深渊
兴奋	85页	第三幕衔接点	出现解决方案
	85页-110页	结局	人物定型,创建新世界,问题被解决
	110页	终场画面	开场画面的对照,有所改变

上面的**布莱克·斯奈德节拍表**，展示了好莱坞大片教科书般的桥段。这也是好莱坞几十年不断打磨下来，最讨好观众的套路。按照这个节拍表，我们可以用下图将一个完整剧情里，故事的起伏表示出来。

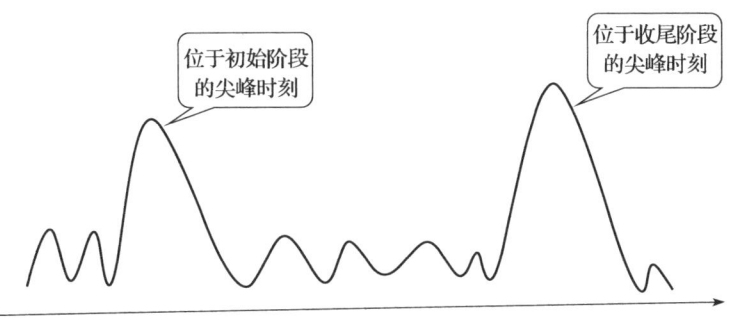

布莱克·斯奈德节拍表设定的故事起伏图

在这个故事轴里，起伏的高低代表了剧情的激烈程度，同时也意味着用户情绪被调动的程度。某一时刻明显爆棚的高峰，会让用户回味无穷，这个高峰称为**尖峰时刻**。大家要注意图中的几个细节：第一，一共出现了两个尖峰；第二，这两个尖峰一个出现在开始，一个出现在结尾。这种节奏非常的科学，符合人的心理特征。

诺贝尔经济学奖得主，著名的心理学家丹尼尔卡尼曼，经过深入研究，发现对体验的记忆由两个因素决定：高峰时与结束时的感觉，这就是**峰终定律**（Peak-End Rule）。这里的体验无论是正向的还是负向的都符合这个规律。这条定律总结了人们潜意识里体验认知的特点：体验一项事物之后，记忆深刻的就只是在峰与终时的体验。而在过程中好体验与坏体验的比重，对感受的影响并没有差别。

打造用户旅程就是在撰写一部商业大戏的剧本。整个过程中对于用户感受的管理，就要像好莱坞大片一样，塑造两个高高的尖峰时刻。一个发生在业务波次的初始阶段，称为**初始高峰**；一个发生在业务波次的收尾阶段，称为**结束高峰**。这样的安排，可以让我们获得业务上的长板，能够狠狠地击中用户的心灵深处。

美剧《我们这一天》(This is us)里，有一段非常特别的情节。主人公兰德尔从小遭到亲生父亲威廉遗弃。三十多年后他们再次相遇时，威廉已经病入膏肓。在威廉的弥留之际，他回忆了自己行差就错的一生，感谢与兰德尔的重聚。最后，他送给自己儿子这么几句感人的话：

Cause the two best things in my life（因为我这辈子最美好的两件事），

were the person in the very beginning（就是出现在我生命起点的人），

and the person at the very end（和陪伴在我生命尽头的人）。

尖峰时刻是对人性中的取舍原则最有力的捕捉。我们每个人，对一件事情念念不忘的都是最初与结束的时刻，这也是我们内心最容易被刻画痕迹的两个时刻吧。

而且非常有意思的是，过多的尖峰时刻反而会削弱用户的兴奋度。所以遵循两个尖峰时刻的逻辑，可以避免企业过度投入，在整个用户旅程中不必去花大力气打造每一个节点，而是只将最好的资源用在刀刃上，让企业集中火力以有限的资源去塑造优势。

要想实现尖峰时刻,企业必须要有足够闪亮的能抓住用户目光的体验。尖峰时刻是用户旅程下的极致工作点,它与用户旅程所提倡的对用户更全面的关怀并不矛盾。用户旅程的全面关怀是体验管理的态度,有资源有实力就可以去不断尝试完善。而尖峰时刻更像是一种技法,是一种在企业寻求突破时可以采用的手段。

第 3 节　初始高峰,产生了 70% 的认可

有的产品在用户初始使用时,通过为用户提供的独特体验,就能够确认企业与用户的缘分是否存在。我们将这种产品称为**闪婚型产品**。这类产品就是利用了初始阶段的体验高峰,来形成自己的竞争力。

亚马逊一度被评为"全世界最受用户好评的企业",其经常发布一些很有创新感的新产品。其中,Kindle 系列电子书阅读器历经十年依然拥有众多粉丝,应该算是独树一帜的成功产品。以 Kindle 最受欢迎的 PaperWhite 系列为例,这款产品的售价按照配置从 800 元到 1600 元不等,一台最便宜的苹果 iPad 售价也不过才 2000 元。作为平台产品系列,Kindle 该如何去参与竞争呢?

亚马逊有意地砍掉了 Kindle 在阅读之外的其他功能,为用户营造了极致的**阅读体验**。也就是说除了进行与阅读相关的操作之外,这款阅读器几乎没有任何其他用途。当然,一贯为用户营造极致体验的亚马逊绝不会故意让用户为此而诟病其 Kindle 阅读器,他们之所以这样设计 Kindle,完全是出于"尖峰时刻"理论。

Kindle 阅读器采用了全新 E-INK 电子墨水屏幕，具有模拟墨水显示的效果，具有显示更加细腻，屏幕不闪烁等特点，让电子书的显示具有高度的书籍感。基于 E-INK 技术，亚马逊信心十足地打造出了该产品的长板。凭借这个长板，用户在阅读电子书籍方面的感受，会大幅度超越 iPad。

按照尖峰时刻的说法，Kindle 是一个标准的闪婚型产品。它所打造的极致阅读体验，让用户上手之后，就能快速且明显地感觉到它的特征，接下来就是喜欢的超级喜欢，不喜欢的无动于衷。

Kindle 在你看到它的第一眼就给你了一个尖峰时刻——阅读体验。这已经足以让那些电子书的爱好者、地铁通勤族们发出"尖叫"了。其实，这正是"尖峰时刻"所提倡的体验方式：与其为求得面面俱到而让企业失去出彩的体验，还不如牺牲掉那些可有可无的体验，从一开始就想办法营造"一击致命"的体验。

与这种闪婚型产品相比，那些初始阶段没有尖峰时刻的慢热型产品，在当今的这个市场环境下，已经受到了越来越大的挑战。像我们熟知的无印良品 MUJI 这个品牌，绝对是日系人文精神的典型设计代表。它所倡导的自然、简约、质朴的生活方式，极大地影响了它的产品设计。无印良品投放到市场上的产品，都具有颜色朴素、形态简约、材质日常的特点。无印良品推崇的是润物细无声的风格，让用户慢慢感知慢慢被触动。然而，这种风格放到市场上却成了一把双刃剑。因为现在越来越多的购买者都是 90 后、00 后，他们以前并没有对于无印良品品牌的认知。所以在接触和开始使用无印良品的产品时，一直体会不到无印良品产品的精彩之处。在初期没有一下抓住用户的心，对于广大平凡而"俗气"的用户来说，口碑就很难建立起来了。用网上一篇评论文章的标题来总结，那就是："无印良品被自己给套住了"。

现在的商业环境，产品与服务众多。用户的时间与精力，正被各种各样的产品和服务占据得满满的，留给某一个品牌的窗口，其实很小。用户没有耐心等着好戏慢慢上场，就像爆米花电影一样，在开场的十分钟之内，一定要给用户一个足够的交代，不然用户就会任性的"离场"。

第 4 节　好的结束高峰，是超越期待的关键

上文中已经说好了一共需要两个尖峰时刻，根据第 3 节完成了第一个尖峰时刻的塑造之后，我们就要开始安排第二个尖峰时刻了。按照好莱坞的套路，这个尖峰时刻应该安排在故事的结尾部分。在商业里面也是同样的节奏吗？

宜家 IKEA 作为北欧生活方式的家居大卖场，为顾客提供了特别好的购物体验。它是国内第一个按照家居场景来布置产品的卖场。在宜家巨大的卖场里购物，就像经历着不同家庭的生活故事一样。

但是如果让众多购物者们列出一份宜家的购物清单，排在第一的既不是沙发，也不是厨具，而是宜家那个 1 元钱的冰淇淋。这应该算得上是网红冰淇淋了。每年仅在宜家中国，冰淇淋的销量就在 2000 万支左右。

宜家在收银台之后，安排了这样一个环节，真的是聪明极了。要知道宜家也不是完美的，整体评价宜家的不足之处，那就是卖场太大走得太累，推着大箱小箱的结账也很辛苦。等到人们结账完毕时，原来体验商品时的快感，几乎都要被磨平了。这个时候，一个

价格便宜量又足的冰淇淋，诚意满满地出现在你面前，一下子就将人的埋怨与不满情绪给转移了。让人们在回家路上，也觉得有些回味挺好的。

宜家的冰淇淋就是承担了峰终定律里面，对于"终"这个节点的体验打造。让用户旅程里在人们的体验越来越平淡的时候，在最后的部分为用户的情绪来一个激励。一下子让用户对整个旅程，都充满了美好的总结。

企业对于初始阶段的尖峰时刻，或多或少地都会予以重视。因为这个时候的企业，急于打开局面，总是会想出来一些招数的。但是企业却常常忽略结尾时候的体验管理，因为在企业的潜意识里，觉得生意就快完成了，钱也落袋为安，所以不需要再花精力，那可都是成本。可是，用户对于业务的记忆，是完整构建的。在收尾的时候用心地为用户准备一个惊喜，会有四两拨千斤的效果。

《商业秀》的作者斯科特·麦克凯恩提到过这样一个故事。在拉斯维加斯有一家酒店，硬件条件不算奢华，但是回头率特别高。

这个酒店有个体验特别好的地方，它在顾客退房结账完毕准备离开的时候，酒店会为顾客提供两瓶饮用水。因为酒店发现，退房的客人驾车去机场，中间要走40分钟的荒漠，由于天气炎热，客人会口渴，可惜路途中没法补给，所以凡是出门的客人，酒店都要送上两瓶水。

这两瓶水根本不值多少钱，但是它发生在顾客离店的时候，超出了顾客的预期，让人不得不感动。此时顾客都结完账了，按理来说已经与酒店没有关系了酒店此时还为顾客后续行程着想送上两瓶水，这是一种什么感觉？

中国有句老话："分内的事情是本分，分外的事情是情分"。**更加容易感动人的，是那些看起来不是分内的事情**。当一个服务临近结束的时刻，就是越来越不像分内事情的时间段，这个时候用户与企业的关系变弱，用户对企业的期望值也在降低。如果在这个时候切入进去创造一些体验点，那么取得的效果要想超越用户期待的难度其实相对来说要低很多。

在南美洲有个特种部队的圣殿——委内瑞拉陆军特种作战学校，这是一所世界闻名的特种兵训练中心，包括我国在内的各个国家每年都会派遣学员参加集训，因为训练残酷，这里还被称为"猎人学校"，能从这所学校毕业，是各国特种兵眼中的无上荣耀。

"猎人学校"最出名之处在于其"魔鬼训练"。由于"魔鬼选拔"的环境、条件、状况、方式等酷似实战，淘汰率高达50%～80%。有的队员带着遗憾回归故里，有的队员途中致残收兵，还有的队员甚至不幸付出了生命的代价。其校训是"这里造就的是最具战斗力、最凶猛、最有头脑的战士。"

有趣的是，从这里毕业的几位中国学员，在回忆这段充满挑战性的经历时，除了常规的训练异常艰苦之外，还不约而同地都提到了毕业典礼带给他们的一个仪式细节。

毕业典礼上，所有的毕业学员都穿上了干净整洁的特种迷彩服，接受最后一课：将荣誉勋章钉上胸口。这个学校颁发的荣誉勋章，背后有一根两厘米长的钉子。校长卡洛斯准将在毕业仪式上，挨个将荣誉勋章用力拍进毕业学员的胸膛。看着被鲜血染红的上衣，毕业的学员会觉得一切付出都是值得的。学业结束前的这种特别体验，让大家对"猎人学校"的感受，始终充满了血与火的自豪感。

第17章

一系列接触点，展开高质量的业务规划

在用户端进行的各种创新与规划，到最后一定是要落实到企业实际的经营上的，具体来说就是要形成企业的后端管理体系，这才是业务创新的最终落地。前面的步骤中已经产生了用户旅程的各种创新点，现在基于用户旅程，我们开始推导企业的经营蓝图。

第 1 节　企业最关注的业务蓝图

从企业的角度来看，最终落地的成果物，不是用户旅程而是业务蓝图。因为企业最终还是需要通过自身的经营管理，才能为用户呈现出预期的用户旅程。

用户旅程里所展现的用户行为，在实际场景里都是可见的内容。而企业的业务流程，大部分则是自己的内部功夫，在场景里往往不可见。前端的用户旅程和后端的业务流程，彼此之间是由一排接触点给连接在一起的。这些接触点就像拉链一样，将企业和用户两侧紧紧结合在一起，如下图所示。

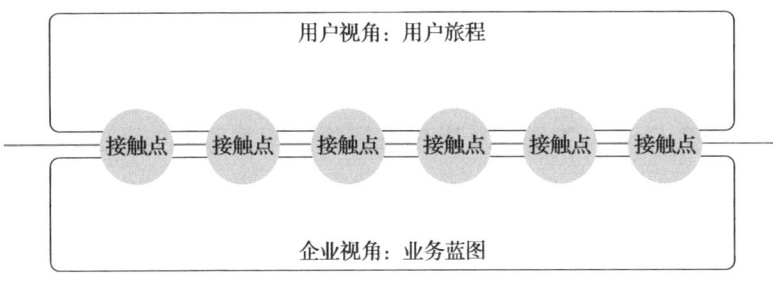

接触点连接用户旅程与企业蓝图的示意图

连接用户旅程和业务流程之前，有必要再梳理一下用户旅程和业务流程的不同之处。这两个成果物都是偏过程类的输出物，都包含了阶段和节点。它们最大的不同之处，主要表现在视角的不同之上。

用户旅程是完全基于用户视角的，所以它只为用户负责。用户旅程需要展示尽可能多的行为节点，而且它并不关心这个旅程是否打破了企业的业务边界，也不关心这个旅程是否会挑战不同部门之间的协同工作，如下图所示。

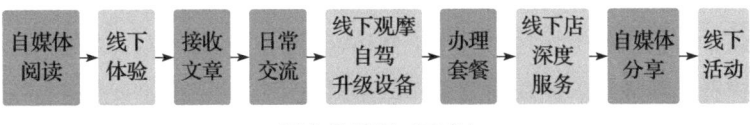

用户旅程图（示意）

业务流程是完全基于企业视角的，它是用来指导业务开展的。业务流程规划了业务推进逻辑、各节点的使命，以及与节点相关的人员职责。业务流程会严谨地考虑部门分工、节点的上下游衔接、工作人员的职责安排等，如下图所示。

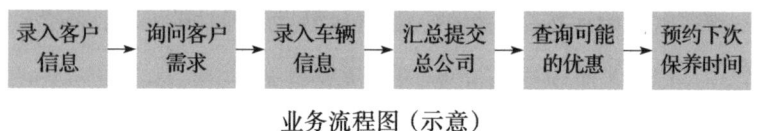

业务流程图（示意）

第 2 节　工具：从用户旅程规划图推导业务蓝图

本节将开始详细阐述用户旅程图与业务蓝图之间的详细推导过程。下面以一位自驾爱好者与 4S 店的业务往来作为推导所用的示例。作为案例背景，其中所用到的用户旅程图都是示意性的，而且考虑到篇幅的限制进行了适当的删减。

1. 获得完善的用户旅程规划图

之所以称为**用户旅程规划图**，是为了使之与用户研究章节的**用户旅程现状图**区别开来。在前面所经历的旅程波次、跨越思维、尖峰时刻等创新工作，最终都是为了获得类似于下面这张用户旅程规划图。这张图里展示了作为项目的策划者希望提供给用户的行为顺序，以及各个节点希望让用户发生的行为。

在实际的项目中，获得这个用户旅程规划图的过程，通常就是一系列的工作坊。这些工作坊通过脑力风暴的方式群策群力进行创新规划。创新的细节，就是对整个用户旅程的节点进行添加、删除和排序。对这些节点的创新，要完整地运用四个波次、三种跨越、两个尖峰里提到的各种思想和技巧。用户旅程的规划，不会一蹴而就，中间会经历若干个不断演进的版本，甚至到了业务上市之后，还会保持更新。

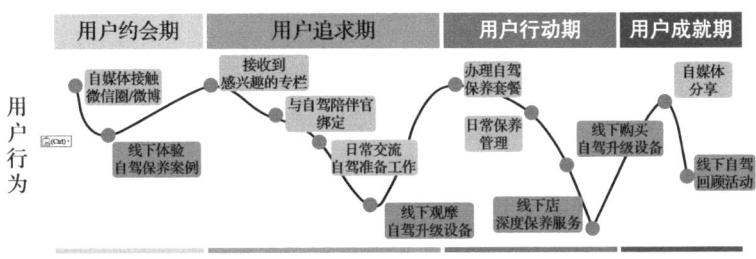

用户旅程规划图（示意）

2. 梳理接触点，形成接触区域

用户旅程规划出来的行为轨迹，是由很多行为节点组成的。绝大部分的节点，用户都会依赖于企业提供的某个承载物（产品或服务），这样就会在用户与企业之间形成一系列的接触点。我们将这些支撑用户行为的接触点罗列在对应的用户行为节点下面，最终就形成了一个接触点的区域，如下图所示。

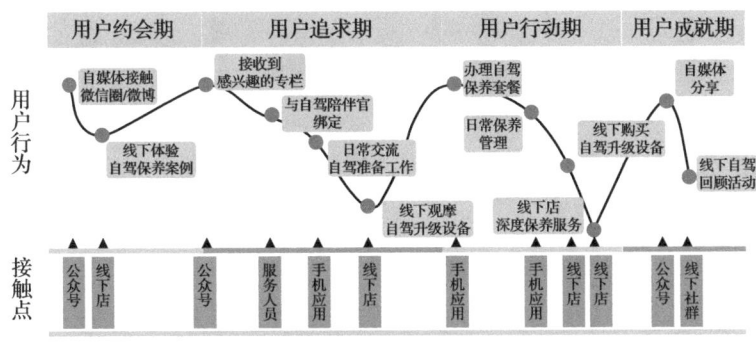

形成接触区域示意图

3. 绘制业务蓝图

我们已经规划好了用户旅程节点和对应的接触点,这是我们期望运转在用户一侧的业务形式。企业的使命,就是要让我们对用户的规划如期望的那样,能够真正地运转起来。所以最后一步,企业要按照用户旅程规划,去制定自己内部的运转逻辑,这就是企业的业务蓝图。

业务蓝图的节点和逻辑,是基于用户旅程节点和接触点而产生的。你会发现业务蓝图与大家以前经常撰写的业务流程图是非常类似的。不同点会按照不同的角色,分成不同的区域,而且还标注了**可视线**,用以区分用户旅途中可见的现象和不可见的后台工作,如下图所示。

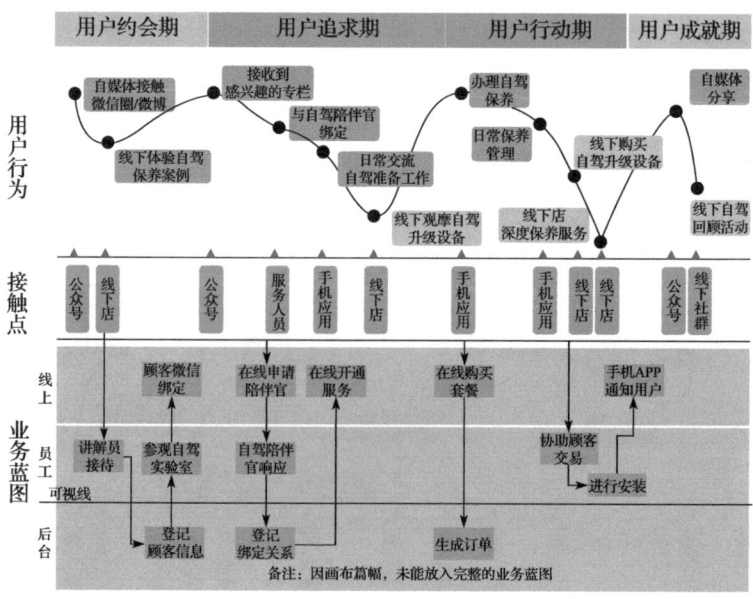

绘制业务蓝图示意图

至此，本章简要地还原了从用户旅程到业务蓝图的推导过程。其中既包含了一些新思路，也运用了很多老方法。只要你曾经从事过业务流程绘制的工作，那么掌握这个拆解推导的方法应该会很轻松。能够画出来业务蓝图，只是技术层面的能力。创造真正有竞争力的业务，还需要在用户旅程自身的研究和创新上多下功夫，这才是决定创新质量的源头。

|第18章|

渠道的卓越用户体验赋能

传统意义上的渠道主要聚焦于终端和售后服务的工作,通常与用户达成购买行为后,就视为交易结束。即使有后续的售后服务,也是为了避免让客户投诉。但是现在,渠道的核心使命正在悄悄地发生着改变,渠道从卖场逐渐变成了体验场,并担负起为整个业务链条营造极致用户体验的使命。

体验经济时代的渠道体验极其关注对用户感受的持续制造。通过在渠道中植入各种形式的互动,拉近企业与用户之间的关系,进而推动用户的多次消费。正如小米公司所说:"销售只是一个开始,而不是结束"。当企业将商品销售给用户之后,才开始去运营更多的业务……以前用户不认识小米的时候没关系,先向你销售一部手机让你体验一下，甚至在没有消费之前，先将你变成会员。然后再影响你，改变你，当用户与小米多次接触之后，逐渐认可了小米的文化时，就会积极地去了解小米的产品，最终自然就会购买小米更多的产品……这就是小米渠道运营的体验管理视角。

所以，用户体验为渠道管理带来了巨大的变化。从以前的各自为战，到渠道体验管理打破各部门的使命，与市场、产品、营销、物流、售后、会员管理这些部门协同，共同为一个终极目标服务——经营用户。

第 1 节 以前或现在，"渠道"始终为王

从大卖场时代开始，商业活动中"渠道为王"的概念开始影响很多品牌的布局。以快消品为主的沃尔玛、家乐福，以家电为主的国美、苏宁，都是这个时代的代表。更好地与这类大型卖场对接，曾经决定了很多品牌的销量。像货品摆放、人流动线、促销活动等，都是商家必争的细节。随着卖场在全国的布局成长，它的地位优势越来越明显，对品牌的控制管理也越来越强，最终形成了渠道占据主导地位的局面，即使是各个行业的霸主也必须服从渠道的安排。

格力董明珠首先撤出国美渠道，用了大约 9 年的时间自己建设渠道，直到与小米的雷军订下了一个 10 亿赌约。

雷军说："互联网时代不需要渠道，小米只在互联网上销售，也照样能超过你。"

董明珠说:"你太年轻,分销渠道和供应渠道早晚会要了你的命。"

与此同时,苏宁完成了从线下走入线上的布局;阿里巴巴则开启了从线上渗透线下的战略;雷军的小米也忙着在全国开专卖店。

这些企业的渠道趋势这么百花齐放,那么渠道到底意味着什么?

还是要从时代的变化去进行研判。以前,产品和用户接触的唯一媒介是商场。现在不一样了,产品在硬盘里、产品在手机里、产品在信号中。渠道必须重新定义,从单一的通路转化成多元的体验场。渠道的作用渐渐脱离分销,而向着体会、评价、社交等方向延展,因此线下的急于走入线上,线上的急于走入线下,虚拟的变成现实,现实的变成虚拟,这种转变让好多人困惑不已。

无论是以前还是现在,渠道的"战火"依然是烧得最猛烈的。

不是传统的企业,就会困在传统的经营手段之中。梅西百货在美国有一百多年的历史了。近两年,纽约先锋广场的梅西百货旗舰店率先进行了渠道的互联网改造。

渠道的互联网改造主要基于蓝牙室内定位技术。用户进入门店之后,会收到蓝牙提示开启APP并完成双向确认的签到。之后,设在商店入口的传感器会向用户推送该店当天的促销信息以及电子优惠券。

当用户入店之后,室内定位的APP会随时将用户所需要的信息推送过去，当用户经过某一个区域时，APP 上就会出现相应区域的信息，例如，商品评价、商品原材料和价格比对等，这不但能够帮助用户选择货物，还实现了虚拟渠道和各种社交媒体的联通。

该百货公司发言人透露，这款 APP 还在逐渐深化。未来在支付体验方面，用户将可以在购买完成之后选择通过 APP 上的扫码功能自行结算付款，从而节省了等待的时间。在购物体验方面，用户可以通过提前设定 APP 来关注所需商品类目，在进入门店之后，这些信息就会被推送给用户。比如，一位用户想要参加晚宴，她在 APP 中设定了"晚装"，那么在进入梅西百货之后，她就会得到精准的晚装提示以及相应的促销信息，甚至是针对特定用户的特殊折扣……

类似梅西百货这样通过渠道的变革，来重新再造渠道体验的企业，在目前的商业领域越来越多。它们的特点是与移动互联网终端、电子商务平台等科技手段相结合，将更多新颖的体验注入到了与用户接触的渠道中去。

从经典的企业管理上讲，渠道就是与销售相关的体系，其中与用户密切相关的工作主要有两个：**销售**与**客户服务**。过去只要能将产品或服务销售给用户，那么这个渠道就算得上是畅通的、成功的。但在新商业形式的推动下，渠道的工作开始从单纯的以解决销售为目标，向着更深层次的营造体验在转变，包括物流、结算、会员管理、售后服务等，都被纳入到了渠道的体验管理范畴中来。这就如同梅西百货的 APP 一样，一个小小的改变就可以提升使用者的体验，同时为企业带来更多的商业机会。

在渠道的环节，为用户提供更优质的感受，从而提高整个商业模式下的用户消费力,成了体验经济时代传统企业渠道升级的重要方向。

作为全球数一数二的互联网大集团的掌舵人,马云用了十多年的时间将阿里巴巴做成世界第一大电子商务平台,背后的理念之一就是做好互联网化的渠道体验。

大型的电商,本质上可以定义为销售电子化的平台,对企业而言,电子商务的初衷就是互联网模式下的新渠道。阿里巴巴利用大量的互联网工具和手段对传统的卖场式业态进行变革,这当中包括很多渠道环节的再造。比如,支付宝的诞生、快递物流的上门模式……这些都是渠道当中营造体验的最突出变革。

十年来,阿里巴巴对我们生活的改变有目共睹,它为我们带来了各种便利,甚至不与阿里巴巴发生业务往来的用户,一样可能会使用到阿里巴巴的各种平台工具。

渠道已不再仅仅局限于销售,而是作为企业与用户的深度接触点,其不但可以帮助企业支撑品牌,还能引导客户与企业亲密接触。这些不但导致了渠道定义和形态的变化,还导致了渠道管理进化为——渠道体验。**所谓渠道体验,就是指企业通过渠道体系的经营,为用户创造感受的过程。**

升级后的渠道体验与原有渠道相比发生了哪些变化,归纳起来具体包括如下几个方面。

变化一:从销售型卖场进化成体验场。

在传统模式下,终端卖场的使命就是铺货售卖,所以卖场会花费大量的精力全面考量如何更好地堆叠货品,如何更好地提升单坪的成交额,至于卖场在销售之外给了用户什么样的感觉,则不是企业特别关注的方向,更不会刻意创造感受。

体验经济时代则不一样了,卖场变成了体验场。这就意味着卖场的使命除了销售之外,还需要肩负起在整个业务场景的体验链中,承担其中多个重要接触点的体验制造工作,捕捉用户更多的非购买类动机,制造惊喜,为大业务负责。

盒马鲜生作为阿里系从线上走向线下的典型范本,在对线下渠道的认知上,就明显地承担了提供体验的使命。盒马鲜生既不能算纯粹的卖场,也不能算纯粹的餐饮店。它既能提供线下购买,又能为附近3公里的住家送货,还能提供现场加工就餐的服务。所有这些都打破了传统线上、线下的习惯性分工。所以销售对它来说,只是一部分使命,它的使命更多的是解决以前线上产品看不见、摸不到、吃不了的体验短板,可以说盒马鲜生是一个活生生的体验场。

变化二:客户服务不只是解决抱怨,而是再次激励消费。

传统的客户服务,以解决客户售后和投诉为使命,让客户不再打扰和抱怨为最佳状态。但是,体验经济时代客户服务的内涵被延伸了,从传统的解决售后和投诉的工作,升级为以售后为纽带,更多地去制造感受,激励用户。

客户体验式管理,是在与用户以某种方式建立了接触之后,企业主动地对用户进行科学的管理,并加以商业开发的过程。例如,分析用户对已购买业务的使用情况,对其提供补充的产品和服务建议,还可以随着时间的延长,对用户进行跟踪和帮助。其他常见的还包括建立社群、产品交流与评价体系,关联销售平台,等等。让用户在这种氛围中获得情感连接,从而加深他们对企业的全面依赖。

谁能想到,全世界餐厅评价体系最高殿堂《米其林餐厅指南》,真的就是这个胖乎乎的轮胎公司米其林旗下的产业。米其林应该是通过会员经营玩转自身产业的鼻祖了。

1900年的万国博览会期间,当时米其林公司的创办人米其林兄弟看好汽车旅行的发展前景。他们认为,如果汽车旅行越兴旺,那么他们的轮胎就会卖得越好,因此,他们将餐厅、地图、加油站、旅馆、汽车维修厂等有助于汽车旅行的资讯聚集在一起,出版了随身手册大小的《米其林指南》一书。

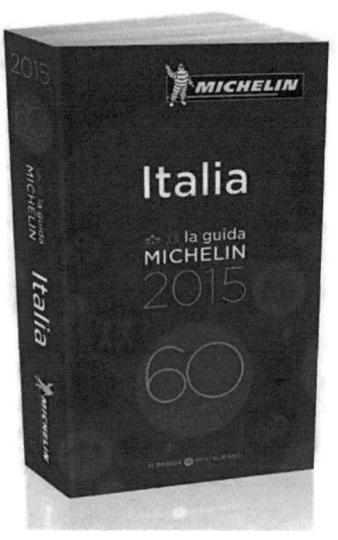

《2015米其林指南–旧金山》

有许多关心美食的人,都是因为米其林餐厅的大名,开始追寻美食之旅的。当出行变成一种潮流之后,那么支撑出行的产业链中的轮胎,自然也能大卖。

做新实业模式的,都很关注流量,流量决定了业务的规模。一个卓越的渠道体验体系,就是企业自我产生流量的过程。众多成功的互联网基因企业,他们都善于充分利用渠道的作用,抓紧各种机会在用户面前努力表现,以期引来更多的用户聚合。用户来了就紧紧抓住,好做一辈子的生意。

第2节　结算体验让用户开心花钱

不会变现的商业不是好商业。所有兢兢业业的商业行为最终都只有一个目的，那就是获取收益。因此，对于企业而言，其感情上最看重的就是结算了。一家市场上的企业，无论是客服、物流还是会员管理，都在推动客户走到交易的最后环节——结算，让用户心甘情愿地将钱放到企业的兜里。

结算体验理所当然地成了决定渠道是否通畅的重要一环，一旦产生不良的结算体验，其结果很可能就会导致整个渠道的阻塞。钱都花不出去的体验，说起来是不是很可笑。

从海淘业务的结算感受的演变，就能看出来，结算体验对一门生意的影响有多大。海淘是近几年兴起的一个非常活跃的市场。所谓海淘，就是指在海外的购物网站上进行购物，然后利用中转邮递的方式运回国内。这样做有两个好处：一是享受价格的优惠，相对于国内专柜和网络代购，海淘商品的价格往往比较低廉；二是保证产品的质量，相对于代购质量良莠不齐的问题，海淘则完全不存在质量问题。

过去海淘虽然活跃，但终究没有形成大规模大气候，而只是在一些白领小圈子中流行，究其原因，问题就出在了结算上。原来，在海外购物网站购物，不仅需要办理可以国际支取的银行卡，还需要根据不同网站使用各种不熟悉的海外支付工具，而且网站的结算管理往往只针对本国人的习惯，这就对很多人造成了困难。就这样，海淘最终被卡在了结算的大门口。

近几年，海淘才开始真正地火爆起来，其中一个重要的原因就是像银联、支付宝、微信支付等国内常见的支付工具，已彻底普及。

我们可以无须理会国与国之间的差异，以国内的使用习惯直接到海外网站去消费。甚至现在你出国去消费，都可以像国内一样的用手机进行结算。

对于结算环节，从体验角度来看，我们可以有如下两个思考点。

1. 让交易与结算的场景分离

一手交钱、一手交货，这是从古至今的商业传统，在那个阶段，交易与结算是处在同一场景之中的，但是互联网的出现改变了这种传统，使用与结算的场景发生分离。

我们常见的"滴滴出行"等业务，就是标准的使用和支付分离的场景：我们用打车软件叫来快车，到达目的地之后无须立即现金结账，只需要在方便的时候再利用APP完成支付即可。

还有我们日常用到的信用卡，也是典型的交易与结算分离的场景。人们使用信用卡去卖场购物时，并未立即产生资金的计算，而是在每月的账单兑现时刻，才真正发生费用的流转。这就是为什么会有那么多刷爆支付卡疯狂购物的卡奴，原罪就是因为这个体验实在是太方便了！

我们是否可以设想这样的购物场景。过去我们在线下完成购物后进行结算时，常常需要排队等候，找卡、等待店员刷卡、签字确认，往往需要十多分钟，遇上节假日则要耗时更久。而现在，企业级的会员体系以及征信系统，使得用户只需要在结账时，用手机扫一下收银条的支付码，就可以初步完成交易与身份的绑定。后续的结算，则由支付公司进行担保，在方便的时候操作即可,这些都是未来互联网金融的发展趋势。

位于佛罗里达州的迪士尼世界游乐场会为参观者提供一种名为 MagicBands 的智能手环,这种智能手环与游客的身份绑定之后,游客可以凭 MagicBands 直接在迪士尼世界游玩各种设施,就餐甚至挑选纪念品。游客因此不用携带现金或者信用卡,消费和结算都变得非常方便。更有意思的是,这个手环还可以单独给儿童配备,这样大人和小孩可以分头娱乐,各自寻找自己的梦幻乐园,这一举措明显地增加了游客家庭整体的消费额度。

交易与结算的分离,为我们在业务场景的设定上,打开了一扇门,让我们可以更灵活地规划体验链路,让结算更加人性化,甚至更潮流前卫。

2. 寻找便捷和安全之间的平衡

对于用户来说,结算的过程中,安全和便捷都是非常重要的两个诉求。但是,安全和便捷这二者是一对有趣的矛盾体,想要结算安全,企业就要制定烦琐的验证程序;而想要结算便捷,就需要以牺牲安全为代价来缩减程序。

结算体验就是要在这对矛盾体之间选择一个平衡,做到既能保证资金便捷结算,又能保证资金的安全。

结算体验平衡术的 A 面——安全

对于企业而言,资金结算的第一要务是安全。如果因为结算渠道的问题而导致用户资金的流失,这将是非常可怕的灾难,这样的企业是不会获得用户的信赖的。

大家都熟悉淘宝的结算模式。支付宝作为结算的中介担保方，交易的费用先暂时存放在担保方，在买家确认收货之后，支付宝会将钱交给卖家。这种方式确保了双方的资金和货品的安全。

这个示例引出了一个有趣的话题，用户体验并不是越简易越好。用户体验也是需要讲究策略的，该简单的时候，连多点一个按键都不允许，但是当用户的心理诉求是希望安全的时候，那么人为地增加交易环节反而会提升用户的满意度。

结算体验平衡术的 B 面——便捷

因为用户的很多行为往往是冲动性消费，因此如果结算流程太过漫长，则不但会影响到用户的体验，还可能会让买卖出现变数。所以在安全的基础上，不断推演便捷的边界，是提升结算感受的持续性工作。

为了保证安全感，支付宝业务初期在身份验证，银行卡绑定等程序上也会让很多用户觉得手续有些麻烦。在支付宝刚刚上线的时候，用户要想完成支付需要经历个人身份验证、密码验证、问题验证等一系列流程，这无疑大大降低了支付的便捷程度。因此，随着网络环境安全性的好转，以及支付宝在中国的普及，为了给用户带去更加便捷的体验，支付宝大大简化了支付流程，有些便捷支付只需要简单的刷脸确认即可完成。

结算体验通过合理地设定交易与结算的场景，来平衡安全与快捷这对矛盾体。用户感受到花钱的顺畅与爽快，企业的收益才能滚滚而来。

第 3 节　售后体验形成新的业务闭环

售后是企业完善服务的必备环节。售后的团队经常扮演的是救火队员的角色，用户在产品或服务方面遇到任何问题，或者有任何不满意的地方，都会寻求企业的帮助，这个时候就需要售后出面解决问题。在这种模式下，售后只是渠道当中一个被边缘化的环节，它无法影响到其他的环节，只是负责解决因为其他环节的缺陷而导致的各种问题。

但是体验经济时代的到来，让边缘化的售后服务环节具有了新的地位和使命。售后不仅仅能够向其他环节反馈信息，帮助它们改善体验，从而提高整体的用户体验，甚至还可以替代商业链条上的其他部分环节，帮助解决用户的某些特定的痛点，而且因为这些痛点的解决，售后服务甚至可以成为企业新的营销驱动环节。

汽车作为传统的产业，国内的汽车大品牌纷纷推出了自己的品牌售后 APP，将售后服务做到了互联网上。这类 APP 产品的推出，立即在用户群体中赢得了好评，让厂家的用户满意度陡增，不过，这还不是企业最大的收获。

在这类 APP 产品中，车企不但将公司产品的数据库和经销商的数据库全部放了上去，以备用户随时查询，而且还添加了自主预约的服务。用户通过这款 APP 可以进行看车、试驾、保养和维护等的预约操作，从而省去了线下烦琐的程序。

因此，这类 APP 推出以后，很多原本不是该品牌车主的人也纷纷下载该软件，车辆的销售量也因此增加了好几个百分点，与此同时，预约保养和预约维护的服务又为经销商带去了大量的用户，带来了汽车周围产品的销量增加。

就是这么简单地转化思路，利用好一款 APP 产品，不但提高了用户的满意度，还为企业提供了新的销售机会，这便是围绕用户做工作带给售后渠道的变化。

前面提到过以用户为中心的一个误区，就是希望尽快地解决用户的所有问题，让用户不再与企业有关系。这点很容易理解，传统的企业，谁都不愿意听到用户的抱怨，谁都希望与用户只有金钱上的往来。但是，聪明的企业能够意识到，用户一旦存在抱怨，那就是再一次建立连接的机会。与用户往来虽然需要投入更多的精力，但这也意味着能从用户身上挖掘更多的机会。因此，**成功的企业绝不会在销售完成之后将自己与用户的联系一刀斩断，它们会尽量做好售后的工作，用售后营造新的接触点，用售后提升服务体验。**

非常擅长体验管理的苹果公司，其在售后服务上的体验被誉为是售后的典范。苹果常规性地针对新购买用户，举办苹果学堂，帮助购买者学习苹果系统的使用、软件的窍门，等等。并且还会在现场帮助用户安装配置个性化的电脑环境。

在售后维修方面，苹果美国售后维修部门的员工本身大多数就是对机器具有强烈兴趣的专业人士。他们将维修用户手中的机器看作是一种乐趣，因此在针对性地解决用户的某些问题的时候，他们还会顺带帮助用户解决一些并没有显现的问题。

这让很多用户都对苹果的售后人员十分信任，愿意为此支付一些额外的费用以进行产品的升级和换代，购买 APP CARE 服务，等等，同时连带着苹果卖场的配件销售也非常火爆，这就为苹果又创造了一个赢利点。

售后看起来只是渠道的一个子环节，但是梳理下来，除了售后维修服务之外，企业在售后环节上能做的事情还有很多，尤其是互联网带来的科技发展，使得售后服务的方式更加多样化。比如，在信息分享上，企业可以在产品售出的同时，利用微信平台或手机APP让用户成为企业关注者，然后在这些平台上传播关于产品的最新消息，并与用户进行互动；还有一些汽车售后的APP，不仅能够及时提醒会员汽车保养时间，还会定期推送一些独特的自驾路线，并为会员提供该路线的新车试驾……

我们一直在强调，体验经济时代的商业是由一个又一个的场景组成的，这个场景是可循环的，用户从感知、触动到购买、使用，再到最后的升级和分享，这个循环能够首尾相接。如果企业没有售后服务，或者售后服务的体验值不佳，那么这个循环的系统就变成了有去无回的直线，这对于企业的发展无疑是非常不利的。

从挖掘更多的销售机会来看，企业最好不要将全部的机会都押注在售前环节，从再次激活用户的角度来看，售后服务也是一个绝佳的体验点。就像现在的很多手机大厂一样，手机作为一项产品，售卖过程只是它商业使命的开始，在这个环节甚至可以不盈利，而将真正的赢利点放在手机出售之后的环节，从手机软件的使用、手机软件的各种增值服务中将利润找回来。

成功的企业既可以将生意做到所有领域，也可以将赢利点布满生意的整个环节，只要体验值足够高，售后环节就绝对会有生意可做。

第 4 节　物流是离用户最近的舞台

"凡是与用户接触之处，必有体验的经营点"。

今天，渠道的使命是非常多样的。过去很多企业认为，所谓的渠道不过是将产品销售给用户，成功的渠道就是让销售这件事不断地发生。但是在体验经济时代，渠道却因为商业模式的转变有了更多的含义，其中产品的交付过程就会担当新的使命。

传统商业模式下，渠道大多数是以卖场的形式出现，企业和用户都在同一个现场，一手交钱一手交货，不存在交付的问题。在体验经济时代，更多样化的渠道即意味着用户和企业在空间上是分离的，这当中的传递环节必须依靠物流来解决。

物流是什么？简单来说就是将产品从企业送达到用户手上的过程。同样的两家线上企业，所销售的产品相同，价格接近，但顾客的满意度却可能有着天壤之别。究其原因，很可能就出现在了物流服务的体验上。

有媒体曾随机选取了 50 家不同行业的 O2O 企业，对他们的用户满意度进行调查，调查结果显示，在线上产品和服务已经被充分量化的今天，物流服务已经成为导致用户满意度低下的主要原因，占比接近一半，具体情况如下图所示。

在体验战略下，我们不应将物流只是简单地看成业务达成环节，而应将其看作是企业与用户的一个重要接触点，是感动用户的又一次机会，而且是离用户最近的机会。

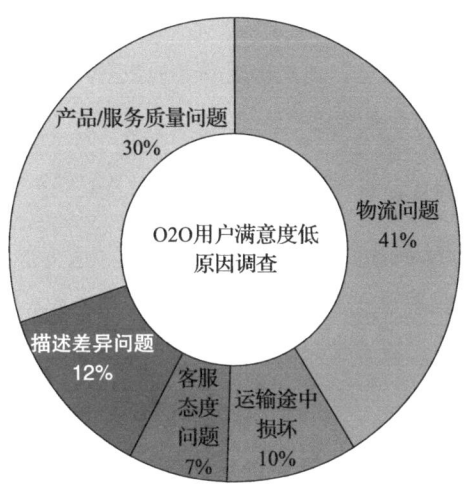

O2O 用户满意度低原因调查结果（样本量：1000 个用户）

在体验经济时代，物流担负着连通线上与线下的任务，物流是线上服务最直观的线下体验，如果物流做得好，则会让用户对于线上消费产生更好的印象。因此，当下的物流服务还有一个重要的深耕方向，那就是——寻找传统物流所不具备的触角，创造全新的物流体验。

达美乐一直被誉为"比萨界的奇葩"！笔者倒觉得它应该被称作比萨界的物流专家。

1960 年，第一家达美乐在美国成立。

1969 年，由于举债经营导致资金链断裂，欠下 150 万巨债，差点破产。

1977 年，达美乐还清所有债务，之后便开始一发不可收拾，一度成为全美扩张最快的比萨公司。

2017 年，达美乐已在全球拥有 14 300 家餐厅，全年销售额 122

亿美元，超越了必胜客的 120.3 亿美元，当之无愧成为全球第二大比萨连锁。更为惊人的是，达美乐近三年的股价增长，与科技界的三雄——苹果、谷歌和亚马逊旗鼓相当。

作为一家传统公司，为何业务会如此"疯狂"？

达美乐 CEO Patrick Doyle 曾公开宣称："达美乐其实是一家科技公司，只是刚好在做比萨！"。在他看来，达美乐能够取得这样令人难以置信的成绩的唯一方法就是——以不同的方式为用户创造惊喜！

定位清晰：只专注于比萨外卖服务

达美乐早在 2007 年就开始了网上订餐服务，它的网上订餐、移动点单、30 分钟内必达等送餐服务，无一不在向客户强调自己是一家"快"餐店。当你饥肠辘辘又赶时间的时候，可以在网上下单，15 分钟后去门店自取，或者 30 分钟之内等着送货上门。

为了让用户满意，真正做到 30 分钟必达，达美乐在店面选址上极其精准，不仅详细分析了周边的主要外卖消费人群、社区、街道、路况等，而且还将店铺区域认真绘制成图，详细到每个路口和红绿灯的位置，以便能够找到最佳的外卖送餐路线。在此期间，送餐员会与经理一起规划外卖路线。每份外卖的规定送餐时间是 8 分钟，路上预留 7 分钟以备交通堵塞和路况事故。超过 99% 的达美乐比萨都能在 30 分钟的承诺时间之内送达。

最近，达美乐还在全美发起了一项"为比萨修路"（paving for pizza）的计划，宣称要帮助美国 20 个小城市修路，之所以这么做，意图很简单，就是希望不要因为道路状况而耽误了外卖送餐的时间。

玩转黑科技，配送有惊喜

如果说定位精准、口味良好还只能创造出一个"还不错"的公司，那么极致的服务就是让达美乐公司表现得更出色的原因。达美乐很喜欢用黑科技为自己的服务加分，在订餐工具和配送服务上不断创新，让用户惊喜连连。

2012 年，无人机的概念才刚刚兴起，达美乐就开始使用无人机给用户送餐了，如下图所示。据称，许多用户都希望在自家门口等候无人机的到来，并来张合影上传到 Facebook 上炫耀一把。

无人机送比萨图示

2015 年，考虑到用汽车送比萨的场景可能更为普遍，达美乐还基于雪佛兰 Spark 打造了一款专属的送比萨车——DXP。一个座位 + 一个烤箱，基本就是这台 DXP 的全部内饰了，这款小车最多能一次性携带 80 张比萨，并且可以保证将每张热气腾腾的比萨直接交到客户手中，如下图所示。

DXP 送比萨图示

2016年，机器人开始热门起来，达美乐又推出了送餐机器人DRU。这个小机器人实际上是一个带着四个轮子的小车，它能根据导航自动判断从门店到客户处的最佳行动路线，并将热气腾腾的比萨和冰爽的饮料毫无折扣地送到用户家门口，如下图所示。

送餐机器人 DRU 送比萨图示

好的配送物流能够感动用户，带来好的体验，还能为品牌加分；而不良的物流体验，不仅会让用户对物流失望，而且还会将企业在之前环节付出的所有努力全部破坏。解决好物流环节问题，不仅能够提升整体的渠道体验，还能够为用户创造出全新的体验点。

物流中涉及的物流速度、货物安全、投递人员服务水平等，这些问题是企业应该做好的基本功课。还有更多可以制造惊喜的线索，需要我们去发掘。我们可以扮演消费者不断去体验自己的物流服务，找到糟糕的体验点，从而采取相应的措施来解决。物流体验应该像下图这样，不断增加一些符合物流场景，同时又能挠中用户"痒点"的服务。

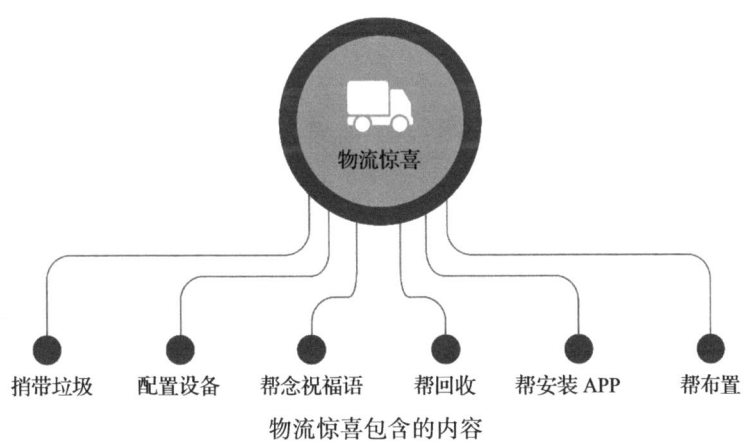

物流惊喜包含的内容

物流作为一种服务手段，它本身并不会直接给企业创造利润，但物流的体验却会关系到整体的经营环节。如果物流也能支撑起用户惊喜的半壁江山，那么距离让用户成为企业的粉丝就不远了。

第 5 节　渠道体验的全程体验点管理

研究体验管理就要先从豪华酒店看起。作为酒店业的百年老店，丽思·卡尔顿酒店（Ritz-Carlton）在对顾客的服务上一直堪称是"业界良心"的典范，丽思·卡尔顿一直以来所秉承的一个理念是：凡是能够为顾客做好的，就一定要做到最好。在这个理念的保证下，丽思·卡尔顿始终处于为客户创造优质体验的最前端。

最近几年，丽思·卡尔顿又引入了一项互联网技术，让企业的渠道体验得到了全面的提升。利用数据云存储和网络传输，丽思·卡尔顿对会员客户进行了个人信息的记录和全球店面共享，这项技术可以帮助酒店为客户提供更具个性化的服务。例如，一位客人在巴黎的酒店中表现出对暗色调的偏好，那么当他入住洛杉矶的丽思·卡尔顿时，服务人员也会为他准备一间暗色调的房间。

要想打通渠道方面的各个环节，需要从接待到前台，从服务人员到会员管理等整个渠道的参与，并最终形成这个线下信息记录、线上信息共享的体系。由于丽思·卡尔顿在每个环节都力求做到尽善尽美，因此这项服务很快便被推广开来，并广受顾客的好评。

丽思·卡尔顿的成功证明了渠道体验中环节衔接的重要性。渠道体验解决的是企业两方面的问题，即**销售**和**服务**，而从用户的视角来看，渠道体验则承担着寻找支持、解决问题、获取信息、帮助决策等多重功能。这些功能所能需要的正面体验语言是"可靠"、"全面"、"流畅"、"简便"。换句话说就是，我们是否能够保证，不会在用户面前呈现出一个不可靠的信息、一个不流畅的沟通、一个不简便的使用指导或一个不全面的服务保障。如果不能保证，那么这都是带来糟糕体验值的企业行为。这一切都说明了，渠道的体验来自于方方面面的关键环节。

营造良好的渠道体验，我们可以从很多细节方面入手。围绕用户相关的，有如下表所示的一些成熟的管理节点可供参考。

与用户相关的渠道手段

渠道手段	要点
呈现方式	多采用场景化的呈现方式，从用户的生活方式做起更容易
用户分类	按照生活情境，将不同的用户按级别分类，以便提供不同的服务
会员连接	根据会员的个人特点，为其推荐适合的产品或服务
证实可靠	向用户证明信息的真实可靠，包括公司资质、发展状况等
快速联络	向用户提供容易建立联络的方式方法，鼓励与用户进行互动
服务可溯	不仅向用户明示企业的服务保障条款，更注重提供保障条款的执行跟踪平台
友爱协助	对使用方法较烦琐的产品或流程较复杂的服务，应提供有趣的帮助方式进行协助
专家朋友	专家应以成为用户的朋友为出发点，而不仅仅是作为麻烦的终结者
物流跟踪	为用户提供物流信息的实时反馈，反馈方式符合地域特色
管理评价	为用户提供评价物流的系统，以确保不良的物流体验能够得到及时的反馈
支付效率	为用户提供可靠的支付中介，确保用户的资金安全
退款无碍	提供便捷的退款途径，对于正常情况下的退款能够及时完成
乐于升级	定期进行产品的升级介绍，非必须升级可以收费，必须升级则应尽量免费
推介埋点	对用户需要的企业内的其他业务进行合理推介，减少选择障碍
用户迭代	定期进行售后的反馈跟踪，探查用户的满意度和影响满意度的原因
时时相处	经常性地问候用户，目的是沟通与用户之间的感情，提升企业的存在感
用户代言	提供用户评论、投票等功能，让用户参与到产品或服务的开发上来
会员激活	提供便利的会员交流功能，增进会员感情
落实让利	让用户能以简易的方式获知优惠活动，并且更易于参与
隐私无虑	重视区分隐私和非隐私信息，减少客户的顾虑

上表所示的内容都是一些经典的关键点，囊括了渠道体验中常见的发力细节。需要说明的是，企业需要根据自己的实际情况进行完善，而并非将以上所有手段全部照搬进渠道体验当中。比如，作为一家快消品类型的企业，物流跟踪与收货评价是极为关键的体验点，但客户分类和售后支持的体验点营造相对来说则没有那么重要。如果是一家智能电子设备的制造厂商，则应该重点提升用户参与、安装使用以及固件升级服务的体验。

总而言之，渠道体验是用户体验管理中重要的一环，在体验经济时代，随着商业工具的增加，企业能为用户营造的渠道体验点也就相应地增多了。当企业的竞争对手新建立了一个渠道体验而你的企业没有时，那就相当于你比别人缺少了一个渠道竞争力，这无疑会让你在市场竞争中处于不利的地位。

第五篇

打造超越期待的接触点体验

X BUSINESS
INNOVATION

前文呈现了从洞察到规划的大量创新工作，包括寻找感性人心智、推导商业概念，然后是展开场景之中的业务蓝图。本篇即将进入成果物落地的最终环节——接触点体验。接触点的使命就是以产品的形式，来支撑前面的设想，从而实现对用户的承诺。

本书讲到这里可能有人已经迫不及待了，觉得自己就是单纯做产品的企业。整本书的前面分享了很多内容，为何在绕了那么大一圈之后才提到产品？那是因为体验经济时代的创新格局已经发生了巨大改变。过去企业习惯于以产品为中心的工作模式，基于某种独门技术，先实现产品，然后才梳理对应的市场策略。而今天用户心智才是不易改变的源头，产品应是顺应用户心智而被动产生的。所以，产品身处末端最容易被更替，这个新的因果关系决定了产品是最后才需要被考虑的。

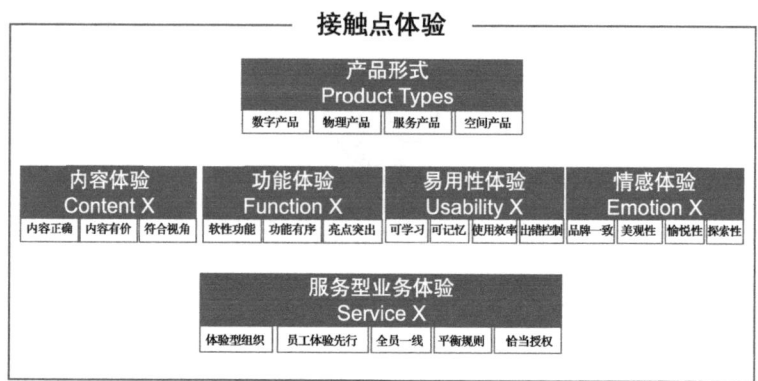

接触点体验

第19章

产品打动用户的体验 DNA

第 1 节　组成接触点的多种产品形式

接触点连接着企业与用户,由产品作为接触的承载物。

过去我们认为产品仅仅是指那些看得见摸得着的物体,比如汽车、手机、空调等,但是真正的产品定义比这个要宽泛很多。管理学里对产品的规范定义是这样的:"**产品是指能够供给市场,被人们使用和消费,并能满足人们某种需求的任何东西,包括有形的物品、无形的服务、组织、观念或它们的组合。**"

这个定义说明了产品在形式上不仅仅是那些能够看得见、摸得着的东西。只要是满足人们需求的输出物,都可以算作产品。

在接触点管理的这个环节里，产品通常可以分为这么几类：**数字产品、物理产品、服务产品和空间产品**。

1. 数字产品

数字产品泛指依托 IT 技术运行的虚拟产品，常见的包括网站、手机 App、游戏、音视频等。数字产品是信息时代的产物，它的优点是信息丰富、易于储存与传播、容易搜索与筛选等。但是数字产品也有不足之处，例如人体感知不佳，空间感与临场感都是它的短板。

针对数字产品的体验设计，主要的方法体系来自于人机界面设计（User Interface Design）行业，包括**信息架构、交互设计、视觉设计**等。

（1）信息架构更关注数字产品的信息结构逻辑，比如商品的分类方式、网站多个页面的拆解方式、页面的导航逻辑等。常见的网站地图，就是经典的信息架构产物。

信息架构的工作，在大型公司由专门的信息架构师来负责。在中小型的公司，这个工作则一般是由产品经理或者设计师来完成。

（2）交互设计主要完成了数字产品与人之间的互动方式，主要包括如何安排页面的布局、界面模块如何调度、如何响应人类的操作等。这个工作一般由产品经理或交互设计师来完成。

（3）视觉设计就像是数字产品的软装修，它主要负责提升产品的颜值。视觉设计通过色彩、排版、字体等方面的工作，让产品在交互设计的逻辑性上增添了更多的美观度。这项工作一般是由团队里的视觉设计师来完成的。

2. 物理产品

物理产品主要是日常生活中那些触手可及的产品。物理产品也称为实体产品。常见的物理产品包括家用电器、数码产品、家具、仪器设备等。物理产品的优点来自于它可以很好地对接人的五感，即听觉、嗅觉、视觉、触觉、味觉。所以相比于数字产品，物理产品的临场感非常好，能够让用户很直观地感受到产品的价值。物理产品的短板与数字产品正好相反。物理产品不易于进行系统的管理，不易于传递与分享，不易于搜索查找和筛选。

物理产品的产品体验主要依靠于工业设计（Industry Design）行业的工作方法，包括外观设计、结构设计等。外观设计主要用于完成产品的造型和视觉传达，一般由工业设计师来完成。结构设计则是基于外观设计，进行产品内部的各个部件的分解和设计，例如，组装方式、固定方式、结构件运动方式等。结构设计一般是由专业的结构设计工程师来进行的。

3. 服务产品

服务产品泛指以人为载体的输出物形式。比如，服务员、工匠、清洁员、安防人员等提供的各种服务。

服务类产品也是一种典型的无形产品。服务产品与线上产品以及物理产品具有显著的不同。线上与物理产品可以预先生产、统一交付。例如，手机可以事先生产存放在仓库中，淘宝的 App 可以事先开发好部署在阿里云上。而服务类产品的产出物则是在现场立即生产并提供的。例如，在酒店接受泊车服务时，当客人将钥匙交给侍应生时，这个服务才开始产生并运行。它并不能做到事先备好一大堆服务产品，放在某个地方让人随时取用，所以服务类产品在流程标准化方面具有更高的挑战性。

服务类产品的体验设计是非常新的学科。目前还没有出现特别专业的、已成体系的工作方法。已知的服务体验设计来自于不同的传统工作的结合，包括产品体验设计、空间设计、商业策划等几个不同的专业流派。所以目前负责服务类产品体验设计的工作角色，也有很多不同的背景，如产品设计师、咨询专家、建筑师，甚至还有礼仪规划师参与其中。

4. 空间产品

空间产品一般是指室内外的环境。空间产品的设计方法主要来自于建筑行业，它相对来说比较独立、自成体系，所以在本书中就不多做介绍了。

第 2 节　产品是品牌营销的发动机

体验管理思想在产品方面的最大颠覆，就是**对产品使命的认知变化了**。体验经济时代，产品依然是企业接触用户的最前沿。不同的是产品设计理念从功能型产品走向了体验型产品。

在体验经济之下的创新工作中，前面的步骤已经完成了研究用户家族、设定用户级场景、铺垫用户旅程等各阶段的工作。这些步骤中并不会细致地定义具体的产品，做完前面所述的这些工作之后，接下来就要开始关注各类道具，此时产品相关的工作便开始闪亮登场。

以往，产品的规划过程中，都是围绕着如何做出易销售且利润高的产品来进行的。关注产品的成本与市场售价，然后在产品的买卖中实践着销售业务。在这种经营模式里，产品是产品，营销是营销。

那么，今天产品的使命又是什么呢？仅仅是用来营利的市场交付物吗？

产品作为接触点的主要支撑道具，可以推动用户完成自己的任务并达成目的。产品就像企业无形的代言人一样，时时刻刻都陪伴在用户的身边，这是多么好的契机。让品牌营销工作从传统的营销环节下沉，回归到产品本身，这是体验经济赋予产品的重要特征。

从前是用产品来变现，现在则是用产品先套住人心！

基于体验经济的管理思路，产品对营销的强力支撑主要表现在如下两个方面。

1. 体验卓越的产品产生体验式营销

所谓形神兼备，形是产品，神是品牌，不要有神无形。

以往的营销方式，主要依赖于市场部门的"大嗓门"。他们不断提炼营销概念，试图以语言打动人，以"音量"吸引人。现在的体验式营销更多是依赖用户的自行使用与感受，然后自我说服。这就需要产品具备说到做到的特质。

首先在进行产品设计时，如果该产品符合后面即将讲述的产品体验四要素，那么它必然会是一个激动人心的产品，也自然会形成卓越的口碑。在如今社交工具如此发达的年代，高口碑的产品一定会形成高传播率。所以，一个好用美观且激动人心的产品，必将是形成自传播的"振荡器"。

这里需要补充一个新的观点。体验型产品的口碑不仅仅来自于服务好用户，还有一个重要环节，那就是良好的设计证明了产品的承诺。

制表大师 André-Charles Caron 先生在 1760 年前后为了吸引表迷欣赏其位于巴黎 rue Saint-Denis 专门店的设计，制作出了全球第一只镂空腕表，向世人揭开了腕表内部构造的神秘面纱，并将镂空主板、棒子、板桥、齿轮等微细零件呈现在用户眼前。

镂空机芯是手表工艺的一个新高度。很多世界名表（如江诗丹顿、劳力士、欧米茄等）都有非常著名的镂空机械表系列。这些表的夹板都被用尽心思做成框架状的，从而可以用最大的空间显露出时钟的齿轮及其他器件，而且局部没有表盘，可以直接透视到机芯。

每一个亲自接触过镂空机械表的人，都会情不自禁地为它着迷，甚至是拍照发朋友圈表达自己的惊叹。但你是否意识到，每款工艺高级的机械表，内部的复杂程度都差不多。镂空根本不会为机械表带来更好的机械运转能力。这么多高级手表之中，人们为何在遇到镂空表时最易激发冲动，去表达对工艺的惊叹呢？正是因为镂空表本身不但工艺水准要求极高，而且它选择了一种直白的方式，让人们能够直观地感受它的巧夺天工。

请记住这句话："产品的设计不光是为了达成体验，产品的设计还要无言地证明自己。"

进行产品设计时,无论是在外观、功能还是流程等各个方面,除了要将本来的设计点做好之外,还需要关注产品的优势是什么,卖点是什么,然后考虑是否能够通过有趣的设计,让用户自己在使用时受到产品的强烈暗示。比如我们常见的马桶清洁剂,如果是透明的一样也能将马桶清洁干净,之所以做成蓝色的,就是为了让你从视觉上感觉到它工作时的效果。

下表所示的是符合传播的产品体验设计的两条铁律。

符合传播的产品体验设计铁律

铁律一 适合用户捕捉的视觉表达	用户可以快速(数秒内)地辨识出产品。而且经过用户拍照等方式,放在传播渠道时,也能够被准确快速地识别
铁律二 用户使用后可以快速总结的特点	在没有外部信息引导的情况下,用户可以自我精炼、总结产品的优点

曾一度火爆的55度杯(如下图所示),就非常符合体验式营销的案例。下面我们来看看它是怎样贴合上表所列举的这两条铁律的。

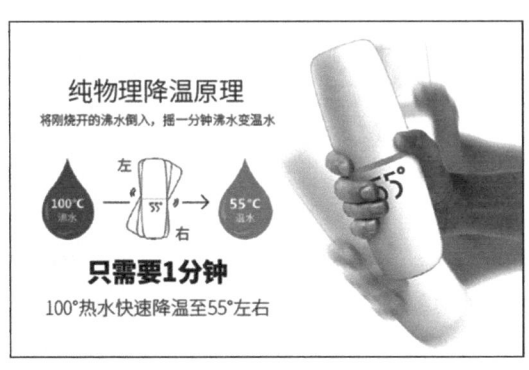

55度杯图示

针对第一条铁律，55度杯在外观上具有很高的可识别性。白色的杯身，黄色的腰线，一个大大的55度LOGO。用户在拍照时，很容易寻找到产品的识别点。而且这些照片在微信朋友圈等地方显示时，也具有较好的识别性。别的用户一眼就能知道是在曝光这个杯子。

针对第二条铁律，55度杯的作用就是快速降温。用户在上手之后，能够用特别直白的语句来描述。"开水倒进去就可以喝了""水一下子变得不烫了""倒进去的水可以直接冲奶了"。这些句子既朴实又真实。当用户容易总结时，也就容易产生更多的传播内容。市场上的很多产品，其亮点很难靠群众的能力给总结明白。比如含有DHA的蛋白粉、MLC结构的硬盘、碳纤维的背包、CVT变速技术的汽车等。这些产品对普通用户来讲，使用后想表扬都不知道从哪里下手。

朋友圈的内容，就是图片加文字。这两个铁律正好应对了这个需求。好的产品，应该让用户更容易获得这两个素材。

所以，能够帮助营销成功的产品口碑，不是靠含蓄来获得的。所有的契机，都是被人刻意强化设计出来的。那么你的产品，是否能够证明自己呢？

2. 从单一产品到产品矩阵的彼此协同

前面曾讲过，主导商业形态的是场景思维。在这个思路下，我们更致力于针对同一类人群产生多个接触点。为了应对不同接触点的需求，企业需要提供不同类型的产品。这些分布在不同场景接触点中的产品，组成了整个业务的**产品矩阵**。

就像企业组织里具有不同的角色一样,产品矩阵里的产品彼此之间也有分工:有的产品负责品牌建设,有的产品负责引流,有的产品负责盈利,有的产品负责服务。

维多利亚的秘密(VICTORIA'S SECRET)是美国著名的内衣品牌。它的产品性感迷人,受到很多女性的钟爱。维多利亚的秘密的产品价格为人民币 300~1000 元,价格定位比较亲民。但在维多利亚秘密的产品线中,还有一个特别著名的系列——钻石梦幻文胸。这个系列的单价平均在 1000 万美金左右,目前排名第一的是 2000 年由巴西的名模吉赛尔邦辰走秀展出的一款,价值为 1500 万美金。

从 2000 年到现在的近 20 年时间内,这个钻石文胸系列一共就卖出去了两款。从销售数据上看,它并不是一个很畅销的产品,那为什么维多利亚秘密还这么乐此不疲地维持这个超级高端的产品线呢?答案应该很容易让人想到,这个产品在产品矩阵里面的使命就是用来做品牌建设的。让每个购买维多利亚秘密产品的人,都觉得自己购买的是千万美金级别的产品阵营中的一款产品。我们的产品组合中,用来销售的可能只是其中的一部分,有些产品的使命从设计之初,就有其他的安排。维多利亚秘密的钻石产品系列,就被赋予了突破品牌高度的使命。

维多利亚秘密这种打造高端产品线的做法,还只是产品矩阵的初级模式。它只是考虑了产品不用直接瞄准销售这一点,但这些高、中、低不同品类的产品,除了品牌一致之外,并没有更多深层次的联系。**产品矩阵的更高级状态,就是产品之间依照用户场景彼此协同,共同站台**。这是一种更加完善有力的形式。

小米公司董事长雷军在小米成功登陆港交所时表示:"小米公

司董事会已经通过决议,从今天起,小米向用户承诺,每年整体硬件业务(包括手机及 IoT 和生活消费产品)的综合税后净利率不超过 5%,如果超过,那么我们将把超过 5% 的部分用合理的方式返还给小米用户。"根据小米上市前的一份 Pre-IPO 融资推介材料介绍,小米 2016 年硬件业务的净利润率仅为 2.8%。因为雷军姓雷就要成为雷锋吗?当然不是。小米数千亿的市值一定是有其出处的。作为一个致力于生态链搭建的明星企业,它旗下众多的产品之间,正在形成彼此促进的互相协同状态。

小米的智能音箱可以控制小米电视,那么,购买了小米电视的人为了追求更好的体验,就可能会考虑买个智能音箱。再例如,因为使用了小米的智能灯泡,安装了小米的米家 App。在米家 App 里,用户发现还可以控制电源插板,因为这个可能又会去购买小米的智能电源插板。更别说还有很多传统的互联网套路了,比如购买了小米手机之后,手机用户可能会为更多的界面皮肤买单。

互联网模式里面总爱说羊毛出在猪身上,放到产品矩阵的逻辑之下,就是有的产品成为"羊",负责引流站台,有的产品成为"猪",负责收益利润。于是真的就会有很多不挣钱的产品,表面上是在为大家提供免费的午餐,背后却为其他兄弟产品带来了机会。

在这里需要澄清的一个观点是,很多企业针对不同细分人群的产品很丰富,高、中、低各个档次都有。于是很多企业错误地认为自己已经形成了产品矩阵。这种情况并不能称为产品矩阵,这个只能总结为有很多产品系列。因为它们彼此之间几乎都是孤立的,既不会互相引流,也不会为对方的营销站台。甚至各个产品线之间还有抢夺客户的可能性。

因此将产品开发出来只是迈出了很小的一步,离搭建完善的商业场景还有很多路要走。产品并不是用户期望的全部,产品只是用户即将得到的一个道具。我们需要沿着用户的心路历程,用产品矩阵构建一个有机的商业场景,只有这样才能够为企业带来链式竞争力,将用户牢牢掌握在手中。

第3节 产品体验四要素详解

做产品的时候最原始也最难的事情,就是定义什么是"好"。

美丽动人的外观?70% 的人可能会这么想。

非常高的性价比?50% 的人可能会这么想。

爆炸式的黑科技?30% 的人可能会这么想。

根据现代行为学的研究,用户在使用产品时,他们的内心戏是非常丰富的。用户会在短短的十几秒内让左脑右脑同时工作,快速地去认知这个产品。这个认知过程,称为**用户的透视瞬间**。当用户像 X 光机一样地扫描着产品时,他会评价哪些要素呢?

通过行业多年的研究总结,下图所示的这几个要素决定了产品带给用户的几个体验。

产品体验要素模型可以视为产品的 DNA,它包含四个要素:**内容体验、功能体验、易用性体验和情感体验**,这四个要素完整地拆解了产品体验的多个方面。

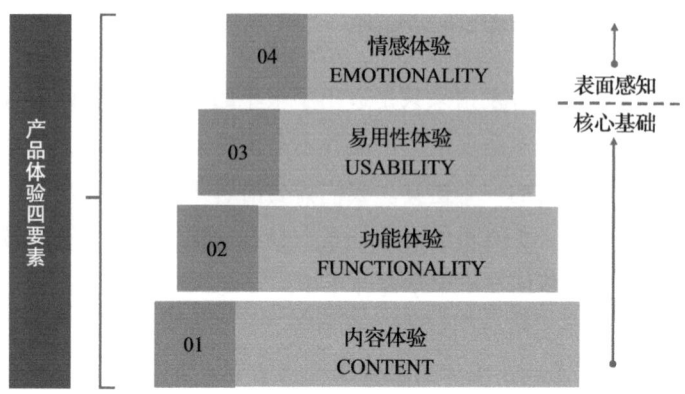

产品体验四要素图示

这四个要素按照从下往上的顺序排布,这种顺序也体现了它们之间的依赖关系。第一步先关注产品的**内容体验**,该要素通过在文字图像等素材方面的规范和创意,可以使产品的静态语境能够被认知。然后是**功能体验**,该要素通过功能让产品动起来,解决用户使用的基本需求。第三步就是让用户使用产品的过程顺滑无挫折,这就是**易用性体验**的打造。第四步通过**情感体验**的塑造,拔高彼此的共鸣,让用户的情绪被产品点燃。

评价产品的体验是否良好时,人们习惯性地会想到的标准就是产品好不好看,有没有惊喜。这些其实仅仅是这个模型中情感体验里的一部分。企业往往认为情感体验是最重要的,而内容、功能和易用性这三个维度,则常常认为是老旧的、不重要的。这种错误的认知,是一个标准的"冰川视角"。像情感体验这类用户容易感知的表面要素,其作用其实只占了30%。冰山下才是产品"好"的核心基础,其贡献要占70%。做产品体验创新时,背后默默支撑体验的庞大要素也是我们需要重点关注的。

这四个要素只是第一级的主要素,每个主要素下面还有若干个子要素，如下图所示。我们将在下面的章节详细描述这些关键子要素及其运用方法。

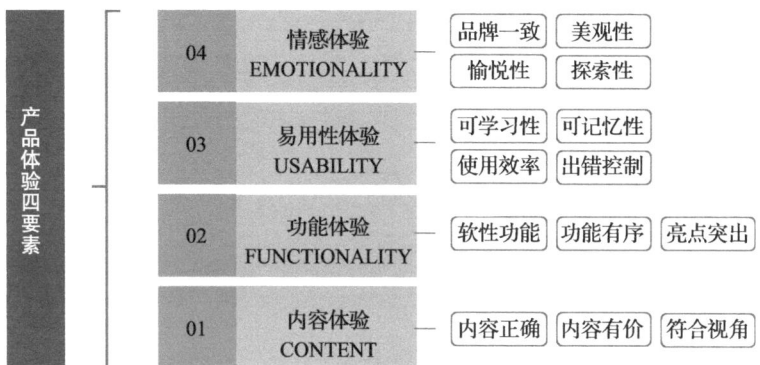

产品体验四要素及其子要素

第20章

产品的语境：内容体验

第1节 你首先忽略的是内容体验

内容是产品与用户之间沟通的媒介，是产品对自己的表达。内容体验就是产品静态的呈现感受，它决定了产品的基础调性。

产品中常见的内容包括如下几点。

（1）文字：文字的内容包括按钮文字、菜单、标题、文章正文、广告语等。

（2）图片：图片的内容包括广告头图、照片、图标ICON、手绘插图等。

（3）多媒体内容：多媒体内容主要是指声音、视频等，例如，视频介绍、按键声音、提示音等。

内容就像空气和水，其是如此的常见以至于人们往往会忽略它的重要性。内容是用户与产品互动时首先感知到的部分。用户在未启动功能之前，内心里对产品的评价会先来自于内容。用户通过对内容的研读，来判断该产品是不是自己所需要的，能否满足自己的诉求，同时还能够判断该产品是娱乐性的、还是严谨的，是值得信赖的、还是充满不确定性的。

因此当用户被引流进来后，其对产品的第一印象，主要靠内容体验来进行打造。好产品的内容体验，主要包括**内容正确**、**内容有价**和**符合视角**三个子要素。

第 2 节　内容正确：产品总写不对文字

内容体验的第一子要素——内容正确。

内容准确是指内容交付物里不会出现可能引起用户误解的内容。这个标准看起来好像非常低，但是在我们日常的产品创造过程中，内容不准确的例子却非常常见。

现在，电饭煲基本上是大江南北的家庭都会配备的家电。每个电饭煲都有一个控制面板，用来管理做饭的操作。这么一个司空见惯的厨房小家电，其面板上按钮所示的寥寥几个词语也会让人感到困惑。以笔者购买的国内某著名品牌电饭煲为例，它的操作面板上，有"稀饭""粥／汤"这两个按键，就是这么两个简单的按键文字，就已经为用户带来不好的使用感受。

因为在全国很多地方，人们对粥和稀饭的理解会完全不同，有的地方粥与稀饭是一个意思，有的地方甚至没有粥或者稀饭的叫法。而笔者恰恰是来自粥与稀饭不区分的成都地区，于是我这个美食爱好者，在初次使用时就感到非常困惑。

作为领头羊企业下的最常见的产品，会发生这种看似不起眼的问题，其背后是有历史原因的。很多大型企业的产品是多年来不停开发积累得出的成果，这些产品的内容，如标题、按钮文字、提示文字等，都是在不同的时期形成的，所以会造成很多信息的历史沉积，最后就逐渐产生了歧义。

项目的当事人由于长期重复工作，对这些情况早已熟视无睹。所以提醒做产品的人，在追求核心技术之外，一定要放下怠慢心，认真梳理和审核产品的内容。笔者经历过很多知名公司的产品评审，常能找出几十个内容相关的错误。这些错误看似稀松平常，但放到用户面前就会带来特别不好的使用感受。

笔者曾经担任过一个CRM SAAS平台项目的顾问。这个平台的功能非常强大，核心功能包含几十个，各种页面数不胜数。在做用户体验排查的时候，笔者发现有个公共的业务搜索页面，会被很多功能模块链接，而且在不同的页面里，对这同一个搜索页面的链接跳转文字竟然还不相同。统计下来有"高级搜索""深度搜索""二次搜索""全面搜索"这四种。以至于有用户在使用一段时间之后，会抱怨这个系统有四个搜索引擎，不知道选择哪个更好。这就是内容不准确对用户产生的误导。

所以在内容上精益求精，是用户对自己的产品产生好感的基本条件。为了达到这个目标，日常的项目过程中，企业要对内容的细节怀有敬畏心，不以难度来安排自己的投入度。最好能有独立的人员，站在产品的整体视角自上而下地梳理内容，打破各个子团队分工后的隔阂。保证内容的正确性，并没有什么取巧的方法，唯一的办法就是下功夫去认真对待。

第 3 节　内容有价：避免可怕的"正确废话"

内容体验的第二子要素——内容有价。

内容体验的第二子要素是**内容有价**。第 2 节的**内容正确**是指内容的基本信息不能出现错误。而本节的**内容有价**，则是要避免出现那些从理论上讲虽然没有错误，但是依然会让用户**不能**或者**不容易**理解的内容。这就是俗话所说的"正确的废话"。重视内容有价的缘由，是因为用户的时间和精力都是宝贵的。产品的管理者常会觉得产品内容多一行或少一行，多个词或少个词都是无所谓的。但用户接触到的某个产品，是他一天中所接触到的几百个产品之一，对于用户来讲，留给某个产品的交互时间是非常少的，也许就只有几秒钟。所以产品管理者要有这样一个意识，必须要在这短短的几秒内让用户清晰地认知产品。

在这方面经典的不佳案例，就是几大电信运营商的资费套餐说明文件。相信大家普遍都能够感觉到读完这些文件之后依然会存在诸多困惑，觉得文件并没有将事情说清楚。还有各个保险公司的保险说明书，洋洋洒洒十几页。用户看完之后，能担保说已完全看懂的寥寥无几。

那么，如何提升内容的有效性呢？关于这一点讲起来单独都可以写一本书，在这里笔者基于用户体验的角度，提供如下几个思路以供参考。

（1）基本原则是寸土必争。珍惜每一个落在产品上的内容所代表的意义。

（2）具有微文案的意识。微文案是指通过短小的文字，也能够表达一些情感、观点、背景等。像微信的签名就是一种很常见的微文案。好的微文案，寥寥几句就可以表达出很多内容。

（3）内容应符合二八原则。大面积的内容里，一定要有主有次，主要内容先归纳先出现。次要内容放在后面，等用户有时间再看。

（4）内容要符合扫描式的阅读形式。内容需要有节奏感、有段落感。

（5）内容形式要易于阅读。对于复杂的内容要使用图说、视频化等更直观的形式。

内容有价就是要求产品管理者不将自己简单地当作内容录入者，而要将自己想象成作家，将用户看作是读者。产品的内容输出物要能让"读者"能够看明白，最好还能打动他们。

第4节　符合视角：走出鸡同鸭讲的尴尬

内容体验的第三子要素——符合视角。

笔者所经历过的项目中有很多都是复杂型的业务，例如保险、银行、电信运营商等。这类业务最初级的愿望就是希望用户至少能够看得懂。只是在现实里，能让用户看懂首先就成为一项挺有挑战性的工作。

为什么用户不能快速理解企业想要表达的意思呢？企业在创造内容时，经常会陷入企业视角和产品视角的局限中，这两个视角都是用户的外在视角，没有走入用户的内心。企业往往很努力地在表达自己，但却忽略了用户。与企业视角和产品视角相对应的就是用户视角，它们的区别如下表所示。

三种不同视角的内容示意

企业视角	产品视角	用户视角
全球最大的化妆品制造商	具有生物黑科技的化妆品	一次化妆，年轻十岁

要想符合用户视角其实并不难，只要记住这句话：**用户并不关心你是谁，用户只关心自己怎样才能过得好**！在内容的表达上面，企业应根据用户场景与用户旅程来撰写内容输出物。

旅行社描述旅游产品的价格时，通常是这样的风格："旅行社大让利，泰国自助游只需 2000 元"。当用户看到这样一段话的时候，他的心路历程可能是这样的：

"哦，2000 元的价格？"

"2000 元的价格好像不算贵。"

"可以考虑。"

"我算算我的钱够不够。"

"这个月工资 4000，拿到手是 3500 左右。"

"房租水电手机费得扣掉 1500 吧。"

"除了团费，自费项目预算 2000。"

"免税店得预算 1500。"

"每个月的收入够还是不够？"

"……"

"哎呀，已经算不清了，下次再考虑吧。"

这是一个典型的用户纠结状态。商家在表达业务的时候，会准确直白地描述自身的业务情况。这种说明方式没有错，但绝对不够好。因为大家都将用户假设成一个聪明的、有耐心的人，相信用户会二次加工所接收到的信息，然后做出有效的判断，这个假设在现实情况中实在是有些过于乐观。第一篇讲行为经济学时曾提到过，大部分普通用户对于信息的二次处理能力是非常弱的，他们往往不能做出有效的决策，用户只能快速理解那些与他们的生活和工作相匹配的信息。同样是旅行产品，我们来看一个飞猪旅行的例子，如下图所示。

飞猪旅行头条宣传文案图示

这虽然只是一个小小的帖子，但背后却拥有很人性化的逻辑，逻辑的核心就是用户不需要关心企业是什么情况，只需要关注自己是否符合这种情况。在这个例子中，虽然同样是在说费用的事，但其中并没有直接描述旅游产品的费用，而是站在用户的视角来描述什么样的收入水平，就可以享有这样的旅程。当用户不需要自己计算和分析的时候，这样的内容一定是用户最容易理解和接受的。

要让内容体验具有用户视角，可以参考如下这些实用的小技巧。

（1）基于用户的场景进行讲述。
（2）出现用户环境特有的动作或者名词。
（3）来自用户族群的数据。
（4）符合用户的归纳方式。
（5）使用当前用户环境里的热点热词。

第21章

产品的技能：功能体验

第 1 节 软性功能：那些被你冷落的长板

功能体验的第一子要素——软性功能。

第 20 章讲解了产品 DNA 第一层的内容体验。若将内容体验比作产品的静态属性，那么功能体验就好像是产品的动态技能，这是产品 DNA 的第二层。

功能体验是保证产品能够被用户正确执行的前提。我们可以将产品想象成一个武林高手，那么功能体验就是这个武林高手的功夫。一个武林高手可以具有很多很强大的功夫，如拳法、腿法、刀法、剑法、棍法等。那么，什么样的"功夫"才是最受用户欢迎的呢？

前两年，被称为"自拍神器"的自拍杆在市场上迅速走红，不仅成为很多人旅游出行的必备用具，更是走入了一些重要的国际场合，就连美国前总统奥巴马都曾在白宫为它免费做起了广告。

"自拍神器"其实并不是什么新奇发明，早在 20 年前，日本就已经有人将它发明出来了，只不过当时的它被视作是无用的发明。日本有本《日本无用发明》的刊物，在这本书的 1995 年版中就能找到这种"自拍神器"，当时刊物对它的评语是："不知道这玩意儿有什么用，简直是脑残想出来的玩意儿。"

20 年后，从完全无用到风靡全球，是什么改变了自拍杆的命运？应该说是体验时代改变了人们的生活方式。用户对于产品和服务的要求，从单一的功效转变成了全方位的体验。自拍杆作为产品，从技术角度看不过是一根装配了蓝牙的不锈钢手杖，这绝不是用户购买它的理由。用户所需要的是一种"酷玩""自我""分享"的生活体验。而对于这种体验的需求在之前是没有的，所以那个时候的"自拍神器"只是"脑残想出来的玩意儿"，但体验时代放大了个人体验诉求在商业当中所占的比重，于是"脑残想出来的玩意儿"就变成了畅销品。

历史真是充满了戏剧性，一个曾经最无用的发明，现在却变成了广大用户手中的神器。这个转变也从侧面揭示了体验经济时代对产品功能的认知变化。

在用户体验的范畴里，产品的功能性可以划分为两种类型：**硬性功能和软性功能**。硬性功能是指产品要完成基本使命而必备的能力，例如，手机能打电话、汽车能驾驶、厨具能做饭、笔能写字等。而软性功能则是指在硬性功能之外,为了更好地适应用户需要而创造出来的增强功能,例如,汽车里的收音机、手机里的照相机、微波炉上的 WI-FI 等。

浏览器基本上是大家每天都在使用的产品,如下图所示。下表所示的是浏览器的部分功能,分为 A 组和 B 组。

浏览器打开淘宝网界面图示

浏览器的部分功能

A 组功能	B 组功能
输入网址	收藏夹
显示页面	截屏
响应点击	历史数据
链接跳转	拖动搜索

上表中,A 组与 B 组所列举的功能有什么区别?A 组是浏览器能够正常浏览网页所必备的功能。一旦缺失,浏览器就会罢

工,而 B 组则是可以通过其他方式进行替代的功能。比如,收藏夹功能可以通过将网址记录在本子上来代替。截屏功能可以另外安装独立的截屏软件来实现屏幕图像的截取。历史数据的功能可以利用 Excel 表来进行人工记录。

上表中,A 和 B 的功能组,就是硬性功能和软性功能的两类集合。区别硬性功能与软性功能,有一个很简单的诀窍:当某个功能去掉后会造成产品基础能力失效的就是硬性功能;不会影响产品基础能力的就是软性功能。硬性功能解决的是"有和无"的问题,软性功能解决的是"好与坏"的问题。

从体验创新的角度来看,是应该重视硬性功能还是软性功能呢?

这个问题并没有标准的答案,需要放到大环境中来思考。在体验经济时代,产品已经极大丰富。能在市面上存在的产品,早已完成了基本能力的开发。企业当下的追求是将产品做得更好,而不是考虑如何将产品做出来。

硬性功能是一个产品的标配。所以**对于硬性功能的打磨,是所有竞争对手的必经之路**,因此硬性功能上的竞争必定会像主干道一样拥挤不堪。企业在硬性功能上投入 100 分的力气,在市场表现的提升上可能非常有限。而软性功能并不是产品的标配,各个企业能够按照自己的特色百花齐放地发力。企业在软性功能上投入 30 分的力气,可能在市场表现上就能带来显著的提升。

说到用户体验就不得不提及海底捞火锅店。海底捞作为餐饮的品牌,理论上最大的竞争力应该来自于对于火锅调料的研究。但在海底捞就餐过的人都知道,其被人不断传播的亮点,都是那些看起来与餐饮本身无关的地方。例如,排队时提供的各种贴心小服务,上桌就餐时给你递上装眼镜的密封袋等。如果来吃饭的是单身人士，他们还会在客户对面放上一个大熊。这些让人津津乐道的闪光点，其实都可以归为软性功能。假设海底捞如果要打造硬性功能，那就需要通过火锅口味在市场上取得绝对优势，全国几十万家火锅店肯定是不答应的。所以它很聪明地避开主锋芒，选择了一个更有效、更容易被人认知的创新方向。

分析功能的软硬属性，是用户体验的一个有力的创新策略。这就需要我们独具慧眼地去判断软硬性功能分别具有哪些属性。这就好比运动员在秀肌肉的过程中，要尽量去选择那些一拳可以撼动的地方，而不要总是打在钢板上，努力然而徒劳。

第 2 节　功能有序：功能也要讲究排兵布阵

功能体验的第二要素——功能有序。

与内容一样，功能的设定也要避免原始的平铺直叙。功能的使用逻辑，也需要精心合理的安排。功能设定方面的合理性，可以从以下几个方面来考虑。

1. 避免堆砌

在笔者参与过的上百个大大小小的创新项目中，在功能设定阶段常会遇到一个典型的现象，那就是产品管理者特别喜欢不断地堆叠新功能。某个创新产品的项目负责人，出去考察了一圈市场之后，常常烦恼于自己的产品不具备那种舍我其谁的竞争力。为了消除这种焦虑，负责人会习惯性地不断添加新功能以期解决问题。希望通过所谓的功能"大礼包"，增强其市场上的竞争力以压倒竞争对手。这种"全家桶"式的堆砌，我们将其称为**虚胖的产品**。

众筹网站上曾有一款实木菜板。这个产品个头不小，在产品设计上也花费了不少工夫。按照设计师的说法，他们为这个产品设定的优势，就是它的可扩展性。产品不仅考虑了如何在家里使用，还涉及了如何进行旅途携带，如何在户外使用等，这样初看起来，该菜板似乎可以包含不少用途。

这种考虑看似很全面，但从实际生活的角度来想一想，就会发现这种敦实的菜板一年四季都得待在厨房，因而上述这些扩展功能就显得毫无意义了。这就是标准的常用功能无亮点，寄希望于外围功能来增值的无效策略。

很多产品没有竞争力是根本事实。盲目地添加功能，并不会成为这个产品的救命稻草。就像面对一辆坏车时，即使另外送个洗车服务也不会有人动心的。

2. 排布符合心智

关于功能的设定，我们又会看到"符合心智"这个词。的确，各个环节的设计都应该符合心智，内容层面是这样，功能层面也是这样，只是各自使用的方式不一样而已。

功能的排布符合心智，是指产品功能的逻辑应与用户的认知保持一致。如今很多产品的功能排布，过于跟随业务逻辑或者技术逻辑。有时单看功能清单，甚至都能分析出该公司的部门体系，根据有的功能清单还能看出该产品背后的数据库结构，如下图所示。

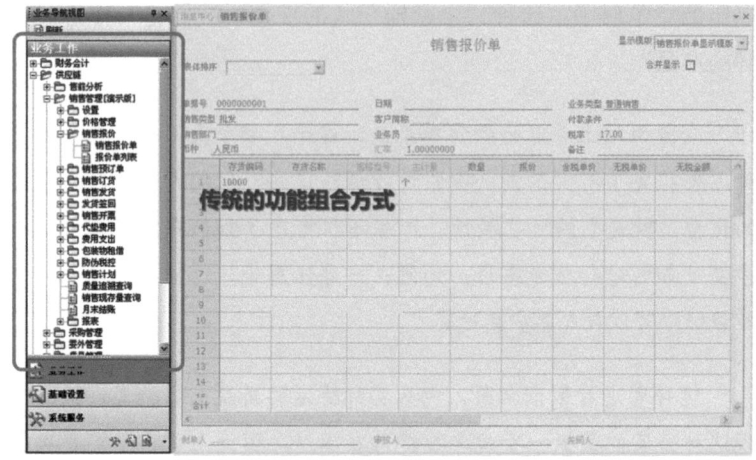

传统的功能排布图示

那么,如何布局才算是基于用户的心智模型来进行功能的排布呢?可以参考如下几个方法。

1)按照需求度来排放

这就是所谓的按照"热度"来配置。如果遇到一个功能特别多的界面,到底应该将谁放在前面呢?这时就需要按照每个功能受欢迎的程度来进行安排。技术再强大的功能,如果每个月才使用一次,那它肯定应该让位于每天都要使用的功能。

2)按照用户的逻辑来排放

按照业务逻辑来安排功能排布的方式,这种方式在金融和电信类产品中非常常见。这种排布其实与认知逻辑是相反的。

假设用户要完成每月定期向父母转零花钱的操作,对于传统的平台功能排布,是需要依次进入余额查询模块查询余额,再进入历史记录模块查看上个月的转款时间,最后进入转账模块里执行转账。这些功能由于业务的归属关系会放在各自的业务模块里。这种归类没有错，但操作起来绝对是非常麻烦的。

如果按照用户的逻辑，那么这些功能可以全部归属在亲友转账的功能模块下。因此应该将它们安排在同一个页面里，全部显示并给予操作入口，这才符合用户的视角。而在银行的业务单元里，是没有亲友转账这条业务线的。这就是用户的视角和业务逻辑不同的地方。

3）按照运营的需求来排放

每个产品在不同的时期会有不同的运营策略。有时候需要从业务引导的角度来安排功能排布。将当前运营策略所需的功能，尽量方便地让用户快速接触到。例如，双 11 的时候，大平台都会将双 11 的操作界面放在核心位置。还有当各大视频网站上线一个热门新剧时，这个剧的名字甚至会成为一个新一级菜单项，例如，你会在首页上看到"如懿传"的按钮。

第 3 节　亮点突出：聚焦你的超级卖点

功能体验的第三要素——亮点突出。

在设计功能组合的时候，围绕着人的心智习惯，设计人员除了要布局合理的功能阵列之外，还要能够突出卖点级的亮点。这也是后面用户旅程章节中要讲到的长板理论的相关运用。

最近几部国产品牌手机的售价，都逼近了 5000 元人民币的大关，逐步突破了 iPhone 的价格统治区间。这些手机包括华为的 MATE20 Pro、小米 MIX3、VIVO NEX 等。这几款产品在发布会上，都不约而同、浓墨重彩地介绍了手机的照相功能。让我们先来看看这些相关的宣传语：

- MATE20 PRO，地表最强拍照手机。
- 小米 MIX3，夜景杀手。
- VIVO NEX，前置摄像头非凡一升，突破未来。

华为 MATE20 的徕卡三摄功能

从上面的宣传语中我们很明显可以看出来，这些产品在功能打造的策略上并不是面面俱到的。如果无法做到每个功能都完善到值得被营销时，一定要有可以击中用户内心的亮点聚焦。有了这几个亮点功能之后，其他的功能反而可以平凡一些。就像上面这些摄像功能强大的手机，至于它们的短信管理功能如何，压根就不会有人注意了。

出色的亮点功能设计，会为用户留下最深刻的印象，甚至成为产品在营销传播中的体验标识。**所谓千万个功能不如被人一眼就能识别的那个功能**。亮点功能的设定对产品来说是如此的重要，因此在进行实际功能设计时，切记要把握好以下几个原则。

- 功能设计围绕用户场景来进行。
- 超级亮点以一到两个为宜，不宜过多。

- 亮点的选择不以技术的难度和投入的程度为标准。

笔者有位年轻的女同事，在 Apple Watch 要上市的时候非常兴奋，表示一定要买一个。这位同事平时并不是一个技术控，对数码产品也不太了解，所以笔者出于好奇就去询问她为什么如此认可 Apple Watch。笔者预先设想到的答案，都是诸如能够连接 iPhone、带有心率探测、小物件还带触摸屏、强大的防水性能等。结果同事的答案大大出乎我的意料之外："Apple Watch 有 100 万种表盘！每天换十个，换到老都用不完。想想都觉得太棒了！"

在有"深厚"技术背景的笔者看来，这些表盘不过就是成千上万种图片而已。但恰恰就是这类看起来不怎么涉及核心科技的事物，却可以打动很多人的芳心。

所以功能的布局也要有主有次，主动地构建超级亮点，让好钢用在刀刃上，让长板足够长。

第22章

产品的态度：易用性体验

第 21 章的功能体验是产品能否被使用的基础。只有功能到位了，产品才能完成它的使命。但产品能够使用还远远不能让今天的用户得到满足，他们还希望产品的使用过程要更舒服，这就需要通过**易用性体验**来解决这个愿望。

易用性体验 Usability 是最早期的用户体验所特指的内容。早期用户体验的很多思想都来自于设计相关的领域，主要就是研究人和物体之间的人机交互关系，研究如何才能够让人高效顺利地完成产品的使用。易用性体验也常称作狭义用户体验。

为什么说易用性体验是产品的态度呢？因为从解决基本问题的角度出发，如果我们的产品具备解决问题的功能，则它其实就已经是一个可以解决问题的产品了。这就是我们常说的已经成功地解决了"有和无"的问题。就像之前的很多产品，如双缸的洗衣机、用火柴来点的炉具、需要手动换台的电视机等。这些产品的确都完成了主要的功能，但与今天的产品相比，你一定会毫不犹豫地将它们都淘汰掉。

作为产品的负责人，一个产品的验收标准应该是什么？常见的情况是很多企业花了大力气将核心技术做完之后，就觉得大功告成了。因为在企业看来，这个产品达成了功能就已经是努力的终点。所以现在还能看到很多传统的运营商、银行、保险，以及政府机构的各种网站和 App，都非常难用。假设是站在用户视角的产品负责人，在产品功能具备的情况下，一定还会继续致力于打磨产品的易用性，使得企业交付到市面上的产品，不仅功能齐备，而且还要保证用户用得顺利舒心。这才是产品应该呈现的态度！

易用性体验是整个产品体验创新环节中，知识储备最完整、方法论最多的模块，而且也是目前对于产品的提升最容易见效的工作模块。尤其是在产品的初期，仅仅几人组成的易用性设计团队，对产品在竞争力方面的改善效果，常常就能够超过几十人的技术团队的产出效果。

易用性体验的打造，主要分为几个方面：**可学习性、可记忆性、使用效率、出错控制**。这几个方面背后都对应着用户的不同心智习惯。

第 1 节　可学习性：一定要淘汰说明书

易用性体验的第一要素——可学习性。

根据美国工业设计协会统计，人的一生会接触 2 万多件产品，会进入到数千个不同的空间环境。所以人的一生其实是非常忙碌的，根本没有时间细心地对每个产品进行详细的认知。当用户面对一个新品时，快速上手就非常重要了。

可学习性是指用户在没有进行系统培训的情况下，凭着自己的主观能力，就能够对产品的主要功能进行正确有效的使用。

在做可行性研究的过程中，笔者经常听到企业这么说："我们的客户不会用？没关系，花力气教一教就可以了。"所以我们常会看见大公司的系统在部署之后，都会组织全国系统性的培训。有的企业为了完成这种新品上线，培训成本都不少于几百万元人民币。

这就是对的吗？

反观互联网的产品用户，有没有去参加微信使用培训班的？有没有去参加小米手机使用培训班的？相信绝大部分的人是没有的。这与互联网企业特别重视用户体验这一点有关系。好的产品在强大的功能之上，一定会有一种非常易于上手的方式，这两者之间并不矛盾。降低用户初次使用的门槛，让用户容易上手才不会让人望而却步。

判断产品可学习性良好的简单标准，**就是在不配备说明书或辅助人员的情况下，用户仍然能够完成产品核心功能的操作**，用这个作为标准检验产品就非常直接。

每年的奥斯卡颁奖典礼都是全球瞩目，云集了各路大咖。其中，奥斯卡的红毯环节，更是焦点中的焦点。各路明星绞尽脑汁，都希望在红毯环节能够光彩夺目，在众多记者面前留下可以登上头条的表现，所以走过奥斯卡的红地毯，成了每个影星的荣耀。

红地毯的设定不仅仅是为了好看，这也是不错的可学习性思想的应用。假设将整个奥斯卡的典礼区域视为交付物，那么对于当天来到颁奖现场的成千上万人，不可能一个个去交代他们什么地方可以去，什么地方会有活动，什么地方应该成为焦点。所以通过一个红地毯的通道设定，就很好地解决了这个问题。所有来到现场的人，基于红地毯的位置方式，都能够很好地判断自己应该待在哪里，哪里是禁区，去哪里能够追逐热点，这就是一个无须培训，人们自发认知上手的好例子。

如何提升可学习型，基本原则无非就是两套组合拳：一是极其清晰地让用户理解产品的逻辑，二是允许用户反复试验。基于这两个原则，有如下一些技巧可供参考。

（1）**自然匹配**：与用户已经习惯的一些认知相匹配，比如，确认在正下方、关闭在右上角，红色代表警告、蓝色代表操作，亮灯表示有效、灰暗表示无效等。

（2）**结构清晰**：呈现给用户的各种信息、菜单等，都具有良好的分类方法。这会涉及用户体验里面的信息架构（Information Architecture）这个工具。

（3）**重视反馈**：对用户的动作能够给予合理的响应，让用户能够意识到自己的操作是成功的还是错误的，比如电梯的按钮，成功选中的楼层会亮灯。

（4）**入口明确**：想让用户首先使用的，就尽量去强化这个区域。无论是数字产品还是线下服务,强化入口的思想都是一样的,例如,谷歌、百度的搜索入口一定是那个页面里最大的。

(5)**提供向导**:对于步骤较长的执行过程,向用户提供具有先后顺序的步进式操作向导。而不是一次性地将内容全部呈现给用户。

(6)**提供帮助说明**:这是可学习性里面,最不鼓励大家去使用的最后方法。在用户实在不知如何使用的情况下,还是需要向用户提供帮助说明。

近年大热的抖音平台,就是凭借可学习性获得了用户的青睐。抖音的使用方法总结起来就是"刷"。传统视频网站的查找、排序、点入点出等操作在抖音的界面里统统都没有。用户只需要在抖音的第一界面快速滑动再滑动,就可以不断沉浸下去。这就是一种完全无门槛的使用方式。

第 2 节 可记忆性:允许陌生但不可遗忘

易用性体验的第二要素——可记忆性。

可记忆性是指好的服务或产品,应该让浅度使用的用户,在一段时间没有使用之后,依然能够快速开始使用,而不必又从头学起。

成都作为一个美食之都,在笔者还小的时候就已经遍地都是各种大大小小的饭馆,各家的美食数不胜数。在很多饭馆里面,老板娘都会在桌子上放一瓶醋和一瓶酱油,供客人自行去调整味道。放醋和酱油的容器五花八门,有玻璃瓶、塑料瓶、陶瓷缸,甚至还有竹筒做的。按理说这么多凌乱的容器是会让人产生困惑的。但有意思的是，笔者的父母在不同饭店就餐时，每次使用醋或者酱油时从不会事先闻一下，一定是直接上手就倒起来而且从不出错。笔者当时非常纳闷，这种神操作是怎么做到的呢？

后来笔者的父亲神秘兮兮地对笔者讲了一个江湖切口，"高醋矮酱油"，让我记住这个就可以了。原来所有的饭馆，都会约定俗成地用一个高的瓶子装醋，矮的瓶子装酱油，于是大家都可以顺利拿到自己需要的调料。劳动人民的智慧真是无穷的，在那个年代就知道运用可记忆性这个原理来管理服务。

我们日常使用的产品很多，但其中很多产品的使用频率并不高。有的产品每周或者每个月才会使用一次，甚至还可能在它的同类产品之间来回使用。比较典型的例子包括顺路去街边不同的ATM机上取钱，时不时去不同的理发店理个发，偶尔去不同的超市买个东西，节假日去不同的KTV唱个歌。这些业务如果想让用户过程舒畅，那么可记忆性就非常重要了。

可记忆性的原理，是在用户的脑海里建立一致性的框架。用户只需要记住框架，而无须记住细节，在使用的过程中逐步回忆与尝试。建立可记忆性最重要的原则就是**让产品家族的各个产品，以及单个产品的各个功能，都保持形式一致**！

微软的Office软件是现在最为流行的办公软件。Office套件里的办公三剑客——Word、Excel、PowerPoint，每一个用过这些软件的人都会有这样的体会。如果熟悉了其中一款软件，那么其他软件在使用的时候上手就非常容易了。一些基本的操作，例如，新建文件、另存为、导出、改变格式等，根本不需要重新学习和尝试。通过下面这幅示意图，我们可以发现，这几个产品在核心区域的布局、功能、逻辑等几乎一模一样。虽然是担负着完全不同使命的软件产品，但是微软却做到了让它们用起来就是来自同一个家族的感觉。Office 家族的其他产品，例如 Visio、Outlook、Project 等也是一样的。

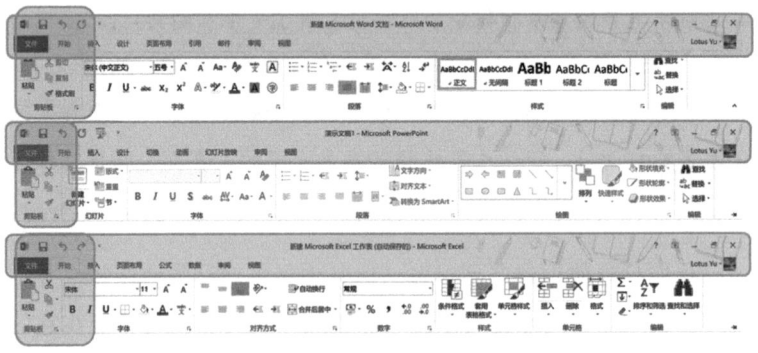

Office 产品家族的一致性图示

Office 产品家族是一致性做得非常出色的代表，它让每一个分支产品的上手难度大幅度下降。在多个产品之间来回切换的时候，也不会出现需要清空思路，重新学习新操作的那种痛苦状态。其他还有设计行业非常流行的 Adobe 产品系列，也具有这样高度一致的家族感。

在进行产品设计的时候，提高可记忆性的方法可总结为如下几点。

（1）**结构一致性**：功能的拆分方式、呈现逻辑、摆放布局等应尽量保持一致。

（2）**语义一致性**：文字等内容应尽量保持一致。

（3）**视觉效果一致性**：颜色、图标形式、图片风格等应尽量保持一致。

（4）**流程一致性**：主交互流程的步骤顺序与阶段应尽量保持一致。

第 3 节　使用效率：快，快，再快

易用性体验的第三要素——使用效率。

当用户顺利上手并开始使用某项产品时，整个过程的时长对用户的使用感受影响很大。使用效率，顾名思义就是用户在长期使用产品的过程中，能够用尽量快捷、高效的方式去完成。

过去数码相机拍出来的照片，都必须要经过电脑的处理才能达到赏心悦目的效果。在数码相机刚出来的时候，照片要想修得尽善尽美，对普通人来说是有一定难度的。尤其是处理女性的照片，要做到明眸、肤白、腿长、瓜子脸，那一般都是专业的修图师的工作。在那个时候，能够对图片进行精修的软件，都是 Photoshop 之类的专业修图软件。专业修图师经过刻苦地培训和练习，才能够掌握抠图、磨皮、锐化、拉对比度、调饱和度等一系列的复杂工序。普通老百姓面对这些方法时，根本无从下手。

到了今天，已经出现了很多像美图秀秀这样的傻瓜式修图软件。一键美白、一键瘦脸，还有各种色彩风格也可以一键生成。自拍＋修图＋分享这三部曲，目前已成为了爱美人士每天乐此不疲的事情。即便是摄影菜鸟，也能修出很惊艳的图片。

稍微懂点技术的人都知道，傻瓜式的修图软件背后其实也是在运用那些传统的图像处理技术。这些傻瓜式修图软件无非就是将这些技术，按照目的整合成了不同的批处理。这种思路就是很

好地提升使用效率的方式，称为"场景预置"。

场景预置在实际的生活中有很多种不同的体现，例如，在团购网站上购买的两人餐、四人餐等套餐。它们其实就是不同的菜肴配置。顾客在点餐的时候，无须绞尽脑汁地去菜单里分别选择，直接按照标准的配置来就可以了。这可比以前的点餐速度要快很多。还有许多旅行项目推出的诸如蜜月套餐、探险套餐等，都是让人不费脑子就能获得自己想要的东西。

在科技类产品这个领域也有很多这样的例子。比如，家里的空调，它的控制选项非常多，例如温度设定，扫风、风力、新风等。在以前假如晚上要将空调设定为适合睡觉的模式，用户不得不在这四五个选项中间来回操作，才能获得满意的状态。后来出现了可以用手机控制的空调，里面设定了不同的场景组合。只需要一键操作就可以将几个选项一次性组合完成，非常方便快捷。最新的美的空调，遥控器上干脆直接设置了一个按键就叫"26度"，非常贴心。

从这些例子中我们可以总结出提升使用效率的经典思路，就是不让用户走重复的路。让用户尽量站在过往经验的基础上直奔目标，而无须反复折腾。当你在做业务分析的时候，发现有一些过程用户需要反复进行。这时候你就该提醒自己，是否可以进行一些良好的创新，让这些需要重复的过程变得更少、更快、更轻松。

第 4 节　出错控制：帮助用户把坑填好

易用性体验的第四要素——出错控制。

出错控制是指，使用户在使用产品或享受服务的过程中，尽量减少挫败感。如果要从产品的易用性体验里面，选出来对体验影响最大的子要素，那么**可学习性**和**出错控制**这两个子要素将是最重要的。可学习性是让用户可以轻松的开始，出错控制则是让用户乐于进行勇敢的尝试。这两个子要素的组合，可以辅助用户酣畅淋漓地使用产品。

出错控制不是指不能出错，而是指应避免错误对用户带来伤害。出错控制要对错误发生进行干预，主要包括三个发力角度：（1）减少出错的概率；（2）避免灾难性错误；（3）错误发生后给予用户挽救的机会。

1. 减少出错的概率

产品应该通过良好的规划和设计，让用户在使用产品时尽量不会出现错误操作，从而避免出现人和产品进行"搏斗"的痛苦状态。人机交互学里总结了大量的方法，就是用来解决这类问题的。

在购买车险时，如果是新投保的车辆，就需要用户输入车辆的车架识别号。车架识别号是一串很长的字母与数字混合的编码。对于平时很少办理车险的用户来说，录入这串编码时出错的可能性非常的高。虽然最后总是能够勉强完成，但用户在完成时往往已经非常焦躁了。

所以现在新的保险投保 APP 产品，基本上都标配了 OCR 识别技术。用户通过手机直接拍摄行驶证，APP 将自动识别并获取车架识别号。这样一来，编码录入的失败率大幅度得降低，这也让车险投保这件事情变得愉悦很多。

2. 避免灾难性错误

虽然一个产品不可能避免所有的错误，但是企业对于那些会带来灾难性后果的错误，必须秉持零容忍的态度。例如，操作系统误删了关键文件，业务执行给用户带来金钱损失，酒店设备让使用者磕碰受伤，工厂由于误操作引起设备烧毁等。这些错误在产品设计的时候，都是必须要避免的。这就需要在进行产品设计的时候，利用各种限制和保护措施杜绝此类问题。

在如今这样一个电子支付盛行的时代，很多人的资金往来都依赖于支付宝。为了保证资金的安全，当用户在支付宝里进行大额转账的时候，支付宝会在已有的支付流程里，再增加手机验证的环节。以短信验证码的方式要求用户进行二次确认。这种方式一方面可以避免用户的账号被盗用，另一方面也给了用户二次确认的缓冲机会，让用户不会因为无意识的操作而让资金受损。

避免灾难性后果的背后，隐含着用户体验的又一项基本哲学。我们一定要将用户视为自己的孩子，他们没有能力懂得所有的东西。因此无论在任何情况，如果发生了不可预期的问题，都不应该怪罪用户，一定要从产品设计本身找原因并想办法去避免。而不是以用户的能力为借口，为产品设计开脱。

3. 错误发生后给予用户挽救的机会

没有人能够像机器一样从头到尾都不出错。在各种软件中，总能遇到两个常见的功能：Undo 和 Redo。一个是恢复，一个是重做。这两个操作的目的，就是让用户有机会纠正自己的错误。假设使用 Word 的时候没有恢复功能，没有删除功能，那么输入的每个字都将是不可更改的，如果是那样的话，我们在打字的时候一定会特别紧张。

对于容易纠正错误的产品，就让错误的发生显得没有那么可怕。如果错误没有那么可怕，那么用户就可以大胆地轻松操作。

现在电商平台的服务越来越完善，用户的购物体验也越来越美好。一个很重要的原因就是，电商平台为用户设置了多重的后悔机会。最开始，用户看到心仪的商品时，可以放入购物车。在结算的时候，可以将不想要的东西从购物车里删掉，这是一次后悔的机会。当用户已经付款确认订单之后，如果订单还在处理的过程中尚未开始配送，这时用户可以直接取消订单，这也是一次后悔的机会。即使用户已经收到商品，按照七天无理由退货的机制还可以申请直接退货，这又是一次后悔的机会。所以用户在整个购物过程中，各个环节都设有后悔的机会，让用户的决策不再深思熟虑，脑子里都是购物的冲动。

出错控制是一种反向的产品思维，从以前要求用户是精英决策型，到如今用户可以是无知无畏型。当用户不再需要为每一个决策小心翼翼时，整个业务的顺畅度就会极大地提高，这也更容易推动用户进入到消费环节。

| 第23章 |

产品的温度:情感体验

情感体验是产品体验四要素中的最后一个。它在前面三个体验要素之上,对产品的感受进行了升华。如果说前面三个环节还是中规中矩地打造基本功,都是润物细无声的操作,那么情感体验就是产品的情绪爆发,非常浓烈且易感知。

情感体验是大家意识里最容易想到的体验环节。很多人都认为要做好产品体验,就是开动脑筋为用户制造一些惊喜。经过前面这几个章节的内容,大家应该已经明白了,制造惊喜乃至打造产品的情感体验,的确是产品体验里的重要环节。但是如果只关注惊喜之类的要素,那一定只是空中楼阁。让用户会心一笑之后,还是得进入到认知产品、深度使用产品的过程,这个时候基本功不足的产品就会被用户否决。

第 1 节　品牌一致：品牌呼应才能彼此借力

情感体验的第一要素——品牌一致。

产品传达给用户的整体感受一定要与品牌的定位一致，产品体验最终是为市场服务的。与品牌一致的体验，是为用户带来共鸣的重要原则。品牌一致其实主要讲了两个方面的要求：第一，产品体验的调性不能发散创造，必须要基于品牌的设定来进行；第二，产品体验不会有多重不同的感受，它应该是尽量恒定一致的。

品牌的调性一般是先由品牌部门进行整体设定。通过品牌手册之类的输出物，来约定品牌的品类范围、价值取向、风格特征等。这些都会对产品体验的塑造带来指导依据。

例如，索尼公司的品牌口号是"愉悦人类"，所以索尼公司的产品总是致力于解决人们的娱乐问题。从第一款随身听 WALKMAN 到游戏机 PLAY STATION，从索尼电视到索尼影业，这些业务的体验都与它的品牌精神高度一致。直到今天还未曾看到索尼公司推出类似于发电机、洗衣机之类的电器，因为这些都与愉悦这个诉求不太一致。

德国德意志银行曾经为了答谢用户，希望给用户送一批礼物。德意志银行请了国际上当时比较知名的一家设计公司进行创意设计，最后定稿的方案是决定向用户赠送德意志银行的 *Logo* 摆件。除了漂亮的造型设计之外，这个 *Logo* 摆件还有一个与众不同的地方，在加工时故意放入钢材大幅度增加这个摆件的重量。这样一来，用户在把玩这个 Logo 摆件的时候，就能够感觉到一股厚重坚实的属性。这个属性与德意志银行所倡导的公司品牌理念是一致的。

要想在情感体验方面保持品牌的一致性，需要遵循如下这些要点。

（1）作为产品团队的成员，需要与品牌营销部门保持互动。参与品牌类培训，从而更好地理解品牌的设定。

（2）在产品设计方面，团队成员除了要具备交互设计等技能之外，还需要扩展广告设计之类的背景知识，这是理性和感性设计能力的交叉融合。

（3）在流程方面，需要引入品牌部门作为评审方，共同评价产品体验的调性。

第 2 节　美观性：颜值即正义

情感体验的第二要素——美观性。

站在用户体验的角度，产品和服务具有赏心悦目的外在表现将是一种强大的竞争力。用户体验行业的不少知识就是来自于设计行业。对于"美"的研究，也是产品负责人必备的职业素养。

颜值即正义，这是一种非常有力的说法。但这句话只说对了一半，美观度虽是至关重要的产品竞争力，但它的价值主要在于撬开用户的心门。而且美观度不具有持续的支撑性，用户审美的需求对构建产品长期的竞争力，大概只能起到 15% 的作用。

按照前面的说法，接触点上的产品主要包含四种形式，这也意味着美的表达一共有四种方式。数字产品主要依赖于界面的美观，物理产品主要依赖于造型的美观，服务类产品主要依赖于服务人员形象的美观，空间类产品主要依赖于环境的美观，这都是用户的眼睛平时所看到的世界。

小米公司的事业最早并不是直接从手机硬件开始的。在最初的时候，他们的团队是从MIUI这款界面包开始的。MIUI的视觉界面设计在配色、字体、图标、材质等方面，都非常成熟大气。MIUI的成功大幅度改变了从前安卓手机的工程师专用的感觉。可以说，小米手机能够快速地风靡全国，这套业界顶级的界面设计方案起了非常大的作用。

MIUI界面设计图示

在今天，我们能够看到很多传统的行业，例如，金融、能源、运营商等，都在纷纷引进优秀的设计人才。这些行业也意识到了，一门生意中如果全是理性的专家，做得再怎么专业、强大，消费者也不会买单，因为消费者总是喜欢赏心悦目的东西。

第 3 节 愉悦性：愉悦总是让人点赞

愉悦性指的是产品能够为用户带来某种情感上的快乐。就像用户评价一个看起来不错的产品时，往往会说："哇哦，好酷！"。愉悦并不仅仅是开怀大笑，它是用户心理建立起来的一种正向的情绪，也许是开心、也许是温情、也许是思考……总之，让用户使用完产品后，还能够在心里时时回味。

酒杯本是用来喝酒的实用器皿，但经过能工巧匠的精心雕琢，却可以变成一件精美绝伦的工艺品。明朝初年景德镇的窑工们曾造出过一款"九龙杯"，这款酒杯非常特别，盛酒时只能浅平，不可过满，如液体超过杯体的70%，则杯中的酒便会全部漏光，一滴不剩。九龙杯在当时的官场宴席中非常流行，不仅会让使用者赏心悦目，在饮宴的时候也能帮助使用者烘托气氛，还能很好地控制饮酒者避免其贪杯。通过别具心裁的设计，匠人们用一款小小的杯子给使用者带去了惊喜。

铜镜本来也只是成像的生活用具，但在别具匠心的工匠手中，却可以将它变成兼具有观赏价值的陈设品。西汉末年造镜工匠曾打造过一款透光镜，这款镜子通过镂空设计，在光线的照射下可以将镜背的花纹映现在镜子对面的墙上，让人在照镜子的同时，又能观赏到夺目的奇观。通过精心的雕琢，匠人们用一柄小小的镜子给使用者带去了惊喜。

古人在工艺上面总是充满智慧，在这种工艺的背后，我们也可以从中看到一种商业潜质，那就是通过创造愉悦带给使用者附加的体验。

作为一件商品，酒杯的功能是作为饮用器皿使用，但"九龙杯"却在其使用功能之外，又兼具了很多其他的附加功能，为使用者带去了别具一格的饮酒体验。透光镜也是同样的道理，古人们的这些独特的创造说明了一个问题，古代商人很早就明白了取悦顾客的重要意义。商人们意识到创造惊喜对于商业的重要性，又或者说，为使用者创造极致愉悦本身就是一种商业成果物。

看了古代商人带给用户的惊喜之后，再看看现在的商人们是如何创造商品的。前两年，共享单车流行的时候，几大品牌都在绞尽脑汁让自己的车变得更醒目。于是，摩拜、oFo、小鸣、小蓝、HelloBike等品牌在车身的涂装上各自发力，几乎用完了彩虹的各道颜色。最后酷骑单车甚至推出了黄金甲涂装的单车。

面对这么火爆的涂装竞争，oFo在2017年成长最为迅猛的时候，推出了小黄人定制车身。车头是小黄人标志性的大眼萌，车轮圈是小黄人图案，车身还嵌有小黄人的卡通手办，连App的皮肤都换成了小黄人套装，一时间整个大街上都充满了萌萌的小黄人气息。这一波操作让oFo的影响力迅速提升。这种通过制造愉悦感受提振商业表现的手法，与千百年前古人的思维大同小异。

愉悦是一种带有体验性质的词语。如果说商业追求的只是功能，那么只需让杯子可以装酒、让镜子可以成像、让快递能够送达就足够了。但商人们并没有停留在这一步，他们看得更长远，力求通过各种方式为用户带来愉悦。由此可见，营造用户体验是一种商业进步的本能，为商品或服务的使用者带去愉悦是大家不谋而合的选择。

大家可以合上书用几分钟回想一下，作为一个商业的经营管理者，你是否曾经有过类似的提升商业手段的尝试。你是否做过一些产品的设计，不为直接利润而只是为了带给消费者更多的惊喜？你是否提供过一些附加的服务，它不会为你带来额外的收入，但却能为你招揽来新的顾客？你是否曾经有过如何让顾客更愉悦的思考？营造良好的情感体验，可能并不能带来直接的利润增长，但却能提升用户的满意度，让用户在掏钱时更加心甘情愿。这不正是每个经营或管理者梦寐以求的事情吗？

营造良好的愉悦性有时是难以捉摸到规律的。下面笔者整理了几个提升用户愉悦度的经典方法。

1. 比拟化

提高愉悦度最简单的方法是将产品拟物成大家所熟悉的某个有趣的人或事物。比如在招商银行微信服务号中，招商银行就自称为"小招"，而不是从前那种古板的"招行客户服务中心"，打破了之前冰冷的产品感觉，让人觉得亲切有趣。

擅长为使用者带来愉悦感受的ALESSI公司，就特别喜欢采用拟人化的手法。右边这款 Anna G 红酒开瓶器，就是该公司将产品的功能拟人化地设计在一起的样子，让人无论是观看还是使用，都会产生一种生动有趣的感觉。

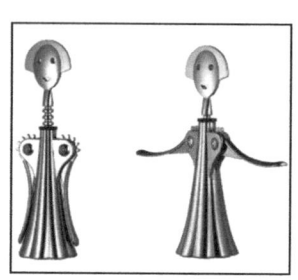

Anna G 红酒开瓶器图示

2. 改变信息的表达方式

产品在与人打交道的时候，无非就是影响着人的五感。所以产品在进行信息输出时，可以在图像、文字、声音、触感、味道这几种形式之间替代切换，从而增加趣味性。

右边是一款著名的鸟鸣水壶（9093

鸟鸣水壶图示

kettle），这款水壶烧开水之后会发出悦耳的鸟鸣声，设计师花了很多工夫才将蒸气声调试变成了鸟鸣的声音，为的就是让这个提醒的效果变得更加有趣。

3. 运用幽默

在用户使用产品的过程中，时不时加入一些幽默的氛围，可以更好地拉近与用户的距离。在出错时，以委屈调侃的方式来化解尴尬，也是一种非常好的方法。

二次元平台哔哩哔哩的 App，有一个非常有趣的细节：用户的输入焦点在用户名的区域时，上面卡通人物的眼睛是睁开的；当用户的输入焦点落到密码区域时，这两个卡通人物会用手将眼睛遮挡起来。这个设计就非常有趣，其登录平台如下图所示。

哔哩哔哩登录界面图示

但是需要注意的是，幽默元素不能在产品里大规模出现，这样会让产品显得低龄化。

4. 文化归属

为产品绑定一些具有文化特色的背书，可以很好地提升质感。这就好像人多读了几本书，张口闭口都是之乎者也一样，能让用户刮目相看。

下图所示的是一款介绍我国各种水的 App，叫饮膳水记，是由中央美院团队设计的。整个产品古香古色，充满了文化气息。

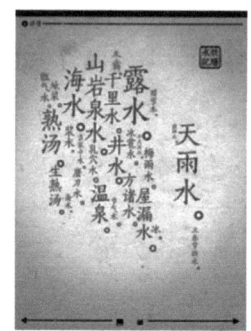

饮膳水记图示

5. 引入流行元素

将自己的产品与最流行的元素相结合，也是非常好的提升愉悦感的方法。流行元素意味着那些占据了用户心里美好一面的事物，能与这样的要素绑定，更容易获得加分。

下图所示的是耐克和小猪佩奇做的联名款，让小猪佩奇这个"社会人"大 IP，为耐克产品站台。

耐克和小猪佩奇联名款童鞋

以上是愉悦性的几种打造方式。需要指出的是，恶搞不等于愉悦。愉悦度的体验必须符合社会大众的审美和价值观。有的产品管理者，以制造噱头的方式来营造愉悦度，结果带来的很可能就是一场悲剧。

第 4 节　探索性：神秘的细节隐藏惊喜

探索性是指用户在使用产品的过程中，通过获得新的使用方法或者发现新的潜在功能来提升用户的兴趣和成就感。这一体验来自用户满足基本需求之后，希望兼顾探索欲望的场景。其实用户并不是怕复杂，而是怕无谓的复杂，有时为用户提供一些逐步深入的机会，对他们来说反而更有吸引力。

安卓手机的界面上手操作很容易，在常规功能之外，安卓还提供了很多不为人知的功能可以让"技术控"进一步探索。例如，在关于本机的菜单里，通过特殊的点击方式，系统可以启动隐藏的"电话信息"：可以查看信号值、网络类型、电池温度以及 Wi-Fi 的各项专业数据，还可以进行很多底层驱动的设置。这一点让手机的发烧用户大呼过瘾。

这部分功能并不是常规软件所具有的，而是需要通过一种特殊的方式"意外"获得，这也符合产品的"先简后繁"原则。先发现一部分内容，然后继续挖掘更深层的内容，这样获得的东西才能称为惊喜。

以上归纳了情感体验的各个子要素。这些要素的塑造可以让产品具有感染人的能力。但是还需要强调的一点是，情感体验必须是建立在前面三大体验的基础之上的，不然就只能是空中楼阁。如今，ofo 在经营上出现的很多问题，也恰恰说明了这个原则。ofo 曾经做了很多让用户惊喜的事情，但它的产品在基本的功能体验、易用性体验方面都存在不少的缺陷，所以情感性做得很好，也没能挽救产品的整体体验。这就是企业在重视情感体验之余需要不断反思的地方。

第24章
服务型业务的体验经营

第 1 节　好服务的前提是建立体验型组织

企业之所以被称为组织，就是因为处处都有人的价值存在：产品是人生产的，服务是人提供的，物流是人配送的，售后是人组成的。企业的管理者能力再强，也不可能一个人组成一个企业，因此，要想将体验战略整体落地，还需要发挥全员的力量。

相对于物理产品与数字产品的体验管理，服务型业务的体验管理有其自身的特点，服务是不能事先制造的，而只能在业务实施的时候，一边制造一边实施。因为所有的服务都是由员工来支撑完成的，而员工是否称职，则取决于管理者是否称职，因此组织管理建设又被视为服务体验的核心。惠普创始人戴维·帕卡德有句名言：**员工会成为企业管理者的一面镜子，管理者对员工的体验会被员工直接反射到消费者的身上。**在体验经济时代，一个称职的管理者，就是要做好企业的员工体验。

企业体验相关的管理进化需要从两个方面来展开：员工体验素养和体验式工作流程。

1. 全员用户体验素养

制造体验只是体验官的事情吗？制造体验只是接待员的工作吗？为什么我们的员工不能如我们期待的那样，为我们的客户带来惊喜的感受？为什么客户在遇到异常问题时，我们的员工不能以让客户感动的方式收场？

这一切的原因就出在员工的体验素养上。在我们员工的脑海里，根本就没有这样的体验管理逻辑，他们不知道什么是用户感受，什么是用户期望，什么是体验的机遇。

为了更好地支撑企业体验战略的落地实施，我们需要对全员进行素质培养，要让员工明白：什么是用户体验、什么是以用户为中心、什么是场景、什么是体验链、自己在体验链当中扮演着怎么样的角色、什么是体验交互、自己要怎么做才算是合格。

员工体验素养方面的展开并不是简单地命令员工要做到些什么，管理者还需要为此创造一些更好的策略框架，具体如下。

- 如何让员工理解自己是一切体验的载体。
- 如何培养员工对所从事事业的良好感受。
- 如何让每个员工都成为解决问题的人。

员工素养的提高是互联网时代服务体验进化的关键，我们可以看到一些企业以自己的军事化管理为傲，但是到了互联网时代却发现军事化管理已经行不通了，尤其是互联网将一切接触都变得扁平化之后，传统老旧的人员形态，很难将体验良好地传递出去，这就是在员工的素养方面出现了问题。

2. 体验式工作流程

当我们培训出了具有用户体验"基因"的员工之后，还需要建立一整套具有可操作性的流程，帮助人员更好地将具体的体验管理内容落实到工作上。在良好的组织中，人员和流程是要结合起来的，只有这样才能指导员工从无到有地学习如何执行体验管理的思想。

1）**体验式流程的第一个重要环节是标准化为纲**。制定统一的标准，其目的不是为了用KPI来奖惩员工，而是为员工制定出一个可以用来参考的规范模板，员工还需要在这个模板上按需进行变通。根据具体的情况，采取不同的服务策略，这就是标准化上的人性化。

2）**体验流程的第二个重要环节是合理授权**。越是人性化的服务，就越需要员工进行灵活变通。工作流程中如果没有进行适当的授权，那么员工既不会有主人翁的使命感，也不能在需要的时候发挥主观能动性。一个不解决问题的员工体系，必然会导致服务体验的失灵。

用户体验的很多实施要点都是很感性的。既然很多时候它必须依赖员工去传递，那我们如何才能让员工去传递出来这种感受呢？要想做到这一点，前提是企业与员工之间应先建立起一个体验的经营关系。所以无论是星巴克还是海底捞,他们的企业对待员工都充满了各种各样的体验思维,让员工将这种体验思维变成习惯,最终再传递出去。

所以说,服务体验是好服务的基础,只有当管理者将内部的体验管理做好了,才能够为外部的用户打造出一条让人赞叹的旅程。

第2节 服务体验的内在基因是员工体验

美国著名商业演说家斯科特·麦克凯恩曾经讲述过自己的一段经历,在一次企业家集会上,一位名叫克雷曼的参会者问了与会者这样一个问题,"用户是否是第一位的?"对于这样的问题,与会者不假思索地直接回答道"是的,那还用说!",因为企业家的脑海中已经塞满了这样的观点:"用户是上帝""用户永远是对的""用户永远是第一位的"。

然而,克雷曼却摇摇头给出了不同的观点,他说:"用户虽然重要,但企业考虑的第一顺位却应该是员工,因为员工是连接企业与用户的桥梁,如果你不首先考虑员工的感受,那么你怎么敢保证员工会考虑用户的感受呢?"

正是从这次集会之后,麦克凯恩开始重视起员工和企业结构对于商业的重要意义,因此在撰写其著作《商业秀》时,他特意将员工体验加进了讨论中。

如同麦克凯恩顿悟了员工的重要性一样,我们身边的很多企业家也开始越来越重视对员工的经营,尤其是情感上的经营。因为，只有让员工在企业内部获得良好的服务体验，他们才能为用户创造良好的服务体验。

一个被克扣工资、整天挨骂的商店售货员，客户从他那里得到好脸色的可能性微乎其微；一个饭店如果不能为大厨提供良好的工作环境，甚至连空调都不舍得配备，那么食客会吃到什么样的饭菜就要完全凭运气……类似这样的事几乎存在于所有的行业当中。

企业终归是由人构成的组织，无论是服务还是产品，缔造者、交付者和使用者都是人，因此解决人和人之间的关系就成了企业非常重要的工作。如果想要在员工与用户之间形成和谐的关系，那么企业首先就要与员工之间建立和谐的关系。

那么员工都需要哪些方面的服务体验呢？这一直是管理学家讨论的中心问题之一，从现代管理学之父彼得·德鲁克到提倡人性管理的麦格雷戈，管理学家们提出了各种各样的观点，我们将其中有可能为员工创造出极致体验的因素归纳出来，总结为：可沟通性、亲和力、可信度、定制能力、可升级性、娱乐性、自我实现。

下文将会对这七点内容逐一进行详细解释。

1. 可沟通性

可沟通性指的是企业要成为员工的倾听对象，要能够倾听员工的意见或抱怨，并进行针对性的反馈。

1924 年，美国国家科学院的全国科学委员会在西方电气公司所属的霍桑工厂进行了一系列实验，其中的一项活动就是研究者在工厂开展访谈计划。

这项计划的最初想法是要工人对工厂管理层的规划和政策、工头的态度和工作条件等问题做出回答，但这种规划好的访谈计划在进行的过程中却大出规划者意料之外，取得了意想不到的效果。工人更想就工作提纲以外的事情进行交谈，工人认为重要的事情其实并不是公司或调查者认为意义重大的那些事。

研究者了解到这一点后，及时将访谈计划改为事先不规定内容，每次访谈的平均时间从30分钟延长到1小时到1.5小时，多听少说，详细记录工人的不满和意见。访谈计划持续了两年多的时间，结果是工人的士气得到了大幅度的提高，工作效率也相应地提高了。

霍桑试验的结论告诉我们，员工其实十分在意与管理层的沟通，即便这些沟通只是为了宣泄一下情绪，但它仍然会为员工带来良好的体验。因此，在企业组织中鼓励沟通，让员工感受到他是组织中重要的组成成员，这是员工体验的第一环。

2.亲和力

亲和力往往需要建立在沟通之上，它主要体现在企业对待员工的态度上，有些企业虽然拥有顺畅的沟通渠道，但企业与员工沟通的表现却令人失望。冷冰冰的一张脸、敷衍潦草的态度，会给人一种"拒人千里之外"的感觉。

所以我们能够看到的是，很多互联网企业的人力资源部门在处理员工事务的时候，都极力表现出温和的态度，即便是处罚员工也很少表现出深恶痛绝的一面，这就是对于亲和力的塑造。

3. 可信度

可信度指的是企业为员工创造的信任环境。信任不是单方面的，很多企业片面强调员工对企业的信任，但却没有创造出让员工信任的环境，管理方式朝令夕改、组织结构经常改变，裁员、岗位变动屡屡发生在员工之中，这都会导致员工对企业的不信任。

4. 定制能力

定制能力指的是企业为员工提供他们所希望的那种工作的体验。人都想从事自己喜欢的工作，当这个需求无法满足时，他们就会退而求其次地希望工作能够在某种程度上满足自己的需求。

企业在设定职位的时候，一般都是只从自身的需求出发，很少为员工考虑。因此，如果某个企业能够创造性地为员工定制工作，就一定能够为员工带去绝佳的工作体验。比如，某个刚生完孩子的员工，企业如果能够为其制定弹性的工作时间，就一定会让她对企业的安排心怀感恩。

5. 可升级性

可升级和可放弃性指的是企业为员工提供的技术提升空间。很多人对工作的需求是，能够得到不断的提升，或者能够迅速掌握一门技术然后另谋高就，所以，企业应尽量为员工创造职业技能提升的空间。

很多企业害怕员工职业技能提升之后会迅速离职，这其实是一个悖论,从企业的角度来讲,员工的职业技能越高,他能够为企业创造的效益也就越高,而且,即便是职业技能固定的员工,企业也无法避免离职问题的出现。企业要具有平常看待人来人去的心态。

6. 娱乐性

娱乐性指的是员工能够从工作中获得的快乐,而不是指企业应该为员工设置娱乐的时间,例如,去唱歌、打球之类的。娱乐性是指从员工体验的角度来讲,企业应该为工作本身增加乐趣,让员工从工作中就能获得快乐。

如果一个人在自己的工作中就能得到快乐,那么他必定会乐于工作,并严肃地对待工作。反之,如果一个人从工作中得到的只有痛苦,那么他一定会将这种痛苦转嫁出去,而转嫁的对象不是企业本身,就会是企业的用户。

7. 自我实现

自我实现是企业对于员工的一项精神满足。人都是渴望得到尊重,渴望自己的价值得到认可的。

企业在这方面能够做的包括如下两点:一是让员工成为企业的代表,如果企业本身是一家社会形象良好的企业,那么员工就会乐于成为企业的代表,这也是为什么在一些欠发达国家,外企员工总是乐于穿戴企业的工服出现在大街上,因为他会被认为是企业良好形象的代表。

第二方面是员工的价值能够得到实现。当企业在某项重要决策中采纳了员工的建议,当企业在某项革新中借鉴了员工的创意，这些都会让员工感觉到自身价值的实现，进而提升他从企业那里获得的体验。

员工是传统体验的载体，在用户体验的商业场景中，很多个接触点都是在员工与用户之间完成的，因此企业营造良好的员工体验，就是在为营造良好的用户体验打基础。

第3节 每个员工都是身处前线的客户经理

在一家高档餐厅的留言簿上，一位顾客这样写道："今天是我和妻子结婚十周年的纪念日，我特意在你们餐厅定了位置。贵餐厅优雅的环境让我们非常舒心，服务员彬彬有礼，即便我要求更改已经点好的菜单他也没有怨言。贵餐厅的菜品令我们非常满意，厨师将火候掌握得很好，例汤是可口的鸡茸蘑菇汤，四成熟的牛排还带有淡淡的血丝，这些正是我想要的。我必须要说的是虽然我给的小费并不算太多，但服务员依然很有礼貌地送我们出门，门童深深的鞠躬也让我们感觉很受尊重。但是，我还是要向你们表达强烈的不满，就在我们走出门的一刹那，贵餐厅的保洁员在转身的时候居然将别人喝剩下的红酒洒到了我们的身上，看着我们衣服上的红点我感觉很不高兴，更令我愤怒的是，这个保洁员居然连一声对不起都没跟我们说就转身离开了。这杯红酒毁了我们整个晚上的兴致，让我到现在还气愤难平。"

为了让用户获得良好的体验，这家餐厅从装潢到食材，从服务生的态度到对用户的迁就，无不用尽心思，但这全部的努力最终却毁在了保洁员洒出的一杯红酒上面。作为企业的管理者，不知道是应该惋惜，还是应该痛恨。

类似这样的情况可能在很多企业中都出现过，当企业尽心竭力地为用户提供最好的服务时，却总会因为某些小小的疏漏让前面所做的一切功亏一篑。那么，是什么导致了这样的问题出现呢？整体上讲，就是员工缺少体验素养。

体验素养指的是营造体验的具体人员对于用户体验的理解和贯彻，具体到每个员工，良好的体验素养应该包括理解企业的整体体验战略，了解自己所处的体验层，知晓用户与企业的每一个接触点，评估用户体验的满意度，明晰营造极致体验的方式，以及规避不良体验的方法等。

具体人员的体验素养缺失，必然会拉低整体的用户体验值，让用户体验战略无法得到充分地贯彻。即便是再良好的体验战略，如果任由一群缺乏体验素养的人员去实施，结果也不会令人满意。因此，互联网时代的企业应该试图营造出一种这样的氛围，即让组织内的每个员工都能感受到自己是整体体验战略中的一环，自己的行为将直接关系到用户对于企业的评价，而不是将自己孤立开来，只做好自己眼前的事情，甚至连眼前的事情也做不好。

现在很多企业都设有客户经理这一职位，设置这个职位的目的是处理用户与企业之间的关系，例如，满足用户的特殊需求、解决用户的不满、与用户进行沟通和谈判等。这种职业设置的思路是：用户状况是同一个类型的问题，因此应该由同一个人来解决。但事实往往却并非如此，例如，产品安装上的问题应该由技术部门来解决，但用户在找到技术部门之前却先要与客户经理进行沟通，这无疑会导致用户非常迷茫与烦躁。

因此，在用户体验的思维模式下，我们要强调的是整个组织的良好体验，换句话说就是**通过在企业内部提高人员的体验素养，让企业中的每一个人都成为"客户经理"**。这不但能够解决人员疏漏的问题，还是对人力资源的一种合理利用。

很多传统企业可能会对这样的出发点嗤之以鼻，他们认为自己只要有"独一无二的产品"就可以牢牢抓住用户的心。但实际上，在互联网时代产品要想做成是"独一无二的"将非常难。在互联网时代，很少有企业在市场上具有无可替代的地位，即便是像苹果、微软、谷歌这样影响力巨大的企业，如果有一天他们远离了市场，他们留下的空白也很快就会被其他企业填充。但是如果用户被企业的员工所承载的人情世故所触动，那么这个价值将是独特的、无可替代的。

人人都成为客户经理，这是服务体验的内在要求，也体现着企业的一种态度。用积极的、负责任的态度来应对"不讲道理"的用户，这是营造完美用户体验的重点之一。企业需要明白的道理是，用户服务这个词汇背后的含义，要远远超过客户部门这个职位所囊括的工作范围。解决用户的投诉当然重要，但更重要的是怎样做才能让用户没有可以投诉的地方，服务体验就能很好地解决这个问题。

第 4 节　让规则与人的主动性共舞

标准对于企业营造体验来说是非常重要的，麦当劳之所以能够做到全球一致的口味和快捷，依靠的就是统一的标准作业手册。炸薯条的油温要多少度，汉堡里面的肉饼要多重，甚至可乐里面的冰的重量和形状也是一样的。标准让一切像机器一样统一有序，从而为用户带来了一致的体验。

无论是开在新墨西哥的汽车旅馆旁还是在开普敦的体育场门口，无论是在伦敦的特拉法尔加广场还是在北京的西客站，麦当劳里面的食物几乎都是同一个口味的，薯条是一样的脆，汉堡是一样的味儿，就连加冰可乐的冰冷程度也是一样的。

每个企业都希望像麦当劳那样成功，因此企业对于用户体验的一致性就必须要十分重视，而这就需要依靠一套统一且严格执行的标准。好的体验应该是建立在标准之上的，这是服务体验的基础。

一个好的体验标准，一定是由如下两个部分组成的。

1）规范的标准化部分：决定了体验标准的执行框架。
2）灵活的非标准化部分：决定了体验执行的应对可能。

我们在建立体验标准时，首先需要基于整体的商业场景进行调研，然后将整个体验链上的用户"痛点"梳理出来，制定出规范化的体验标准，使体验不会因人而异、因时而异、因事而异。而其他的体验点，则只需给出指导性的工作原则即可，无须事无巨细地一一量化。这就需要企业改变传统的标准制定方式，比如，有些企业要求员工在面对用户微笑时必须露出几颗牙齿，必须说几句客套的言语，必须做一些规定的行为，这些在体验战略模式下是没有必要的。

在体验标准的执行过程中，企业需要更改考核的KPI指标。一直以来，KPI都是企业量化管理的"法宝"，这个方式在体验经济时代也是可以沿用的。

KPI值的改革应该遵循这样一个原则，以客户的反馈来考核员工的行为是否达标。比如不再去考核员工是否按照规定说了礼貌用语，而改为去评估客户的回头率和愉悦程度。这样的考核形式，才能更好地反映客户在这方面的感受。

标准化虽然是一种一劳永逸的办法，但其也有着致命的缺陷，那就是"僵化"。要知道，用户是一个个活生生的人，人在情感上有着千差万别的不同，在个人的状况上也是各不相同，用统一的标准面对不一样的人，就难免会出现标准与用户痛点错位的情况。

高档酒店一般会为用户提供舒适柔软的床垫，以保证用户的睡眠质量，一般床垫的硬度和保温程度也都有严格的标准，这种标准为一些用户带去了良好的体验。但是，到了曲棍球运动员那里事情却发生了变化。

曲棍球运动员因为需要弯腰训练和比赛，平时腰椎活动量过大，这就导致了很多曲棍球运动员都有腰疼的毛病，为了缓解这种疼痛，曲棍球运动员需要睡较硬的床，将白天训练时弯下的腰椎扳过来，而床垫过软则会加重这种疼痛。因此，很多曲棍球运动员到了酒店的第一件事便是将床垫卸下，以便晚上可以直接睡在床板上，这对于他们来说无论如何也算不上是好的体验。

酒店的统一标准却为曲棍球运动员带去了糟糕的体验，这又该怎么解决呢？此时就需要组织的另一个组成部分——人员，站出来解决问题了。

标准是固定的，人员却是灵活的，他们能够洞察到用户在标准之外的需求，因此只要他们能够及时满足用户的特殊需求，就能够弥补标准的缺陷，让用户体验得到提升。

提到服务体验，就不得不说 2018 年 9 月上市风头正劲的海底捞，它是近几年中国最有网红基因的餐饮企业之一，海底捞的成功之处就在于它为用户营造了独一无二的就餐体验。这种体验建立在海底捞有一套完备的标准服务之上，又因为海底捞员工非标准化的服务得到了提升。

海底捞在全国门店执行的都是标准化服务，员工几点上岗，从迎门到就餐需要经过几道程序，小料要准备多少份，小吃要准备多少种，甚至于海底捞的火锅底料也是统一生产的，以保证口味的一致。

不过，在这些标准化之外，海底捞的员工却能够根据不同用户的不同需求提供个性化的服务，海底捞曾流传着这样一则故事。

有一次，一个包间来了一位客人，客人在点菜时问服务员撒尿牛肉丸一份有几个？该员工立即意识到这是客人怕一份牛丸不够吃，于是便问一道："您一共几位？"客人说 10 位，员工立即告诉她，牛丸原本一份是 8 个，但可以为客人特意加到 10 个。这让客人非常高兴，连夸这位服务员会办事儿。

建立在标准之上的非标准，就是用户体验的诀窍所在。每一个用户都需要进行一致的对待，这是为了避免因为流程上的疏漏而导致恶劣体验的出现，而对于不同的用户进行投其所好的区别服务，则是对用户体验的进一步提升。

企业在为用户体验搭建组织时，应该先坚持程序上的标准化，将产品质量、服务流程等统一起来。这就像一家智能手机生产厂商一样，其对于手机的材质、元件用料、抗压性能、抗摔性能、待机时间、防水性能等都有统一的标准，而对于预装软件、界面皮肤等方面，则可以在各个销售门店单独定制，以满足不同用户的需求。

不过需要指出的是，非标准化一定要以标准化为前提，即无论附加服务如何，基本的服务绝对不能缺失，在标准化的前提没有做好时就盲目地进行非标准化，可能导致的结果就是服务"见人下菜碟，结果人人都没吃饱"，必然会引发更大规模的糟糕体验。

第5节　好的授权是制造感受的前提

游乐场里，一个小姑娘被动画城里的怪物吓得哭了起来，她的妈妈蹲在旁边哄她，但是没有效果，正在她妈妈手足无措时，她看到一个工作人员手中拿着作为道具的兔子布偶，那是女儿最喜欢的动物，于是她便请求工作人员送她一个布偶安慰女儿。

"对不起，这是我的道具，不能给您！"工作人员回答说。

"那么，我出钱买可以吗？"

"对不起，这只是我的道具，我没有权利卖给您，您即便出钱我也不能卖，如果您真的需要您可以在游乐场门口的礼品店买到。"

"可是，我女儿现在就在哭闹，你要我走回到大门那里去吗？"

"那我就爱莫能助了！"说完，工作人员面无表情地转身走了，留下哭泣的小女孩儿和一脸愤怒的母亲。

一件布偶是再小不过的事情，但是工作人员却不肯将其送给这个被吓哭的小姑娘。我们并不认为这位工作人员真的就这么冷血，相信如果这个布偶是他个人的，他可能会毫不犹豫地将它送出来，但是，这个布偶是公司的，而公司并没有赋予他赠予别人的权力。

在企业管理上经常会出现这样的问题，用户需要的是更人性化的服务，但相对来说服务人员却不懂得变通，这影响了很多企业的服务体验。是什么导致这种情况的出现呢？我们在前面讲过，企业总是喜欢以 KPI 的形式来规范员工的行为、量化和评价员工，这样就导致了员工的举动必须都在企业规定的框架之内，没有变通的余地。

其实人没有不会变通的，即便是再木讷的人，也会懂得察言观色，也能够从对方的言语、神态和行动中解读出对方的需求，而之所以他们不能去满足这些多种多样的需求，根本原因就是企业没有赋予它自主决定的权力。

企业在流程上设置标准是为了解决一些共性的问题，但标准对于个性需求则会显得无济于事，此时，企业唯一的方法就是赋予员工更多的权力，向员工授权，使得他们能够便宜行事，如下图所示。

不过，企业在授权给员工的时候同样也会存在一些弊端，比如，员工会滥用权力：企业授予员工可以在必要的时候将布偶赠予顾客，结果会导致员工见人就发放布偶，用牺牲企业利益的做法获得用户对他个人的好感。

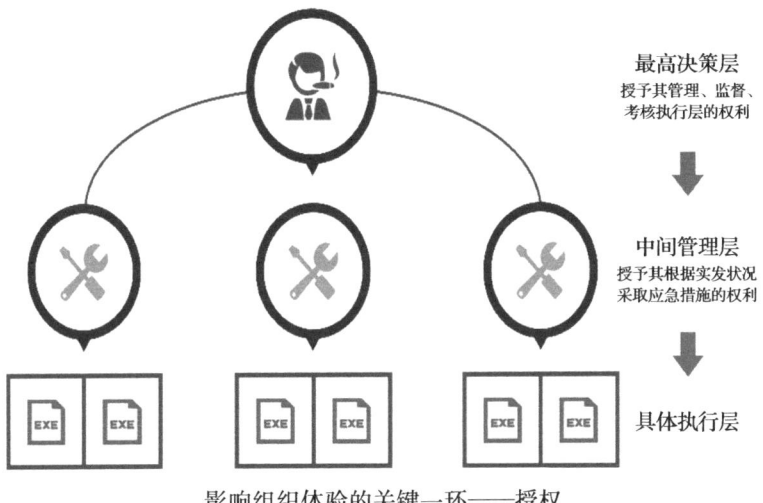

影响组织体验的关键一环——授权

那么,如何在给予员工更大的自主权的基础上,又能够避免授权的弊端出现呢?要想解决这个问题,笔者认为企业需要做好以下三个方面。

1. 建立预案应对各种可能性

所谓预案就是,企业应事先对运营当中可能出现的各种突发现象有所预估,逐一进行备案,并提出相应的解决办法和员工可以行使的权力。

授权预案做得最好的企业是迪士尼,在迪士尼乐园尚未落成之前,公司就会认真地将过往所发生的,和以后可能会发生的各种状况进行评估,然而用这些评估记录作为员工的培训教材,最后授予他们在必要的时候当场解决问题的权力。如果上面那个哭泣的小女孩儿出现在迪士尼乐园的话,那么可以预料到的是,不用那位焦急的妈妈开口,迪士尼的工作人员就会马上来帮助她来安慰小女孩儿了,并且还有人扮的玩偶想尽办法将她逗乐。

2. 适当的权利限制与监督原则

权利限制就是对授权的范围加以控制,让授出的权力保持在一定的时间、状态、影响之内。权力限制可以预防权力的滥用和权力寻租,比如,智能电子设备企业授予客服人员向用户借用企业设备的权力,但是这种权力应该建立在用户可能的痛点基础之上,否则就要限制权力的使用。

3. 勇于多轮次的总结与迭代

企业的管理总是在不断地试错和总结之中获得进步的,企业一开始可能并不知道应该如何向员工授权,但如果能够给予员工一定的试错空间,并在员工日常行使权力的时候总结出经验和教训,对于授权时产生的良好案例有所掌控,并在可能的条件下将之变成常规预案。只有当这样来自于实践中的常规预案越来越多,企业的授权方式才会越来越合理。这种实践一定会有一个试错的过程,不能因噎废食,在这一点上应像互联网学习,将试错也作为成长的必要投资,不求一步到位,只要坚持不断修正,就会越来越好。

比如,一家餐饮企业的员工要求经理允许他为客人退掉点多而且没有吃过的菜,因为客人吃的是火锅,配菜退掉并不会影响再次销售,于是经理便授权他可以这样做。慢慢地,经理发现,给予员工这种权力有助于他们自主地为客户解决点菜多的问题,从而显著地提高了客户的满意度,于是,便将这种偶然的授权提到了常规授权中。

企业为员工打造更人性化的一面，去面对用户的感受。员工通过获得自主空间的应变权限，来应对用户千千万万的诉求。这就像将军在外面打仗需要"便宜行事"的军权一样，因为情况总是千变万化的，一套统一的标准并不能适应所有情况。但是，员工无论怎样自主，都不能偏离企业的体验管理价值观，否则授权就是失败的。

从用户的角度来讲，我们也希望面对一个能够变通、能够在我们需要的时候"值得托付"的服务者，当一个服务者能够更人性化地解决我们的"私人问题"时，那么这次体验的结果就必然会是良好的，我们也就会更加迫切地想得到再一次的服务。